suhrkamp taschenbuch
wissenschaft 2389

Was treibt Menschen an, Tag für Tag aufzustehen und zur Arbeit zu gehen? Warum finden wir es wichtig, viel Zeit mit Partner, Familie oder Freunden zu verbringen? Wie lässt sich erklären, dass Menschen Zeit opfern, um andere Menschen, etwa im Rahmen einer Freiwilligenarbeit, zu unterstützen? Diese und weitere Fragen werden in der Ethik gegenwärtig unter dem Titel »Sinn im Leben« diskutiert. Der Philosoph Markus Rüther knüpft an diese internationalen Diskussionen an und macht das Thema erstmals in deutscher Sprache zum Gegenstand einer umfassenden Reflexion. Er entwickelt eine neuartige und originelle Sinntheorie, die in ihrer Differenziertheit und Überzeugungskraft über die bisher vorgelegten Angebote hinausgeht.

Markus Rüther ist Permanent Research Fellow am Forschungszentrum Jülich und Privatdozent an der Universität Bonn.

Markus Rüther
Sinn im Leben
Eine ethische Theorie

Suhrkamp

Klimaneutral
Druckprodukt
ClimatePartner.com/14438-2110-1001

Erste Auflage 2023
suhrkamp taschenbuch wissenschaft 2389
Originalausgabe

Umschlag nach Entwürfen
von Willy Fleckhaus und Rolf Staudt
Druck und Bindung: C. H. Beck, Nördlingen
Printed in Germany
ISBN 978-3-518-29989-0

www.suhrkamp.de

To believe in the one or in the many, that is the classification with the maximum number of consequences.

William James

Inhalt

Vorwort

Dieses Buch möchte einer für viele (noch) unorthodoxen Idee im Bereich der Ethik des guten Lebens nachgehen. Diese Idee besagt, dass es im normativen Leben einer Person mehr gibt als nur die »üblichen Verdächtigen«, die sein Leben gut machen können. Wir können uns in unserem Leben nicht nur – um einige Beispiele zu nennen – am eigenen Wohlergehen, dem moralischen Geschuldeten oder dem kosmischen Sinn orientieren, sondern auch an normativen Orientierungspunkten, die jenseits dieser (und weiterer) Standardmaßstäbe liegen. Diesen Bezugspunkt nenne ich, in Anlehnung an die Begriffsverwendung in der sogenannten Meaning-in-Life-Debatte, die Sinndimension des guten Lebens. Aber worum handelt es sich beim sinnvollen Leben eigentlich? Es ist das erklärte Ziel dieses Buches, auf diese Frage eine Antwort zu geben, die mit Blick auf ihre Überzeugungskraft über die bisher vertretenen Optionen hinausgeht und den systematischen Ausgangspunkt für eine weitere akademische Auseinandersetzung bilden kann.

Ein ambitioniertes Projekt wie dieses schuldet vielen Menschen einen besonderen Dank, insbesondere denjenigen, die mein ethisches Interesse am Sinnbegriff (oder seinem Gegenteil: dem Begriff der Sinnlosigkeit) teilen. Manche saßen in meinen philosophischen Seminaren an der Universität Bonn oder als Zuhörer in meinen Vorträgen. Andere wiederum haben Teile oder gleich das gesamte Manuskript des Buches gelesen und kritisch kommentiert. Einige von ihnen habe ich jenseits der Academia treffen dürfen. Es ist schwer, Einzelne herauszuheben, insbesondere, weil es so viele gab, die an diesem Projekt einen maßgeblichen Anteil hatten. Da meine Angst, einen lobenswerten Beitrag unerwähnt zu lassen, jedoch schwerer wiegt als die Angst, jemanden zu vergessen, möchte ich mich trauen, zumindest einer kleinen Auswahl an Personen zu danken: Zunächst gilt mein Dank meinen Kolleginnen und Kollegen aus Bonn und Jülich, die mich in den hausinternen Kolloquien immer wieder dazu angeregt haben, die eigene Sinntheorie in kurzen, verständlichen und klaren Thesen wiederzugeben. In inhaltlicher Hinsicht möchte ich zudem Roland Kipke und Sebastian Muders für ihre ausführlichen und hilfreichen Kommentare danken. Ohne ihren philosophischen Scharfsinn sähe dieses Buch sicherlich ganz anders aus – und zwar weitaus weniger konsistent in seinen Gedanken, als es nun vorliegt. Bert Heinrichs, Christoph Horn, Ludwig Siep und Dieter Sturma möchte ich darüber hinaus für die anregenden Gespräche und Diskussionen danken, die mir geholfen haben, auch über den Tellerrand der engen Sinndebatte hinaus zu denken und den holistischen Charakter der Philosophie im Auge zu behalten. Für die redaktionellen Arbeiten und die Durchsicht des Manuskripts bin ich Ulrich Steckmann zu Dank verpflichtet, dessen scharfes Auge mich vor so manchem Fehler bewahrt hat. Darüber hinaus war mir Julia Pelger eine akribische und aufmerksame Hilfe bei der Übersetzung der englischen Zitate. Mit dem Suhrkamp Verlag hat dieses Buch ein kompetentes Verlagshaus gefunden. Philipp Hölzing und Jan-Erik Strasser danke ich für die intensive Betreuung und das aufwendige Lektorat.

Ich muss gestehen, dass meine Motivation, einen Großteil meiner Forschungszeit der letzten Jahre in die Frage nach dem sinnvollen Leben zu investieren, von der tiefsitzenden Hoffnung getragen wurde, dass eine solche akademische Suche nach dem Sinn das eigene Leben sinnvoller macht oder sogar seinen Sinn verleiht. Wenn die Überlegungen dieses Buches richtig sind, war diese Hoffnung (glücklicherweise) berechtigt: In diesem Fall sind die eigenen Überzeugungen kein ungedeckter Scheck mehr, sondern ein solcher, der durch philosophisches Kapital (nämlich: gute Gründe) abgesichert ist. Ich hoffe, dass dieser Umstand zum Teil die vielen Stunden am Schreibtisch, aber auch auf Konferenzen und Kolloquien in Deutschland und im Ausland rechtfertigt und für die mir nächsten Menschen verständlich macht, warum ich tue, was ich tue. Ihnen möchte ich ganz besonders danken, für ihr Verständnis und ihr Wohlwollen: meiner Frau und meinen Eltern.

Jülich, im August 2022

1. Einleitung

Die Frage nach dem guten Leben ist uns in der abendländischen Philosophie seit Langem vertraut. Platon lässt Sokrates in seinen Dialogen fragen, wie zu leben gut ist, und die zentrale Frage der *Nikomachischen Ethik* ist die Frage nach dem höchsten Gut, auf das das menschliche Leben ausgerichtet sein sollte.[1] Seitdem hat sich die Frage nach dem guten Leben in der Philosophie durchgehalten, wenngleich sie manchmal mehr und manchmal weniger ins Zentrum gestellt wurde. Gegenwärtig erleben wir sicherlich eine Hochphase.[2] Nach ihrer moralphilosophischen Renaissance in den 1980er Jahren kann man mit gutem Recht davon sprechen, dass das gute Leben mittlerweile in den philosophischen Mainstream aufgerückt ist. Wir finden die Frage, wie zu leben gut ist, nicht mehr nur in der Moralphilosophie, sondern auch in der Bildungs-, Kultur-, Natur- und Religionsphilosophie sowie der politischen Philosophie und der Bio- und Medizinethik.

Nun könnte man angesichts dieser Vielfalt in den Gegenstandsbereichen vermuten, dass sich innerhalb der *heterogenen* philosophischen Bereiche auch *heterogene* Theorien des guten Lebens finden. Verschiedene Kontexte haben schließlich verschiedene Anforderungsprofile, was nicht selten dazu führt, dass auch verschiedene Theorien entwickelt werden. Wenn wir einem recht verbreiteten Deutungsschema folgen, lässt sich diese Vermutung jedoch nicht bestätigen. Dieses besagt nämlich, dass die meisten Theorien des guten Lebens eine auffällige Gemeinsamkeit in der axiologischen Ausrichtung aufweisen. Die Gemeinsamkeit besteht in der Annahme eines bipolaren Modells, welches die normative Welt des Guten entlang zweier entgegengesetzter Wertdimensionen aufspannt – des Wohlergehens einerseits und der es begrenzenden Moral andererseits.[3] Hierbei wird das Wohlergehen standardmä-

1 Vgl. Steinfath (2013), 13.

2 Vgl. zur weiteren Erläuterung auch Hoesch/Muders/Rüther (2013).

3 In einer idealtypischen Weise wird eine solche Deutung zum Beispiel von Thaddeus Metz vertreten, der das bipolare Modell auf die Vorherrschaft bestimmter ethischer Systeme in der analytischen Ethik zurückführt. Er schreibt: »For about 200 years in English-speaking normative philosophy, the field was dominated by

ßig als Sammelbegriff aufgefasst, der nur solche Dinge enthält, die für das Individuum gut sind. Klassische Kandidaten hierfür sind das Glück, die erfolgreiche Wunscherfüllung oder die persönliche Selbstvervollkommnung. Dem gegenüber werden all diejenigen Dinge verortet, die die Wertdimension der Moral betreffen. Zwar wird von den jeweiligen Theorien unterschiedlich beantwortet, was die Moral genau beinhaltet. Einig sind sich die meisten jedoch darin, dass das individuelle Wohlergehen durch die Moral begrenzt wird. Wir sollten schlichtweg nicht alles tun, was für uns gut ist. Es gibt auch Dinge, die wir anderen (z. B. Menschen, Tieren, Pflanzen, der unbelebten Natur usw.) schulden und die wir tun oder unterlassen sollten, obwohl dies dem eigenen Wohl entgegensteht.

Man kann sich sicherlich trefflich darüber streiten, ob ein solches Deutungsschema auf die Mehrheit der Theorien zutrifft oder auch nur die großen Strömungen abbildet. Sind die meisten Theorien des guten Lebens wirklich nur an Wohlergehen und Moral orientiert? Und wie passen ethische Klassiker wie Aristoteles, Kant oder Mill in dieses Schema? Diese Fragen sind interessant und berechtigt, sollen an dieser Stelle jedoch nicht weiter diskutiert werden. Ich möchte stattdessen einem problemgeschichtlichen Zusammenhang nachgehen. Denn ob zutreffend oder nicht: Faktisch wurde eine solche Deutung des Diskurses von einigen zum systematischen Ausgangspunkt ihrer eigenen ethischen Theorienbildung genommen. Ein äußerst wirkmächtiges Beispiel hierfür stellen die Arbeiten von Susan Wolf dar, die insbesondere in *Meaning in Life and Why It Matters* (2010) nachdrücklich auf eine axiologische Engführung im bipolaren Modell hingewiesen hat.[4] Nach Wolf übersehen nämlich dessen Vertreter, dass neben dem Wohlergehen und der Moral noch eine weitere Wertdimension existiert, die für das gute Leben relevant ist. Hierbei handelt es sich ihr zufolge um die sogenannte Sinndimension des guten Lebens. Damit hat sie allerdings nicht die kosmische Harmonisierung mit dem »großen« Sinn *des* Lebens

egoism, utilitarianism, contractualism, and Kantianism. Adherents to those perspectives tended to divide normative categories into only two: self-interest construed in terms of a person's welfare on the one hand, and morality, a function of combining people's self-interest in certain ways on the other.« Metz (2015), 1775.

4 Vgl. Wolf (2010), 1 f. Vgl. für die grundsätzlichen Zweifel am bipolaren Modell auch Wolf (1997a), Wolf (1997b) und Wolf (2007a).

im Blick. Vielmehr bezeichnet sie mit dem Syntagma »sinnvolles Leben« eine individuelle Wertdimension, also den »kleinen« Sinn *im* (eigenen) Leben.[5] Es geht mithin um solche Leben, die – metaphorisch formuliert – einen besonderen »Glanz« haben, weil sie Tätigkeiten enthalten, die wir in besonderer Weise loben und bewundern, kurz: für besonders sinnvoll halten. Als Beispiele werden von Wolf Tätigkeiten genannt wie das Schaffen von Kunstwerken, das Aufstellen einer bedeutsamen wissenschaftlichen Theorie oder die Hilfeleistung gegenüber Bedürftigen.

Diesen grundsätzlichen Überlegungen von Wolf haben sich in der Folge viele angeschlossen. Es ist sogar eine nicht unbeträchtliche Menge an Forschungsliteratur entstanden, die in der analytischen Ethik mittlerweile unter dem Titel »Meaning-in-Life« verhandelt wird.[6] Zu den prominentesten Protagonisten gehören neben Susan Wolf zum Beispiel Robert Audi, John Cottingham, Iddo Landau, Thaddeus Metz und Garrett Thomson.[7] Auch in Deutschland finden sich erste Ansätze, die Debatte zu rezipieren. Zu nennen sind etwa die Arbeiten von Holmer Steinfath und Ursula Wolf, die das Sinnthema in ihrer Auseinandersetzung mit dem guten Leben berücksichtigen.[8] Im Vergleich zur angelsächsischen Debatte wird es hierzulande jedoch meistens am Rande behandelt, was sich daran zeigt, dass sich kaum Arbeiten ausmachen lassen, die die Auseinandersetzung mit dem Sinn direkt ins Zentrum ihres philosophischen Interesses stellen.[9]

5 Wolf unterscheidet nicht erst in *Meaning in Life* zwischen diesen beiden Dimensionen. Terminologisch ist die Differenzierung bereits in Wolf (2007b) angelegt. Dort trennt sie zwischen »meaning *in* life«, wie es den Gegenstand ihrer Untersuchung von Sinn als Dimension des guten Lebens bildet, und »meaning *to* life« im Sinne der klassischen Frage nach dem Sinn des Lebens. Darüber hinaus scheint Wolf auch nicht die Erste gewesen zu sein, die die Unterscheidung in der analytischen Ethik einführt. Sie findet sich der Sache nach bereits in Audi (2005), 348, der zwischen »meaningfulness in life« und »meaningfulness of life« differenziert.

6 Dass es sich zwar noch um einen neuen, aber schon recht gut etablierten Diskurs handelt, zeigt sich auch daran, dass bereits Überblickswerke entstanden sind, die es als notwendig erachtet haben, den Inhalt des Diskurses zusammenfassen. Vgl. die Literaturberichte in Metz (2007a), Rüther (2021a) und Rüther (2021b) oder das für 2022 angekündigte *Oxford Handbook on Meaning in Life* von Iddo Landau.

7 Die jeweiligen Autoren samt ihren relevanten Beiträgen werden im Verlauf dieses Buches noch zur Sprache kommen.

8 Vgl. exemplarisch etwa Steinfath (2001), Kap. 7.4.3, und Wolf (1999).

9 Erste Ansätze, das Sinnthema direkt aufzunehmen, finden sich in einigen (al-

Getragen wird die Debatte von mindestens drei Grundannahmen, die zum Teil bei Wolf angelegt sind:[10]

Erstens teilen die meisten Protagonisten die Skepsis gegenüber dem bipolaren Modell des guten Lebens.[11] Mit Wolf gehen sie also davon aus, dass es neben dem Wohlergehen und der Moral ein weiteres axiologisches Element gibt, welches das individuelle Leben gut machen kann. Und dieses Element wird von ihnen terminologisch mit dem Begriff »Sinn« eingefangen und in der Folge ethisch – wenn auch auf ganz unterschiedliche Weisen – charakterisiert.[12]

lerdings englischsprachigen) Beiträgen in Himmelmann (2013). Vgl. darin besonders die Beiträge von Robert Louden und Christoph Horn, die die mögliche Eigenständigkeit der individuellen Sinndimension gegenüber der Moral bzw. dem Sinn des Lebens in den Blick nehmen; in deutscher Sprache sind die Beiträge im Schwerpunkt von Kühler/Muders/Rüther (2018) und Kipke/Rüther (2021) zu nennen. Einige solitäre Beiträge, die die Meaning-in-Life-Debatte explizit aufgreifen und sich darin mit einer Position verorten, sind Siep (2013) und die Weiterentwicklungen in Siep (2020), Kap. 6, sowie Kipke (2014), Muders (2017), Muders (2018), Rüther (2018) und Weber-Guskar (2022). Überblicke über die Debatte, die auch deutschsprachige Literatur einschließen, liefern Rüther/Muders (2014), Kipke/Rüther (2018) und Rüther (2021a) und Rüther (2021b). Es soll nicht unerwähnt bleiben, dass in jüngster Zeit deutschsprachige Monographien zur individuellen Sinnthematik, wie Christian Thies' *Der Sinn der Sinnfrage* (2008), Pirmin Stekeler-Weithofers *Sinn* (2011) oder Volker Gerhardts *Der Sinn des Sinns* (2014), erschienen sind. Allerdings folgen diese Arbeiten weitestgehend einer eigenen Forschungsagenda und gehen kaum oder gar nicht auf die neuere internationale Debatte ein. Sie lassen sich daher nur schwer als deutschsprachige Beiträge zur Meaning-in-Life-Debatte interpretieren.

10 Vgl. für eine Analyse der Debatte, die diese Gemeinsamkeiten herausarbeitet, Rüther/Muders (2014), insb. Abschnitt 1.

11 Es ist auffällig, dass die Protagonisten in der Debatte das bipolare Modell für nicht hinreichend halten, um die Elemente des guten Lebens zu beschreiben, allerdings kaum infrage stellen, dass es sich bei den beiden Wertdimensionen des Wohlergehens und der Moral um eigenständige Elemente handelt, die einander beigeordnet sind. Gerade mit Blick auf das Wohlergehen ist diese Eigenständigkeitsthese keineswegs unkontrovers. So hat etwa Joseph Raz ausdrücklich bestritten, dass Wohlergehen überhaupt eine Quelle von praktischen Gründen darstellt. Vgl. Raz (1999), 313 ff.

12 Hierbei bleibt offen, ob Wohlergehen, Moral und Sinn eine erschöpfende Trias für die Bestimmung des guten Lebens bilden. Behauptet wird von den meisten Vertretern lediglich die schwächere These, dass – um einen Untertitel eines Aufsatzes von Wolf zu paraphrasieren (»A Third Dimension of the Good Life«) – die Sinndimension eine dritte, also zusätzliche Dimension des guten Lebens ist. Vgl. Wolf (2016).

Zweitens wird der Lebensbegriff, wie bei Wolf ebenfalls angedeutet, auf das individuelle Leben beschränkt. Zwar ist umstritten, ob wir bei der Rede vom sinnvollen Leben vorwiegend auf das ganze Leben oder nur auf einen Teil von ihm Bezug nehmen.[13] Einig sind sich die meisten jedoch darin, dass wir die Sinnfrage nicht mit Blick auf die Gesamtheit allen Lebens auf der Erde oder gar im Universum stellen.[14] In der Meaning-in-Life-Debatte geht es nicht um die Frage nach dem Sinn *allen* Lebens, sondern nach dem Sinn für das individuelle *menschliche* Leben.[15]

Drittens ist es unter den Diskursteilnehmern eine verbreitete Strategie, dass der Maßstab, anhand dessen eine Sinntheorie auf »Herz und Nieren« zu prüfen ist, durch Beispiele von besonders sinnvollen Leben gebildet wird. Hierzu gehören etwa die Leben von Paul Gauguin, Pablo Picasso, Isaac Newton, Albert Einstein, Nelson Mandela oder Mutter Teresa. Alle diese (und zahlreiche weitere) gelten vielen als Musterbeispiele von Personen, die ihr Leben in besonders sinnvoller Weise geführt haben. Sie haben bewundernswerte Kunstwerke hervorgebracht, bedeutsame wissenschaftliche Theorien entwickelt oder anderen Menschen in besonderer Weise Hilfe zukommen lassen. Mit anderen Worten: Sie sind paradigmatische Fälle von Menschen, die sich, wie manche im Diskurs formulieren, dem Schönen (Gauguin, Picasso), Wahren (Newton, Einstein) oder Guten (Mandela, Mutter Teresa) verschrieben haben.[16] Dass es sich

13 Vgl. für eine Diskussion dieser Frage Metz (2013a), Kap. 3.

14 Ähnlich wie die Sinndimension des individuellen Lebens scheint auch die Perspektive auf einen Gesamtsinn allen Lebens eine Renaissance in der analytischen Philosophie zu erleben. Siehe hierfür etwa die Beiträge zum Sinn des Lebens in Klemke (2000) und Seachris (2013).

15 Vgl. für die Differenzierung zwischen »meaning of life« und »meaning in life« auch Horn (2013), der deutlich macht, dass sich insbesondere die Wertdimension des zweiten Syntagmas mit der griechischen *eudaimonia*-Diskussion verbinden lässt. Davon abgesehen ist es auch eine viel diskutierte Frage, ob eine Antwort auf die Frage nach dem Sinn des Gesamtlebens nicht auch die Antwortmöglichkeiten für die Frage nach dem Sinn des individuellen Lebens beeinflusst. Dass das nicht der Fall ist, wird im Diskurs meistens stillschweigend vorausgesetzt. Es ist allerdings alles andere als selbstevident. In Kap. 4 werde ich genauer auf das Verhältnis von Sinn des Lebens und Sinn im Leben eingehen und eine differenzierte Position verteidigen, die darauf abstellt, dass die Fragen nach dem »großen« und dem »kleinen« Sinn nicht identisch sind, aber die Existenz oder Nicht-Existenz von Ersterem nicht ohne Implikationen für Letzteren ist.

16 Die im Diskurs geläufige Rede vom »Schönen, Wahren und Guten« (vgl. z.B.

hierbei um besonders herausragende Beispiele für ein sinnvolles Leben handelt, impliziert natürlich nicht, dass nicht auch »normale« Menschen ein sinnvolles Leben führen können. Die Auswahl hat vielmehr den methodischen Grund, den Diskursteilnehmern unzweifelhaft klare Fälle von Sinnhaftigkeit anzubieten, bei denen sich leichter prüfen lässt, welche Elemente notwendigerweise zum Sinnbegriff hinzugehören und welche nicht.

Diese kurzen Erläuterungen machen bereits deutlich, dass es sich bei der Meaning-in-Life-Debatte um ein zwar noch junges, aber doch bereits recht etabliertes Forschungsfeld handelt. Man könnte daher meinen, dass mittlerweile eine beträchtliche Anzahl an Sinntheorien kursiert, die Aussagen darüber treffen, worin das sinnvolle Leben eigentlich besteht. Das ist überraschenderweise nicht der Fall. Die Ausarbeitung einer umfassenden normativ-inhaltlichen Theorie steckt immer noch in den Kinderschuhen. Das liegt zum einen daran, dass von Anfang an metaethische Themen die Sinndebatte beherrschen.[17] Viele Überlegungen kreisen um Themen, die die Semantik und Extension des Sinn- und Lebensbegriffs betreffen, oder um solche, die die Ontologie des Sinns ins Zentrum rücken.[18] Normativ-inhaltliche Untersuchungen, welche

in der Titelei von Metz [2011]) ist nicht als esoterische Schöngeisterei zu verstehen. Vielmehr soll der Dreiklang die verschiedenen Wertaspekte des Sinnbegriffs noch einmal zusammenfassen – nämlich die Kreation und Rezeption von Kunstwerken (das Schöne), die Wahrheitssuche (das Wahre) und die altruistischen Handlungen (das Gute).

17 Es ist eine schwierige Frage, wie metaethische und normativ-inhaltliche Fragestellungen voneinander zu trennen sind oder ob sie in irgendeiner Weise zusammenhängen – und wenn ja, wie genau dies der Fall ist. Ich habe an anderer Stelle hierzu einige Überlegungen angestellt, vgl. Rüther (2015), Kap. 2.3. An dieser Stelle präsentiere ich nur das Ergebnis: In einer metaethischen Untersuchung geht es um die Voraussetzungen, die wir eingehen, wenn wir Aussagen über das sinnvolle Leben formulieren. Diese Voraussetzungen werden im Rahmen einer sprachphilosophischen, handlungstheoretischen, erkenntnistheoretischen oder ontologischen Untersuchung erläutert. Demgegenüber geht es in einer normativ-inhaltlichen Untersuchung nicht um die Voraussetzungen unserer Aussagen über das sinnvolle Leben, sondern um die konkreten Inhalte desselben. Anders als der Metaethiker interessiert sich der normative Ethiker nicht für den Status des sinnvollen Lebens, sondern dafür, was das sinnvolle Leben ausmacht.

18 Um das zu erkennen, lohnt sich ein Blick auf die zahlreichen Forschungsberichte von Thaddeus Metz. Darin werden hauptsächlich metaethische Arbeiten dokumentiert, die vorwiegend an grundlagentheoretischen Themen interessiert sind

die konkreten Bestandteile des Sinns in den Blick nehmen, gibt es nur wenige.[19]

Zum anderen liegt der schlechte Zustand der normativ-inhaltlichen Debatte aber auch darin begründet, dass die wenigen Versuche vor allem programmatischer oder selektiver Natur sind. Das gilt auch für die Arbeiten von Wolf, die sich in erster Linie darauf fokussiert, die Eigenständigkeit des sinnvollen Lebens herauszuarbeiten, ohne jedoch einen differenzierten positiven Vorschlag zu unterbreiten.[20] Eine Ausnahme von der Regel stellt allenfalls die Theorie von Thaddeus Metz dar, der mit seinen zahlreichen Forschungs- und Überblicksartikeln ein Hauptprotagonist der ge-

und weniger daran, eine inhaltliche Sinntheorie auszuarbeiten. Vgl. exemplarisch etwa Metz (2001a), Metz (2002), Metz (2003), Metz (2007a), Metz (2007b), Metz (2009) und Metz (2012). Ebenso siehe Muders/Rüther (2014) und Rüther (2021a).

19 Vgl. für einen Überblick über die normativ-inhaltlichen Debatten in der Meaning-in-Life-Diskussion Rüther (2021b).

20 Den bloß negativen Abgrenzungsaspekt nennt sie explizit als das Ziel ihrer Überlegungen in Wolf (2010), S. 2 f. »My aim in this lecture is to bring out the distinctive character of these sorts of reasons and the special role they play in the quality of our lives. Specifically, I shall suggest that our susceptibility to these sorts of reasons is connected to the possibility that we live meaningful lives, understanding meaningfulness as an attribute lives can have that is not reducible to or subsumable under either happiness, as it is ordinary understood, or morality.« Diese negative Grundausrichtung wird auch in späteren Schriften weiter bekräftigt. Vgl. auch Wolf (2014), 255: »My claim then is that reasons of love [die Wolf als spezifisch für die Sinndimension betrachtet, M. R.] – whether of people, ideals or other sorts of objects – have a distinctive and important role in our lives, not to be assimilated to reasons of self-interest or to reasons of morality.« Die Frage, worin das sinnvolle Leben nun in positiver Hinsicht besteht, wird von ihr allenfalls andeutungsweise beantwortet. So ist sie bereit anzunehmen, »that almost anything that a significant number of people have taken to be valuable over a large span of time is valuable« (Wolf 2014, 265; vgl. auch 2010, 47). Nun weist allerdings schon die Einschränkung »almost« darauf hin, dass für Wolf nicht schlicht alles, was Menschen für wertvoll gehalten haben, auch wertvoll, ist. Die inhaltlichen Kriterien für die Selektion werden von ihr jedoch nicht explizit benannt, sondern lediglich anhand von negativen Beispielen erläutert. Sinnstiftend sind zum Beispiel keine Projekte oder Aktivitäten wie das Lösen von Kreuzworträtseln, Pfahlsitzen, exzessiver TV-Konsum oder das Quälen von Tieren (vgl. exemplarisch für diese Beispiele Wolf (1997a) und Wolf (1997b)). Was diese recht unterschiedlichen Dinge allerdings axiologisch gemeinsam haben, sodass sie zusammen auf der Ausschlussliste platziert werden müssen, bleibt bei Wolf offen. Vgl. für eine analoge Deutung auch Halbig (2018), bes. 67-75.

samten Debatte ist.[21] In seinem viel beachteten Werk *Meaning in Life. An Analytic Study* (2013) entwickelt er eine umfassende Theorie des sinnvollen Lebens, in der er die Sinndimension einerseits von den konkurrierenden Wertdimensionen abgrenzt, andererseits aber auch mit seiner *fundamentality theory* in den positiven Konturen entwickelt.[22] Selbst Metz gibt jedoch zu, dass seine Sinntheorie noch einige wichtige Fragen offenlässt, deren Beantwortung für eine Bewertung ihrer Überzeugungskraft nicht unerheblich ist.[23] Hierzu gehören zum Beispiel ausführliche Überlegungen zum Einfluss von externen Wertdimensionen auf den Sinn und die Implikationen der eigenen Sinntheorie für die ethische Theorienbildung insgesamt.

Diesem Desiderat soll mit der vorliegenden Studie begegnet werden. Das Ziel besteht darin, eine normativ-inhaltliche Theorie des sinnvollen Lebens zu entwickeln, die in ihrer Differenziertheit und Überzeugungskraft über die bisher vorgelegten Angebote hinausgeht. »Differenziert« meint, dass sie auch diejenigen Themen aufnimmt, die bisher unberücksichtigt blieben. »Überzeugend« meint, dass die eigene Sinntheorie besonders viele unserer Intuitionen darüber, was ein Leben sinnvoll macht, konservieren kann – und zwar besser als die konkurrierenden Theorien. Es geht also, wenn man es pointiert ausdrückt, um nicht weniger als die Ausarbeitung eines neuen Goldstandards für die normativ-inhaltliche Debatte.

Um dieses Ziel zu erreichen, werde ich jedoch nicht gleichsam das Rad neu erfinden, sondern mich auf einige inhaltliche Prämissen und methodische Vorentscheidungen stützen, die ich nicht unerwähnt lassen möchte. Es handelt sich um die folgenden:

Erstens sollte es nach dem bisher Gesagten wenig überraschend sein, dass ich in dieser Studie »Sinn« »nicht als rein deskriptive, sondern vornehmlich als normative Kategorie verstehe. In diesem Zusammenhang ist Sinn dann, wie Metz es ausdrückt, etwas, »von dem es intrinsisch gut wäre, es im eigenen Leben zu haben (oder

21 Vgl. die exemplarische Auswahl an Beiträgen in Kap. 1, Fn. 18.

22 Für die Rezeption dieses Werkes siehe etwa den Diskussionsband Morioka (2015a), der neben Aufsätzen zur Sinntheorie auch die ausführlichen Repliken von Metz enthält. Eine Darstellung und Kritik der *fundamentality theory* findet sich zudem in Kap. 6.5.3.

23 Vgl. Metz (2013a), Kap. 13.

etwas, das einen grundlegenden Grund zum Handeln darstellt)«.[24] Diejenigen Konzeptionen, die Sinn nicht als »einen Gesichtspunkt des bestmöglichen Lebens für eine Person«[25] auffassen, z. B. weil sie lediglich faktische Auffassungen über Sinn beschreiben, halte ich natürlich trotzdem für bedeutsam und wichtig. Sie bilden jedoch nicht den Gegenstand der Studie und werden daher ausgeklammert.

Zweitens gehen die weiteren Überlegungen davon aus, dass die Kategorie des Sinns Gradualisierungen zulässt. Ein Leben kann nicht nur sinnvoll und sinnlos sein, sondern auch mehr oder weniger sinnvoll. Hierbei scheinen die beiden Pole – Sinn und Sinnlosigkeit – nicht konträre, sondern kontradiktorische Begriffe zu sein. Es erscheint wenig plausibel, dass wir – wie bei einer konträren Gegenüberstellung – davon ausgehen müssen, dass es einen Zwischenbereich gibt, der nicht mehr anhand einer Gradualisierung differenziert werden kann.[26] An welcher Stelle jedoch Schwellen anzusetzen sind, also ab wann ein Leben von sinnlos zu sinnvoll wechselt oder sogar zu einem herausragend sinnvollen Leben wird, ist eine schwierige inhaltliche Frage. Sie kann an dieser Stelle nicht durch begriffliche Bestimmungen *ex ante* beantwortet werden, sondern muss erst im Rahmen der vorliegenden Studie entwickelt und verteidigt werden.

Drittens werde ich mich an der Gepflogenheit des Diskurses orientieren, indem ich die Musterbeispiele des Schönen, Wahren und Guten als Prüfinstanzen für die Theorienbildung verwende. Nur eine solche Theorie, die in einer intuitiv nachvollziehbaren Weise diejenigen Aspekte erläutert, welche die Leben von Picasso, Einstein und Mutter Teresa zu sinnvollen Leben machen, kann beanspruchen, eine überzeugende Sinntheorie entwickelt zu haben.

Um das inhaltliche Endergebnis bereits an dieser Stelle anzudeuten: Ich werde dafür argumentieren, dass das sinnvolle Leben am intuitiv plausibelsten durch eine Theorie beschrieben wird, die ich als »deontologischen Objektivismus« bezeichnen möchte. Sie

24 Metz (2001a), 140 (meine Übersetzung, M. R.). Im Original: »that would be intrinsically good to have in one's life (or of something that provides a basic reason for action)«.

25 Metz (2001a), 140 (meine Übersetzung, M. R.). Im Original: »one aspect of the best life for a person«.

26 Siehe zu dieser Annahme auch Halbig (2018), 60.

beinhaltet im Kern, dass ein Leben genau dadurch sinnvoll wird, dass der Handelnde intrinsisch sinnvolle Tätigkeiten ausübt, die auf verschiedene subjekttranszendente Gegenstände ausgerichtet sind, nämlich auf solche, die in den axiologischen Dimensionen des Schönen, Wahren, Guten und Moralischen liegen.

Die Theorie ist in ihren weiteren Details natürlich komplexer. Wie ich zeigen werde, wird sie am Ende noch zahlreiche weitere Variablen enthalten, die alle Einfluss auf das sinnvolle Leben haben. Ihr Kernelement besteht jedoch in einer *deontologischen* Orientierung an intrinsisch sinnvollen Tätigkeiten, welche auf bestimmte *Objekte* gerichtet sind (daher: deontologischer Objektivismus). Damit unterscheidet sie sich am Ende in ihrer Grundausrichtung von den im Diskurs entwickelten Sinntheorien, kann aber durch die zusätzlichen Variablen viele Elemente der Alternativen berücksichtigen. Der deontologische Objektivismus bietet somit einen sowohl neuen als auch integrativen Ansatz.[27]

Um den deontologischen Objektivismus zu entwickeln und zu verteidigen, werde ich wie folgt vorgehen: Im *ersten Teil* der Studie werde ich zunächst nachweisen, dass es sich bei der Sinndimension des guten Lebens tatsächlich um eine eigenständige Dimension des guten Lebens handelt. Dass diese These zutrifft, wird – wie oben beschrieben – von den Teilnehmern an der Meaning-in-Life-Debatte vorausgesetzt, ist aber weder selbstevident, noch wird sie von allen Ethikern geteilt. Im Gegenteil gibt es nicht wenige, die meinen, dass das sinnvolle Leben eigentlich keine neue Dimension des guten Lebens darstellt, sondern bereits in hinreichender Weise durch bekannte axiologische Standardkategorien beschrieben werden kann.[28] Um diese Zweifel an der Eigenständigkeit abzuweisen, werde ich das Verhältnis der Sinndimension zu den drei naheliegendsten Dimensionen des guten Lebens untersuchen, die für eine mögliche Identifikation in Frage kommen: das Wohlerge-

27 Die Theorie gibt damit auch eine explizite Antwort auf das von Thomson genannte Problem, dass die »greatest challenge to the idea that life has a meaning [...] [is,] that it has many rather than none«, indem sie einerseits das unterliegende Prinzip des Sinns erläutert und andererseits die weiteren Facetten des Sinns in ihrem Verhältnis zum obersten Sinnprinzip bestimmt. Vgl. Thomson (2003), 4.

28 Die Vertreter, die eine solche Identifikation für plausibel halten, werden in den folgenden Kapiteln eingehend dargestellt und diskutiert. Ich verzichte daher an dieser Stelle auf eine Aufzählung.

hen (Kap. 2), die Moral (Kap. 3) und der kosmische Sinn (Kap. 4). Hierbei werde ich ausgehend von einer Auseinandersetzung mit den einschlägigen Vertretern zwei Thesen verteidigen: eine Eigenständigkeits- und eine Relevanzthese. Die Eigenständigkeitsthese besteht in der Behauptung, dass das sinnvolle Leben bestenfalls auf den ersten Blick in seinem Kerngehalt etwas mit einem Leben in Wohlergehen gemäß der Moral oder des kosmischen Sinns zu tun hat. Auf den zweiten Blick zeigt sich jedoch, dass es keineswegs mit deren Gehalt zu identifizieren ist. Wer ein sinnvolles Leben führt, tut das nicht primär, weil es ihm gut ergeht, er sich moralisch integer verhält oder sich mit einer kosmischen Gesamtordnung vereinigt. Aber können Wohlergehen, Moral und kosmischer Sinn nicht doch irgendeine Bedeutung für die Sinndimension haben? An diesem Punkt setzt die Relevanzthese an. Sie besagt, dass jede der drei Dimensionen einen Beitrag zum sinnvollen Leben liefert, wenngleich dieser alleine weder notwendig noch hinreichend ist, um das sinnvolle Leben zu bestimmen.[29] Das sinnvolle Leben existiert demnach nicht einfach neben den anderen Wertdimensionen, sondern steht in zahlreichen axiologischen Abhängigkeiten und Verhältnissen zu ihnen. In welcher Weise das der Fall ist, werde ich in den jeweiligen Kapiteln genauer erläutern.

Im *zweiten Teil* der Studie werde ich dann die axiologische Struktur des sinnvollen Lebens genauer in den Blick nehmen. Wenn das sinnvolle Leben trotz aller Abhängigkeiten tatsächlich eine eigenständige Dimension des guten Lebens ist, was zeichnet es dann aus? Um diese Frage zu beantworten, werde ich in mehreren Schritten vorgehen: In einem ersten Schritt werde ich eine häufig vertretene Standardantwort näher untersuchen: den Konsequenzialismus des

29 Im Fall des moralischen Lebens muss jedoch differenziert werden. So werde ich im dritten Kapitel dafür argumentieren, dass die positive Moral (d.h. moralische Handlungen) eine hinreichende und die negative Moral (d.h. moralische Unterlassungen) eine notwendige Bedingung für das sinnvolle Leben darstellt. Davon unbeschadet bleibt aber die Wahrheit der an dieser Stelle anvisierten These, dass keiner der beiden Moralbegriffe zusammengenommen notwendige *und* hinreichende Bedingungen formulieren kann. Es kann also auch bei den differenzierten Moralbegriffen keine Rede davon sein, dass sie vollständig wiedergeben, was das sinnvolle Leben ausmacht. Moralische Handlungen sind nicht die einzigen Tätigkeiten, die ein sinnvolles Leben garantieren können, und moralische Unterlassungen alleine sind zwar notwendig, aber nicht hinreichend, um ein sinnvolles Leben zu ermöglichen.

sinnvollen Lebens (Kap. 5). Dessen Kernthese besteht darin, dass ein Leben genau dadurch sinnvoll wird, dass es (inhaltlich noch näher zu bestimmende) Konsequenzen, Handlungsfolgen oder auch: Weltzustände hervorbringt. Es gibt momentan einige Teilnehmer der Debatte, die den Konsequenzialismus für eine attraktive Option halten und seine Grundidee in der einen oder anderen Version ausarbeiten. Meine eigene Bewertung wird jedoch negativ ausfallen: Ich glaube nicht, dass der Konsequenzialismus erfolgversprechend ist. Vielmehr werde ich die These verteidigen, dass die Konsequenzen einer Handlung gar nicht so wichtig für das sinnvolle Leben sind, wie die Vertreter behaupten. Das impliziert natürlich nicht, dass die Handlungsfolgen vollkommen irrelevant für das sinnvolle Leben sind. Es bedeutet aber, dass Konsequenzialisten, die den Folgen eine besonders herausgehobene Stellung zubilligen, deren Bedeutung überschätzen. Es geht im sinnvollen Leben sicher *auch* um die Folgen von Handlungen, den Kernbestandteil bilden sie jedoch nicht.

Damit ist bereits auf den zweiten Schritt übergeleitet. Im Weiteren werde ich nämlich genauer erläutern, worum es sich beim Kernelement des sinnvollen Lebens handelt (Kap. 6). Hierfür werde ich mich denjenigen Theorien des Lebenssinns zuwenden, die in der Regel in einer klassischen Opposition zum Konsequenzialismus gesehen werden, den Sinntheorien der Deontologie. Nach eingehender Prüfung der verschiedenen Versionen dieser Theoriengruppe werde ich schließlich den schon kurz erläuterten deontologischen Objektivismus vorstellen und verteidigen. Dafür werden neben der Grundthese der Theorie auch einige kritische Nachfragen formuliert, die dabei helfen, die tatsächliche Leistungsfähigkeit der Theorie hervortreten zu lassen.

In einem dritten Schritt soll die Theorie des deontologischen Objektivismus weiter ausgearbeitet werden (Kap. 7). Hierfür wird auf zweifache Weise vorgegangen: Zum einen wird einigen ergänzenden Gesichtspunkten Rechnung getragen, nämlich der Existenz von negativen Sinnelementen, der Relevanz des individuellen Fortschritts und der Rolle der Entstehungsbedingung von sinnstiftenden Handlungen. Zum anderen werden die Ergebnisse des ersten Teils in die Grundformel des deontologischen Objektivismus integriert. Es wird erläutert, in welchem Zusammenhang die Wertdimension des Wohlergehens, der Moral und des kosmischen

Sinns zum sinnvollen Leben stehen. Ausgehend von beiden Präzisierungsschritten wird es schließlich möglich sein, eine finale Version des deontologischen Objektivismus zu formulieren.

In einem vierten und letzten Schritt werden die Ergebnisse mit Blick auf ihre systematische Bedeutung für die Meaning-in-Life-Debatte eingeordnet (Kap. 8). Um das zu leisten, werden zunächst die Besonderheiten des deontologischen Objektivismus gegenüber seinen Mitbewerbern herausgearbeitet und einige naheliegende Missverständnisse ausgeräumt. Davon ausgehend werde ich dann auf seine systematische Relevanz zu sprechen kommen und anhand einiger Beispiele verdeutlichen, welche konkreten Weichenstellungen sich aus dem deontologischen Objektivismus für die Theorienbildung in der Sinndebatte ergeben und welche möglichen Anschlussprojekte sich mit ihm verbinden lassen.

I. Teil:
Die Eigenständigkeit des sinnvollen Lebens

2. Wohlergehen und Sinn

2.1 Einleitung

Das Thema des ersten Teils dieser Studie ist die Frage nach der axiologischen Eigenständigkeit des sinnvollen Lebens. Ist das sinnvolle Leben eine autonome Dimension des guten Lebens? Einige Theoretiker geben hierauf eine negative Antwort. Sie halten das sinnvolle Leben für ein solches, das durch andere axiologische Dimensionen vollständig beschrieben oder, wie man manchmal auch sagt, auf diese reduziert werden kann. In diesem Kapitel wird es um einen prominenten Reduktionsversuch gehen, der davon ausgeht, dass das sinnvolle Leben nichts anderes als ein Leben in Wohlergehen ist. Wer demnach ein Leben lebt, in dem es ihm gut ergeht, der lebt auch ein sinnvolles Leben. Um diesen Reduktionsversuch näher zu untersuchen, werde ich in drei Schritten vorgehen. In einem ersten Schritt wird genauer erläutert, welche These ein Reduktionist genau verteidigt und was unter »Wohlergehen« im Kontext des sinnvollen Lebens verstanden wird. In einem zweiten Schritt werde ich dann die exemplarischen Vertreter des Reduktionismus in den Blick nehmen. Dabei werden drei prominente Varianten unterschieden und getrennt voneinander diskutiert, namentlich der Hedonismus, die Wunschtheorie und die Objektive-Liste-Theorie. Das Ergebnis wird negativ sein: Es wird sich herausstellen, dass die verschiedenen Varianten nicht überzeugen können – sie alle scheinen, so die Diagnose, den Anschluss an das »Phänomen« des sinnvollen Lebens zu verlieren, indem sie dessen Inhalte entweder zu weit oder aber zu eng auslegen. In einem dritten Schritt werde ich die Ergebnisse zusammentragen und einen Ausblick geben. Dabei wird es insbesondere darum gehen, das Scheitern der Reduktionsversuche nicht einfach hinzunehmen, sondern auch einige positive Überlegungen zum Verhältnis von Wohlergehen und Sinn anzudeuten.

2.2 Einige methodische und inhaltliche Vorklärungen

Welche These vertritt eine Wohlergehenstheorie des sinnvollen Lebens? Eine Antwort, die sich aus dem bisher Gesagtem ergibt, lautet:

> W_1: Das Leben einer Person ist genau dann sinnvoll, wenn es genügend Wohlergehen aufweist.

Diese These ist natürlich noch unterbestimmt, solange wir keinen genauen Begriff davon haben, was mit »Wohlergehen« gemeint ist.[1] Betrachtet man den bestehenden moralphilosophischen Diskurs zum Wohlergehen, scheinen vor allem drei formale Merkmale besonders einschlägig zu sein:

Erstens wird Wohlergehen als ein Gut betrachtet und hat damit ebenso wie Sinn normativen, d.h. verhaltens- und handlungsleitenden Charakter.[2] Wer behauptet, dass eine Handlung das eigene Wohlergehen fördert, beschreibt diesem Verständnis folgend nicht lediglich einen Zusammenhang zwischen Handlung und Wohlergehen. Vielmehr impliziert seine Behauptung in der Regel auch, dass ein guter *pro-tanto*-Grund dafür spricht, diese Handlung auszuüben, wenngleich dieser Gesichtspunkt möglicherweise durch andere Gründe *all things considered* überwogen werden kann.

Zweitens bezieht sich das Gut »Wohlergehen« auf das Leben einer lebendigen Entität und erfasst es qualitativ hinsichtlich des

1 Darüber hinaus müsste auch bestimmt werden, was der Terminus »genügend« in der Formel genau beinhaltet. Wie viel Wohlergehen ist ausreichend, um ein Leben sinnvoll zu machen? Diese schwierige Frage wird allerdings an dieser Stelle ausgeklammert, weil es mir in diesem Kapitel um die Reduktionsstrategie der Wohlergehenstheorien im Allgemeinen geht. Ich gestehe den Theorien daher im Geiste eines hermeneutischen Wohlwollens zu, dass sie eine geeignete Interpretation anbieten können. Dieses Zugeständnis hat den Vorteil, dass die Reduktionsstrategie nicht bereits an dieser frühen Stelle abgewiesen werden muss, sondern eingehender diskutiert werden kann, um so die aus meiner Sicht schwerwiegenderen Schwächen aufzudecken.

2 »Verhalten« ist hierbei der allgemeinere Begriff und umfasst auch sogenannte »theoretische« Einstellungen, die wir evaluativ und deontisch erfassen, etwa bei der Frage, was man (rationalerweise) annehmen oder glauben sollte (oder was anzunehmen und zu glauben gut ist). Auch diese fließen in unser praktisches Überlegen ein.

dafür einschlägigen Werts – sei es für bestimmte Abschnitte, sei es im Ganzen. Ausgeschlossen von Wohlergehen sind demnach nicht-lebendige Dinge, obgleich damit nicht ausgeschlossen ist, dass man ihnen in anderen Hinsichten Wert zuschreiben und sie somit als Güter betrachten kann.[3]

Drittens zeichnet sich das Wohlergehen durch eine spezifische »Für«-Relation zu seinem Träger aus: Es beschreibt, wie das Leben für den Träger verläuft, nicht für andere. Nehmen wir an, ein Kollege und ich haben uns beide auf eine Stelle an der Universität beworben und wurden als Einzige zu einem Gespräch eingeladen. Der Kollege ist weitaus kompetenter als ich, bricht sich aber kurz vor dem Bewerbungsgespräch das Bein und kann, im Krankenhaus liegend, nicht erscheinen. Sein Leben läuft gerade nicht gut für ihn, aber das ist gut für mich, da meine Chancen auf die Stelle dadurch steigen.

Diese drei formalen Kerncharakteristika von Wohlergehen – seine Normativität, seine Bezogenheit auf lebendige Entitäten, seine exklusive Werthaltigkeit für den Träger dieses Lebens – finden sich in so gut wie allen einflussreichen Rahmenbestimmungen des Begriffs wieder.[4] Gleichwohl muss festgehalten werden, dass eine solche formale Charakterisierung noch nicht ausreichend ist, um einen informativen Begriff von Wohlergehen zu erhalten. Hierfür benötigen wir einen dichten Begriff, der deutlich macht, was unter Wohlergehen inhaltlich genau zu verstehen ist. Eine bekannte

3 Darunter fallen etwa Artefakte wie Malereien oder Stühle, aber auch in der Natur vorhandene Dinge wie Landschaften, chemische Moleküle, mineralische Formationen und Weiteres mehr.

4 Um einige Beispiele herauszugreifen: James Griffin bestimmt Wohlergehen in seinem alltäglichen, vortheoretischen Gebrauch als »our notion of what it is for a single life to go well« Griffin (1986), 7. Wayne Sumner sieht als eine wichtige Adäquatheitsbedingung für jedwede Theorie von Wohlergehen an, »[that it] must tell us what it is for someone's life to go well or badly, or for someone to be benefited or harmed« Sumner (1996), 16. Mark Murphy beschreibt einen Sachverhalt als Bestandteil des Wohlergehens einer Person, »if that state of affairs is good for that agent and the goodness of that state of affairs for the agent is not due solely to its capacity to bring about some other state of affairs that is good for the agent.« Murphy (2001), 49. Und nach Ulla Wessels ergibt sich aus der Wohlfahrt, »wie gut oder schlecht es den Individuen in der Welt geht«, wobei sie unter »Individuen« diejenigen »menschlichen und nicht-menschlichen Wesen« fasst, denen es »gut oder schlecht gehen kann«. Wessels (2011), 11.

Charakterisierung, die auch in der neueren Literatur häufig herangezogen wird, stammt von Derek Parfit und verweist auf eine axiologische Dreiteilung des Wohlergehens.[5] Parfit unterscheidet zwischen hedonistischen Theorien, Wunschtheorien und Objektive-Liste-Theorien des Wohlergehens. Um die Kernthesen anzudeuten: Eine hedonistische Theorie behauptet im Wesentlichen, dass das Wohlergehen durch bestimmte, positive mentale Zustände beschrieben werden kann. Eine Wunschtheorie vertritt die These, dass unser Wohlergehen durch Wünsche und deren Erfüllung gekennzeichnet ist. Und eine Objektive-Liste-Theorie meint, dass es bestimmte von subjektiven Einstellungen unabhängige Gegenstände unseres Handelns sind, die das menschliche Wohl charakterisieren. Natürlich: Der gegenwärtige Diskurs ist komplizierter, als es Parfits klare Dreiteilung vermuten lässt.[6] Dennoch möchte ich im Folgenden an der Dreiteilung zumindest als methodischem Startpunkt festhalten, um die Wohlergehenstheorien in der Meaning-in-Life-Debatte zu strukturieren. Im Rahmen der sich entwickelnden Dialektik wird dann deutlich werden, dass die Situation im Positionsspektrum sehr schnell viel komplizierter wird, als die klare Dreiteilung es nahelegt.

5 Vgl. Parfit (1984), 493. Vgl. für die Verwendung der Dreiteilung etwa Haybron (2008), 34, Keller (2009), 84, Rice (2013), 199, Fletcher (2015), 3 und Moore (2015).

6 Nicht zuletzt aufgrund des reichhaltigen argumentativen Austauschs zwischen den drei Grundtypen sind die tatsächlichen Optionen mittlerweile weit jenseits des simplen Dreier-Schemas angelangt: Hedonistische Theorien werden nun häufig um Elemente von Wunschethiken erweitert – oder auch umgekehrt. Siehe Wessels (2011), die eine Glücks-Wunsch-Wohlergehensethik entwickelt, die Aspekte des Hedonismus und der Wunschethik in sich vereinigt; oder Sumner (1996), 138, der seine Theorie von Wohlergehen als »authentic happiness« explizit als Mittelweg ansieht, Nachteile des Hedonismus und der Wunschtheorie durch eine neuartige Kombination beider zu neutralisieren. Darüber hinaus enthalten Objektive-Liste-Theorien jetzt oftmals Verknüpfungspunkte zu subjektiven Einstellungen und Empfindungen des Trägers von Wohlergehen. Siehe Murphy (2001), Kap. 3, der zu den Grundgütern menschlichen Wohls auch »aesthetic experience«, »inner peace« und »happiness« zählt; oder Chappell (1998), 43, in dessen Liste sich u. a. auch »pleasure and the avoidance of pain« finden. Vgl. für eine Auseinandersetzung mit dieser und weiterer Kritik an Parfits Dreiteilung Muders/Rüther (2016), Abschnitt 1.2.

2.3 Drei Typen von Wohlergehenstheorien

2.3.1 Der Hedonismus

Die erste Theorie des Wohlergehens, die hier in den Blick genommen wird, geht von der These aus, dass es bestimmte mentale Zustände des Subjekts sind, die ein Leben sinnvoll machen. Es gibt verschiedene Varianten dieser Theoriengruppe, die sich jeweils darin unterscheiden, wie der mentale Zustand genauer zu bestimmen ist. Die wahrscheinlich bekannteste ist der ethische Hedonismus. Seine Vertreter behaupten, dass der zugrunde zu legende Zustand ein Glückszustand ist. Was aber ist mit »Glück« gemeint? Man kann von Glück im Sinne eines glücklichen Zufalls reden, ebenso vom Glück des momentanen Augenblicks oder vom übergreifenden Glück des ganzen Lebens.[7] Klassischerweise versteht eine hedonistische Theorie Glück als einen Zustand, der sich durch ein positives phänomenales Erleben (»what-it-is-likeness«) auszeichnet.[8] In diesem Sinne kann man sagen, dass hedonistische Theorien das Glück mit einem inneren, psychischen Gefühlszustand verbinden. Wenn wir diese Überlegungen nun auf die Debatte um das sinnvolle Leben übertragen, vertritt der Hedonismus die folgende These:

> H_1: Das Leben einer Person ist genau dann sinnvoll, wenn sie sich glücklich fühlt.

Eine solche Gleichsetzung von sinnvollem Leben und Glücksempfinden erscheint aus mindestens zwei Gründen attraktiv:

Zum einen scheint sie unsere alltägliche Praxis des Verstehens und Erklärens besonders gut einzufangen. So sind es gerade phänomenale Aspekte, die wir häufig nennen, um die Sinnhaftigkeit von Tätigkeiten zu erläutern. Wir reden davon, dass sinnvolle Tätigkeiten einen »in den Bann ziehen«, die »Zeit stillstehen lassen«, »alle Sorgen vergessen lassen« oder »vollständig in Beschlag nehmen«.[9] Folgen wir dem Hedonisten, ist das auch kein Wunder: Das sinn-

7 Vgl. für einen Überblick über die verschiedenen Facetten des Glücksbegriffs Bien (1995) und Seel (1995), 54ff.

8 Für eine solche Definition des Hedonismus siehe Tännsjö (1998), 84 und Crisp (2006).

9 Vgl. dazu Taylor (1970), Frankfurt (1982), 89-91 und Ayer (1990).

volle Leben besteht nun einmal darin, dass wir glücklich sind, und »glücklich sein« ist zuallererst ein phänomenales Erlebnis. Dem eignen Anspruch nach deutet der Hedonist demnach nur theoretisch aus, was wir in unserer Praxis des Verstehens und Erklärens immer schon tun, nämlich auf phänomenale Aspekte zu verweisen.

Zum anderen vertritt der Hedonismus eine monistische Axiologie. Zwar muss auch der Hedonist zwischen den verschiedenen Glückszuständen unterscheiden, aber er muss keinen glücksexternen, womöglich sogar plural zu deutenden Maßstab heranziehen. Was die verschiedenen Zustände zu Sinngebern macht, ist eben ihre phänomenale Qualität: Sie fühlen sich gut an! Für den Hedonisten ist Glück der einzige Aspekt, der relevant ist, wenn wir das sinnvolle Leben ermitteln wollen. Er kann demnach aus seiner Sicht eine wesentlich einfachere Heuristik als pluralistische Ansätze anbieten.

Zusammengefasst scheint der Hedonismus durchaus einiges für sich zu haben, auch wenn nicht verschwiegen werden soll, dass es ganz verschiedene Varianten dieser Theoriengruppe gibt. Ein zentraler interner Streitpunkt betrifft etwa die Frage nach der genauen Analyse des phänomenalen Zustandes.[10] Diese mitunter komplizierte Diskussion können wir an dieser Stelle allerdings ausblenden. Denn alle Vertreter, und darauf kommt es hier an, sind sich zumindest in einem Punkt einig: Sie alle gehen *qua* Hedonismus davon aus, dass der jeweilige Zustand einen bestimmten positiven phänomenalen Charakter hat, der notwendig und zugleich hinreichend ist, um die Sinndimension des guten Lebens zu charakterisieren. Aber ist diese These des Hedonismus überzeugend?

Betrachten wir ein Beispiel, das von Richard Taylor in die Diskussion eingebracht wurde und mittlerweile einen klassischen Status hat.[11] Taylor orientiert sich am bekannten Mythos des Sisyphos, der beinhaltet, dass Sisyphos von Zeus verdammt worden ist, bis in alle Ewigkeit einen Stein den Berg heraufzurollen, der, sobald oben angekommen, sofort wieder herabrollt. Hierbei gesteht Taylor zu, dass es sich bei einem solchen Leben um einen paradigmatischen Fall eines sinnlosen Lebens handelt. Was aber muss erfüllt sein, damit sich die Bewertung des Lebens von Sisyphos ändert? Taylors Antwort: Das Problem von Sisyphos ist, dass er seine Tätigkeiten

10 Vgl. für die verschiedenen Möglichkeiten etwa Starkey (2006), 96-99.

11 Vgl. Taylor (1970), 330.

hasst und gelangweilt ist. Wenn wir uns jedoch vorstellen würden, dass die Götter in seine Gehirnstruktur eingreifen, sodass er seine Tätigkeiten lieben würde, können wir von einem sinnvollen Leben sprechen.

Nun hat so gut wie niemand im Diskurs Taylors Neubewertung des Falls geteilt. Es scheint für viele einfach nicht hinreichend zu sein, dass allein die Änderung des Gefühlszustandes – sei es durch göttliche oder andere Eingriffe – dazu führen soll, dass das Leben von Sisyphos plötzlich zu einem sinnvollen Leben wird. Es stellt vielmehr trotz des veränderten Gefühlszustandes immer noch ein Paradebeispiel eines sinnlosen Lebens dar.

Auf diesen Kontraintuitivitätsvorwurf kann der Hedonismus mindestens auf drei Weisen reagieren:

Eine *erste Option* besteht darin, dass der Hedonist, wie Taylor es offensichtlich getan hat, diese Diagnose billigend in Kauf nimmt. In diesem Fall müsste Sisyphos' Leben sinnvoll genannt werden, obgleich wir es intuitiv anders bewerten. Es ist allerdings schwer ersichtlich, warum man diese Strategie wählen sollte. Immerhin besteht, wie oben beschrieben, ein Ausgangsmotiv für den Hedonismus gerade darin, dass er eine hohe Konvergenz mit unserer alltäglichen Deutung dieser Beispiele verspricht. Dieses Attraktivitätsmerkmal bereits an dieser frühen Stelle über Bord zu werfen, ist für den Hedonisten vor dem Hintergrund der eigenen Zielperspektive daher wenig aussichtsreich. Nun kann ein hedonistischer Hardliner diesen Weg natürlich trotzdem weiter beschreiten. In diesem Fall müsste der eigene kontraintuitive Malus jedoch zumindest theoretisch gerechtfertigt werden. Um das zu leisten, könnte der Hedonist zum Beispiel im Rahmen eines dialektischen Verfahrens zu zeigen versuchen, dass er im Vergleich zu seinen Mittbewerbern die Wahl des kleineren Übels ist. Diese Behauptung zu plausibilisieren, wird angesichts der eigenen Kontraintuitivität aber sicherlich nicht ohne größeren theoretischen Aufwand möglich sein. Wenn wir einmal von den Erfolgsaussichten absehen, bietet sich daher für den Hedonisten zumindest aus strategischen Gründen an, zunächst zu prüfen, ob nicht andere Optionen verfügbar sind, die einen phänomengerechteren Umgang mit dem Sisyphos-Beispiel versprechen.

Die *zweite Option* besteht darin, dass der Hedonist versuchen kann, zusätzliche Kriterien zur Qualifikation der hedonischen Zustände einzuführen, um Sisyphos' Leben nicht als sinnvoll bezeichnen zu müssen. Interessanterweise ist das der Weg, den Taylor selbst eingeschlagen hat, nachdem er sich von seiner ursprünglichen Bewertung des Sisyphos-Beispiels abgewendet hat. So nennt er in seinem Beitrag »The Meaning of Human Existence« (1981) nicht mehr nur den positiven Gefühlszustand, sondern auch dessen Entstehungsbedingungen als Kriterium, um ein sinnvolles Leben zu definieren. Demnach mache nicht *jeder* hedonische Zustand ein Leben sinnvoll, sondern nur solche, die im Rahmen von bestimmten Prozeduren gewonnen werden. »Prozeduren« sind hier Weisen, *wie es zu dem glücklichen Zustand kam*. Als Maßstab einer relevanten Prozedur nennt Taylor etwa das Kriterium der Autonomie, worunter er die selbstbestimmte Entscheidung des Subjekts versteht, die dem glücklichen Zustand zeitlich vorausgeht.[12] Entsprechend wäre Sisyphos' Leben genau dann sinnvoll, wenn er ohne göttlichen Zwang und hinreichend informiert sein Schicksal des Steinerollens selbst gewählt hätte und mit dieser Tätigkeit nun auch glücklich wäre.

Taylor steht mit dieser Strategie nicht alleine dar. Sie findet im gegenwärtigen Diskurs zahlreiche Anhänger, wenngleich die inhaltliche Bestimmung der prozeduralen Kriterien variiert. Manche modifizieren den Autonomiebegriff oder bringen verwandte Begriffe wie denjenigen der Authentizität ins Spiel.[13] Wenn wir aber die gemeinsame Grundidee zusammenfassen, lässt sich die folgende Version des Hedonismus formulieren:

> H_2: Das Leben einer Person ist genau dann sinnvoll, wenn sie sich glücklich fühlt und dieser Zustand bestimmten prozeduralen Kriterien genügt.

Allerdings denke ich nicht, dass diese Version des Hedonismus eine überzeugende Theorie des sinnvollen Lebens darstellt. Vielmehr scheinen bei genauerem Hinsehen noch genug Härtefälle übrig zu bleiben, die H_2 als kontraintuitive Doktrin entlarven. Ist es wirklich so, dass beispielsweise lebenslanges Kronkorkensammeln,[14]

12 Vgl. Taylor (1981), 6-8, 19-24.

13 Vgl. exemplarisch für die unterschiedlichen Möglichkeiten etwa Kekes (1986), 80-84 und Thomson (2003), 57f.

14 Vgl. Singer (1996), 113.

das lebensumfassende Auswendiglernen eines Wörterbuchs[15] oder das sich immer wiederholende Anschauen einer Fernsehserie[16] tatsächlich sinnstiftend sind, wenn das Subjekt sich autonom für ein solches Leben entscheidet *und* bei der Ausübung der Tätigkeiten Glück empfindet? Die intuitive Antwort lautet: Nein, solche Leben lassen sich nicht alleine durch autonome Wünsche und Glücksempfindungen über die Minimalschwelle des Sinns heben. Zwar können beide Gesichtspunkte die Sinnbilanz erhöhen. Wenn wir etwa solche Leben mit dem Leben des gelangweilten Sisyphos vergleichen, scheint das Maß an Sinnhaftigkeit ungleich höher zu sein. Gleichwohl reicht dieses Maß immer noch nicht aus, um solche Leben als sinnvoll bezeichnen zu können. Es handelt sich eben »nur« um das Sammeln von Kronkorken, das Auswendiglernen eines Wörterbuches und das Immerwiederanschauen einer Fernsehserie!

Die *dritte Option* für den Hedonisten nimmt diese Diagnose zum Ausgangspunkt, um sich von H_2 abzuwenden und weitere Kriterien anzugeben, die es erlauben sollen, hinreichende Bedingungen für das sinnvolle Leben zu formulieren. Das ist eine Strategie, die Taylor – wiederum in Abgrenzung von seinen früheren Überlegungen – in seinem Spätwerk erwogen hat. So formuliert er in *The Meaning of Life* (1999):

> Ein sinnvolles Leben ist ein kreatives Leben, und einem Leben, das dies nicht erfüllt, fehlt es an Sinnhaftigkeit. Was die Menschheit ausmacht, sind nicht ihre Könige, Militärgeneräle oder Wohlstandsverbesserer, obwohl diese häufig sowohl gefeiert als auch beneidet werden. Stattdessen sind es die Maler, Komponisten, Poeten, Philosophen und Romanschreiber – all diejenigen, die allein aufgrund ihrer kreativen Kraft Dinge von großem Wert hervorbringen, und zwar solche, die ohne sie niemals existiert hätten.[17]

15 Vgl. Wolf (1997a), 210.
16 Vgl. Belliotti (2001), 75.
17 Taylor (1999), 14 (meine Übersetzung, M.R.). Im Original: »A meaningful life is a creative one, and what falls short of this lacks meaning, to whatever extent. What redeems humanity is not its kings, military generals and builders of personal wealth, however much these may be celebrated and envied. It is instead the painters, composers, poets, philosophers, writers – all who, by their creative power alone, bring about things of great value, things which, but for them, would never have existed at all.«

Man kann darüber streiten, ob Taylor an dieser Textstelle nicht eine zu enge inhaltliche Deutung des sinnvollen Lebens vornimmt.[18] Mit Blick auf die Verteidigung des Hedonismus ist aber wichtig, dass er mit dem sinnvollen Leben nun bestimmte Merkmale (z. B. das Hervorbringen von »etwas von großem Wert«) verbindet, welche selbst nicht mehr mit Glückszuständen oder prozeduralen Kriterien identifiziert werden. Wenn wir die vorigen Ausführungen zugrunde legen, können wir Taylor so deuten, dass er Sisyphos genau dann ein sinnvolles Leben zuspricht, wenn er sich in autonomer Weise für das Steinerollen entschieden hat, damit glücklich ist und seine Tätigkeiten bestimmte sinnstiftende Merkmale aufweisen (z. B. bestimmte Ergebnisse erbringen, von einer bestimmten Art sind usw.) Eine auf dieser Grundlage modifizierte Version der Hedonismusformel sähe so aus:

> H_3: Das Leben einer Person ist genau dann sinnvoll, wenn sie sich glücklich fühlt, dieser Zustand bestimmten prozeduralen Kriterien genügt und auf bestimmte glücksexterne Gegenstände gerichtet ist.

Das Problem dieser Modifikation ist jedoch folgendes: In H_3 wird bereits zugestanden, dass Glück nicht ausreichend ist, um ein sinnvolles Leben zu führen. Vielmehr geht aus der modifizierten Hedonismusformel hervor, dass wir weitere Kriterien benötigen, die den Lebenssinn sichern sollen, und zwar solche, die über die in H_2 genannten prozeduralen Kriterien hinausgehen. In diesem Fall aber gerät der Hedonismus in eine Spannung zur ursprünglich vertretenen monistischen Axiologie, welche Glück als den einzigen normativen Standard ausgewiesen hatte. Hier bleiben dem Hedonisten zwei Möglichkeiten: Zum einen kann er die »harte Linie« vertreten, die wir schon kennen. Er könnte die Kontraintuitivität einfach in Kauf nehmen und die vielen als intuitiv sinnlos eingestuften Leben als tatsächlich sinnvoll bestimmen. Diese Möglichkeit sollte aber, wie schon erwähnt, nur als letzter Ausweg genommen werden. Zum anderen, und das ist die aussichtsreichere Lösung, kann der Hedonist H_3 folgen und seinen Glücksmonismus aufgeben.

18 Für diesen Kritikpunkt siehe etwa Metz (2013a), 211 f. Vgl. meine eigenen Überlegungen zum Sinn-Pluralismus in Kap. 6.4.2.

In diesem Fall würde er zugestehen, dass Glück nicht hinreichend ist, um das sinnvolle Leben zu bestimmen, zugleich aber an dessen fundamentaler Rolle als notwendigem Element festhalten. Eine solche Expansionsstrategie des Hedonismus findet gegenwärtig einen breiten Zulauf.[19] Wir finden sie etwa bei Susan Wolf, die das sinnvolle Leben in *Happiness and Meaning* (1997) wie folgt definiert:

> [...] Ein sinnvolles Leben muss zwei Kriterien genügen, die zudem angemessen verbunden sein müssen. Als Erstes muss aktives Engagement vorhanden sein, als Zweites muss dieses Engagement darin bestehen, wertvolle Projekte hervorzubringen oder zumindest auf sie ausgerichtet zu sein. Ein Leben ist sinnlos, wenn es ihm an aktivem Engagement fehlt. Eine Person, die gelangweilt oder entfremdet ist von denjenigen Tätigkeiten, mit denen sie ihr Leben verbringt, ist eine, von der gesagt werden kann, dass ihrem Leben der Sinn fehlt.[20]

Wolf vertritt an dieser Textstelle und in weiteren Veröffentlichungen ein Modell, das sich an H_3 anlehnt.[21] Sie hält die mit dem aktiven Engagement einhergehenden positiven Gefühlszustände für eine notwendige Bedingung von Sinnhaftigkeit, wobei sie in ihrer negativen Abgrenzung im letzten Satz auch prozedurale Kriterien andeutet. Sowohl Glückszustände als auch die Erfüllung prozeduraler Kriterien sind allerdings nur genau dann konstitutiv für ein

19 Vgl. etwa Dworkin (2000), 237-284, Martin (2002), 206 f., Belshaw (2005), 120-122 und Starkey (2006).

20 Wolf (1997a), 211 (meine Übersetzung, M. R.). Im Original: »[A] meaningful life must satisfy two criteria, suitably linked. First, there must be active engagement, and second, it must be engagement in (or with) projects of worth. A life is meaningless if it lacks active engagement with anything. A person who is bored or alienated from most of what she spends her life doing is one whose life can be said to lack meaning.«

21 Vgl. auch Wolf (2010) und die Beiträge in Wolf (2014). Allerdings ist den Texten von Wolf nicht immer eindeutig zu entnehmen, ob sie mit »active engagement« auf mentale Glückszustände verweist oder damit doch eher eine bestimmte Form der Wunschbefriedigung im Blick hat. Ich lese sie an dieser Stelle als exemplarische Vertreterin einer Glückskonzeption, die ich mit Gründen kritisiere. Sollten Verteidiger sie daher vielleicht lieber als partielle Wunschtheoretikerin interpretieren? Eine Antwort auf diese Frage hängt natürlich davon ab, für wie plausibel man die Wunschtheorie hält. Da ich aber auch dieser kritisch gegenüberstehe (siehe Kap. 2.3.2), scheint mir Wolfs hybride Theorie – sei sie nun durch hedonistische Zustände oder durch Wünsche geprägt – insgesamt wenig erfolgversprechend.

sinnvolles Leben, wenn sie auf ein wertvolles Ziel gerichtet sind, nämlich auf wertvolle Projekte.

Ich meine jedoch, dass sich auch gegen diese Version des Hedonismus gute Gründe anführen lassen. Hierfür betrachten wir den Fall einer von sich selbst entfremdeten Mutter Teresa. In diesem Szenario ist Mutter Teresa maximal gelangweilt und emotional abgestoßen von ihrer Arbeit, weil sie eigentlich gerne etwas anderes tun würde. Zugleich aber fährt sie mit ihrer Arbeit fort und rettet mit ihrer kontinuierlichen Versorgung Hunderten von Menschen das Leben. Die meisten würden, so vermute ich, zustimmen, dass das Leben einer solchen Mutter Teresa trotz allem bedeutsam, bewundernswert und lobenswert, eben sinnvoll ist. Dabei kann zugestanden werden, dass ihr Leben wahrscheinlich einen Mangel an Glück und Selbstbestimmung aufweist. Das zeigt, dass wahrscheinlich neben dem sinnvollen Leben noch andere Wertdimensionen existieren, die für die Beurteilung ihres gesamten Lebens relevant sind. Gleichwohl gehen unsere Intuitionen in die Richtung, dass sie zumindest oberhalb der Minimalschwelle dessen liegt, was ein sinnvolles Leben ausmacht. Nun ist das Mutter-Teresa-Beispiel sicher kein Ausnahmefall. Es lassen sich noch weitere Beispiele rekonstruieren. Die Literatur zur Sinndebatte ist reich an ihnen.[22] Sie alle scheinen auf das Gleiche hinauszulaufen, nämlich, dass ein sinnvolles Leben geführt werden kann, obgleich die als sinnrelevant definierten Gefühlszustände fehlen.

Insgesamt bin ich daher skeptisch, dass der Hedonismus die geeignete Theorie sein kann, um die Inhalte des sinnvollen Lebens zu bestimmen: Zum einen scheinen, wie oben gezeigt, selbst Glückszustände, die prozeduralen Kriterien genügen, nur insofern relevant zu sein, als sie auf bestimmte glücksexterne Gegenstände gerichtet sind. Damit aber wird in Zweifel gezogen, dass Glückszustände alleine überhaupt eine hinreichende Bedingung für ein sinnvolles Lebens darstellen. Zum anderen scheint viel darauf hinzudeuten, dass es auch sinnvolle Leben gibt, die ohne prozedural bestimmte Glückszustände auskommen. Demnach scheint das Glück nicht nur kein hinreichender, sondern auch kein notwendiger Bestandteil des sinnvollen Lebens zu sein.

22 Vgl. für eine Liste an Beispielen Beliotti (2001), 129 und Metz (2007), Kap 1.2.

2.3.2 Die Wunschtheorie

An dieser Stelle kommt eine zweite Theorie des Wohlergehens ins Spiel, die sogenannte Wunschtheorie des sinnvollen Lebens. Deren Vertreter sind sich mit dem Hedonismus darin einig, dass dasjenige, worauf es bei der Bestimmung des sinnvollen Lebens letztlich ankommt, nicht in den Merkmalen und Eigenschaften von objektiven Sachverhalten zu finden ist, sondern in den Einstellungen des Subjekts. In Abgrenzung zum Hedonisten behaupten die Wunschtheoretiker jedoch, dass es sich bei den subjektiven Einstellungen nicht um positive Erlebniszustände handelt, sondern um die Wünsche des Subjekts. Was aber heißt es, einen »Wunsch« zu haben? Diese Frage kann je nach theoretischer Perspektive unterschiedlich behandelt werden. Wünsche können zum Beispiel ontologisch als intentionale Zustände gedeutet werden, aber auch als *ex post* zugeschriebene Werteinstellungen, die lediglich angeben, dass ein Subjekt eine gewisse Handlungstendenz aufgewiesen hat. Und es gibt noch weitere Interpretationsmöglichkeiten.[23] Auf diese mitunter komplizierte Diskussion muss ich hier nicht weiter eingehen, denn die folgenden Überlegungen können auf die meisten Standardinterpretationen des Wunschbegriffs angewendet werden. Wichtiger als die interne Diskussion ist mir vielmehr ein anderer Gesichtspunkt: Die Wunschtheorie enthält noch ein weiteres Element, welches man als Erfolgsbedingung beschreiben kann. Es sind nach ihr nämlich nicht die Wünsche *alleine*, die unser Leben sinnvoll machen. Vielmehr müssen diese Wünsche auch erfüllt sein. Wer es sich zur Lebensaufgabe macht, Schachweltmeister zu werden, diesen Wunsch aber niemals realisieren kann, führt kein sinnvolles Leben. Das ist erst genau dann der Fall, wenn die betreffende Person auch tatsächlich Schachweltmeister geworden ist. Genau genommen müssten wir die Theorie daher nicht bloß »Wunschtheorie« nennen, sondern sie – wie manche es im Diskurs auch tun – als »Wunsch- und Zieltheorie« bezeichnen.[24] Das würde auch begrifflich deutlicher herausstreichen, dass es nicht nur um das Haben eines Wunsches geht, sondern auch darum, das Ziel, auf das er gerichtet ist, zu erreichen. Eine so verstandene Theorie besagt dann Folgendes:

23 Vgl. etwa für die verschiedenen Interpretationsweisen des Wunschbegriffs in der Sinndebatte Metz (2013a), Kap. 9.3.

24 So etwa die Bezeichnung in Fenner (2007).

WT_1: Das Leben einer Person ist genau dann sinnvoll, wenn diejenigen Dinge eintreten, die sich die betreffende Person wünscht.

Diese Definition überzeugt nur auf den ersten Blick. Auf den zweiten Blick wird schnell deutlich, dass der Wunschtheoretiker bei dieser einfachen Bestimmung seiner Theorie nicht stehen bleiben kann. Es wäre wenig plausibel, das sinnvolle Leben an ein derartiges Faktum zu knüpfen, schon allein deshalb, weil viele dieser Einstellungen mit Dingen befasst sind, die nichts mit einem sinnvollen Leben zu tun haben (z. B. »Ich hätte jetzt gerne ein Schokoladeneis«). Daher beeilen sich Wunschtheoretiker in der Regel, weitere Qualifikationen zu formulieren, denen unsere unter dem Oberbegriff »Wunsch« zu fassenden Einstellungen genügen müssen. Da sich diese nicht unmittelbar auf die Gegenstände der Wünsche beziehen dürfen (weil sonst unsere Wünsche nur daraus ihre Relevanz bezögen, dass sie sich auf die richtigen Gegenstände beziehen), sondern auf die Art und Weise, wie diese gebildet werden, kann man diese Qualifikationen als prozedurale Kriterien beschreiben. Eine naheliegende Qualifikation bestünde etwa darin, dass die für ein sinnvolles Leben relevanten Wünsche vom Subjekt als »final« oder »auf das ganze Leben bezogen« (etwa im Sinne von Rawls' »plan of life«[25]) klassifiziert werden müssen. So modifiziert kann die zentrale These dann lauten:

WT_2: Das Leben einer Person ist genau dann sinnvoll, wenn diejenigen Dinge eintreten, die sich die betreffende Person wünscht, und wenn diese Wünsche prozeduralen Kriterien genügen.

Es gibt nicht wenige Vertreter, die sich WT_2 verschrieben haben. Man kann sogar mit gutem Recht sagen, dass sie die dominante Theorie im Lager der Wohlergehenstheorien ist. Allerdings unterscheiden sich die jeweiligen Theorien erheblich darin, welche prozeduralen Kriterien sie genau in Anschlag bringen. Prominent sind etwa Versuche, die auf den Autonomiebegriff setzen. Demnach ist ein Leben genau dann sinnvoll, wenn die urteilende Person dieses Leben in autonomer Weise wünscht – sie etwa hinreichend kom-

25 Vgl. Rawls (1971), 358-364.

petent ist, um die relevanten normativen Gesichtspunkte ihres Wollens zu verstehen, über alle relevanten Gesichtspunkte auch tatsächlich Kenntnis hat, ihr Wollen nicht auf innerem oder äußerem Zwang beruht usw. Eine neuere Formulierung einer solchen Theorie für den Gesamtbereich des guten Lebens findet man bei Ulla Wessels. Sie vertritt eine um hedonistische Elemente angereicherte Wunschtheorie: Menschliches Wohlergehen setzt sich für sie »höchstens aus hedonischem Glück und der Erfüllung von Wünschen zusammen«.[26] Neben der Charakterisierung von Wünschen über (hypothetische) hedonische Zustände finden sich bei Wessels in Anlehnung an WT_2 weitere Bedingungen, die etwa verhindern sollen, dass jemand auf Basis falscher Informationen einen Wunsch ausbildet: Demnach wünscht sich jemand (»a«) dann etwas (»p«), wenn gilt: »würde sich a korrekt, vollständig und lebhaft vorstellen, dass p, wäre a froh.«[27]

Nehmen wir nun WT_2 als Ausgangspunkt, so ist leicht zu sehen, warum sie für Vertreter einer Wohlergehenstheorie so attraktiv ist. Denn Vertreter, die an WT_2 anknüpfen, setzen an beiden Schaltstellen der vorigen Hedonismuskritik an:

Zum einen am von mir kritisierten Übergang von H_2 zu H_3: Der Übergang bestand darin, dass für die Bestimmung des sinnvollen Lebens neben prozeduralen Kriterien auch ein Bezug auf Kriterien angenommen werden muss, die selbst keine Glückszustände sind. Das ließ Zweifel aufkommen, ob die vom Hedonismus präferierten mentalen Zustände überhaupt noch eine hinreichende Bedingung bei der Festlegung des Gehalts des sinnvollen Lebens darstellen. Diese Kritik teilen die Wunschtheoretiker, wenngleich sie daran festhalten, dass subjektive Einstellungen des Sinnträgers – nunmehr in der Gestalt von Wünschen – für das sinnvolle Leben ausreichend sind.

Zum anderen an meiner Kritik an H_3: Diese nahm ihren Ausgangspunkt von Gegenbeispielen, die zu zeigen schienen, dass hedonische Zustände als solche keine notwendigen Bestandteile des sinnvollen Lebens sind. Auch diese Kritik wird vom Wunschtheoretiker geteilt. Gleichzeitig nimmt er sie aber nicht zum Ausgangspunkt, um die Einstellungen und Haltungen des Subjekts

26 Wessels (2011), 54.
27 Wessels (2011), 79.

insgesamt aus der Theorie des sinnvollen Lebens zu verabschieden. Vielmehr müssten wir sie richtig verstehen, nämlich als realisierte Wünsche. In diesem Fall können wir weiterhin daran festhalten, dass es auf die subjektiven Einstellungen des Subjekts ankommt, wenn wir die notwendigen Bestandteile des sinnvollen Lebens bestimmen wollen.

Wie lässt sich die Überzeugungskraft der Wunschtheorien des sinnvollen Lebens einschätzen? Beginnen wir zunächst mit der ersten Schaltstelle und der Frage, ob WT_2 hinreichende Bedingungen formulieren kann, und zwar ohne auf die Annahme von externen Kriterien zurückzugreifen. Das mag durchaus in manchen Fällen möglich sein, wie etwa bei Wünschen, die klar dem wohlverstandenen Eigeninteresse des Wünschenden entgegenstehen. Wer sich versklaven möchte, in seine Hinrichtung einwilligt oder sich wünscht, ein rundes Quadrat zu zeichnen, dürfte oftmals die oben genannten Kriterien verletzen. Er macht sich nicht klar, was es heißt, so etwas zu wünschen, ist Opfer von fremden Einflüsterungen oder internen Zwängen. In diesen und ähnlich gelagerten Fällen ist WT_2 der ursprünglichen Formulierung der Wunschtheorie durchaus überlegen. Gleichwohl lassen sich auch gegen diese Variante noch zahlreiche Gegenbeispiele formulieren. Wie beurteilen wir jemanden, der einen autonomen Wunsch ausbildet, genau 3732 Haare auf dem Kopf zu haben – und diese Anzahl im Lebensverlauf möglichst konstant zu halten wünscht?[28] – Oder jemanden, der alle Facetten seines Lebens einer einzigen Farbe widmet?[29] Würden wir in diesen Fällen tatsächlich zustimmen, dass solche Leben mit Blick auf ihre Sinnhaftigkeit auf einer Stufe stehen mit denen von Mutter Teresa, Paul Gauguin und Albert Einstein? Diese letzte Frage ist freilich eine rhetorische Frage, die bereits eine negative Antwort nahelegt. Der autonome Wunsch scheint intuitiv nicht hinreichend zu sein, um die Leben der oben beschriebenen Haar- und Farbfetischisten mit Sinn zu versorgen.

An dieser Stelle bleiben dem Wunschtheoretiker zwei Möglichkeiten:

Zum einen kann er eine *Hang-tough*-Strategie vertreten und schlicht daran festhalten, dass auch ein aus intuitiver Sicht wenig

28 Vgl. Taylor (1992), 36.
29 Vgl. Morris (1992), 58.

sinnvolles Leben über Sinn verfügen kann. Das ist jedoch eine Strategie, die kaum jemand im Diskurs vertritt.[30] Darüber hinaus wäre sie auch beweispflichtig, da sie ein merkwürdiges Verständnis von Theorienbildung nahelegt. Die Strategie scheint davon auszugehen, dass sich die Interpretation der Phänomene nach der Theorie zu richten hat, nicht umgekehrt. Wenn sich aber die Theorie nicht durch die Phänomene bestätigen lässt, warum sollten wir diese Theorie dann überhaupt für plausibel halten? Wie auch immer die Antwort ausfällt: Man sollte diese Strategie nur wählen, wenn alle anderen Wege scheitern.

Zum anderen kann der Wunschtheoretiker das obige Gegenbeispiel ernst nehmen und versuchen, es mit seiner eigenen Theorie in Übereinstimmung zu bringen. Das kann er tun, indem er eine vorsichtige Erweiterung seines Grundansatzes vornimmt, um so unserem intuitiven Urteil über die obigen Gegenbeispiele auch auf theoretischer Ebene zu entsprechen. Will er innerhalb der Wunschtheorie verbleiben, sollte er bei dieser neuerlichen Modifikationsstrategie darauf achten, dass er nicht externe Kriterien voraussetzt, sondern die den Lebenssinn erfassenden Wünsche weiterhin nur prozedural qualifiziert. Er muss demnach versuchen, auf die Analyse von bereits vorhandenen und unverdächtigen Theorieelementen, wie den Wunsch- oder Autonomiebegriff, zurückzugreifen.

Ein solcher Versuch lässt sich exemplarisch an der frühen Theorie des sinnvollen Lebens von Stephen Darwall darstellen.[31] Seine Grundidee besteht darin, dass wir die Erweiterung der Wunschtheorie vornehmen können, indem wir den Autonomiebegriff mit

30 Eine Ausnahme bildet Hooker (2008), 184-192. Für eine Diskussion der *Hang-tough*-Strategie siehe Cottingham (2008), 260-262.

31 Eine solche Darwall-Interpretation ist nicht unumstritten. Ich folge hier jedoch Thaddeus Metz, der diese aus Darwalls *Impartial Reasons* (1983), 164-166 herausarbeitet. Vgl. Metz (2013a), 178 f. Darwall wendet dort seine allgemeine Theorie praktischer Gründe auf den Wertbereich des Sinnvollen (»meaningful«) an. Zu beachten ist, dass Darwall mittlerweile unter dem Titel »Welfare and Rational Care« (2002) eine ausgearbeitete Theorie über Begriff und Gehalt von Wohlergehen vorgelegt hat, die es nahelegt, ihn nunmehr als Vertreter einer Objektive-Liste-Theorie des sinnvollen Lebens einzuordnen. Vgl. für diese Deutung von Darwall Muders/Rüther (2016), Abs. 3.2. Allerdings glaube ich nicht, dass Darwall diese Neuausrichtung am Ende sonderlich viel weiterhilft, da ich auch den Objektive-Liste-Theorien skeptisch gegenüberstehe. Siehe dafür die Kritik im Kap. 2.3.3.

weiteren Rationalitätskriterien anreichern. Darwalls These besteht hierbei darin, dass ein autonom gebildeter Wunsch nicht nur diejenige Entität ist, welche einer Person zugeschrieben werden kann, die kompetent, wohlinformiert und ohne Zwang geurteilt hat. Vielmehr gehört zu einem autonomen Wunsch auch ein Moment der Unparteilichkeit, welchen Darwall darin sieht, dass jener die hypothetische Zustimmung aller Betroffenen finden können muss. Das heißt, dass ein autonomer Wunsch genau dasjenige ist, wozu alle Personen kommen würden, wenn sie von ihren eigenen Interessen und Wünsche abstrahierten und sich auf einen unparteilichen Standpunkt begäben.

Mit Blick auf das sinnvolle Leben lautet seine These daher:

> WT_3: Das Leben einer Person ist genau dann sinnvoll, wenn sich dasjenige erfüllt, was eine Person wollen würde, wenn sie sich auf einen unparteilichen Standpunkt begibt.

Die Formulierung bringt uns, so die theorieleitende Hoffnung, weiter als alle vorigen Definitionen der Wunschtheorie, da viele Gegenbeispiele nun vermeintlich in die Theorie integriert werden können. So würde die Fixierung auf eine bestimmte Anzahl von Haaren oder die Ausrichtung des eigenen Lebens auf eine einzige Farbe eben genau deshalb als sinnlos entlarvt, weil niemand von einem unparteilichen Standpunkt aus diesen Lebensentwürfen zustimmen könnte.

Ich möchte an dieser Stelle jedoch zwei kritische Anmerkungen einbringen:

Erstens ist nicht ohne Weiteres offensichtlich, dass wir einen Standpunkt der Unparteilichkeit überhaupt erreichen können. Handelt es sich hierbei nicht um einen viel zu hoch angesetzten Standard, der jenseits dessen liegt, was Menschen möglich ist? Diese Frage wird von manchem im Diskurs bejaht.[32] Und tatsächlich wäre diese Konklusion für WT_3 folgenreich: Wenn es nämlich für uns epistemisch unmöglich wäre, einen Standpunkt der Unparteilichkeit einzunehmen, wäre es für uns auch unmöglich, die Inhalte des sinnvollen Lebens zu bestimmen. Die Theorie würde uns nur Auskunft darüber geben, unter welchen Bedingungen wir wissen

32 Vgl. Metz (2013a), 178 f.

könnten, wann wir ein sinnvolles Leben führen, namentlich unter den Bedingungen der Einnahme eines für uns unerreichbaren unparteilichen Standpunkts. So gesehen wäre die Theorie also denkbar uninformativ, weil sie nicht leistet, was sie leisten will: eine inhaltliche Charakterisierung des sinnvollen Lebens. Allerdings will ich auch eingestehen, dass ich nicht sicher bin, wie schwerwiegend dieses Problem tatsächlich ist. Es ist gut möglich, dass es sich hierbei nur um ein Modifikationsproblem handelt. Jedenfalls möchte ich diese Kritik an Darwall einmal auf sich beruhen lassen und davon ausgehen, dass es sich um eine epistemische Herausforderung handelt, der er grundsätzlich begegnen kann.

Zweitens wird nicht deutlich, was eigentlich selbst im Falle einer möglichen Einnahme eines solchen Standpunktes folgt. Was wollen wir eigentlich, wenn wir losgelöst von allen partikularen Interessen in dieser Weise auf die Welt blicken? Die naheliegende Antwort: Eigentlich könnte *alles* aus dieser Perspektive geschlossen werden, denn es ist nicht zu sehen, was mögliche Ausschlusskriterien sein sollten, die über die bereits angenommenen prozeduralen Kriterien hinausgehen. Das wäre jedoch eine denkbar ungünstige Antwort für alle Vertreter von WT_3, die – wie Darwall – ja gerade gehofft hatten, eine inhaltliche Anreicherung des Autonomiebegriffs zu erreichen, um so die Kontraintuitivität der vorigen Wunschtheorien zu beseitigen.

Um an dieser Stelle nicht auf externe Inhalte zurückgreifen zu müssen, appellieren Wunschtheorien häufig auf eine metaethische Konstitutionstheorie.[33] Deren zentrale Grundidee besteht darin, dass wir aus einer begrifflichen Analyse bestimmter Termini, etwa dem Begriff des Wunsches, des Grundes, des Zwecks oder der personalen Identität, inhaltliche Kriterien gewinnen können. Auf den Begriff des Wunsches im Kontext des sinnvollen Lebens angewendet bedeutet das: Wenn wir eine ausführliche begriffliche Analyse dieses Terminus durchführen, werden wir auch inhaltliche Kriterien finden, die uns etwas über das sinnvolle Leben verraten. Möglicherweise gelangen wir auf diesem Weg zum Autonomiebegriff und von dort aus zur Unparteilichkeit. Und wenn wir nun die Unparteilichkeit – wie sie exemplarisch in WT_3 beschrieben

33 Ein auch gegenwärtig noch viel beachtetes Beispiel einer solchen Theorie wird in Velleman (2000) und Korsgaard (2008) entwickelt.

wird – begrifflich analysieren, werden wir zu weiteren handfesten inhaltlichen Kriterien gelangen, sodass der Kontraintuitivität der vorigen Wunschtheorien entgangen werden kann.

Die Schwächen des Ansatzes sind in der Literatur eingehend diskutiert worden.[34] Ich referiere daher nur die aus meiner Sicht schlagende Überlegung, der ich mich anschließe. Die Skepsis richtet sich dabei vor allem auf die stillschweigende Voraussetzung der Konstitutionstheorie. Diese besteht darin, dass ihre Vertreter annehmen, dass aus dem *begrifflichen* Wissen darüber, was wir unter bestimmten Termini verstehen, etwas *Inhaltliches* folgen kann. Das ist aber eine durchaus zweifelhafte Annahme, da einiges dafür spricht, dass begriffliche und nicht-begriffliche Erkenntnisse streng zu trennen sind. Das zeigt sich zum Beispiel in der oben angedeuteten Kritiklinie: Aus der begrifflichen Verbindung zwischen Wunsch, Autonomie und Unparteilichkeit – wenn sie so überhaupt besteht – folgt einfach kein konkreter Inhalt, weil sich schlicht alles vom Standpunkt der Unparteilichkeit folgern lässt. Vielmehr müssen wir, so die weitergehende Vermutung, schon etwas Inhaltliches investieren, um konkrete Kriterien zu erhalten. Oder um es mit einem Slogan von Sharon Street zu sagen: Ohne substanziellen Input kein substanzieller Output![35]

Wenn diese Überlegungen stimmen, wären sie für alle Wunschtheorien, die auf der Grundlage von WT_3 argumentieren, natürlich folgenreich: Die Vertreter von WT_3 hatten das Ziel, die gegen sie angeführten Gegenbeispiele zu entkräften und auf dem Boden der eigenen Theorie Rechnung zu tragen. Um das zu leisten, sollten inhaltliche Rationalitätskriterien formuliert werden, die zwar jenseits der bekannten prozeduralen Kriterien liegen, aber nicht bereits auf wunschexterne Kriterien verweisen. Solche Kriterien sollten mithilfe der Konstitutionstheorie ermittelt werden, die aus begrifflichen Analysen inhaltliche Rationalitätsstandards ableitet. Der Nachweis, dass dieser Weg wiederum nicht ohne die Annahme von wunsch-

34 Die im Folgenden referierte Kritiklinie basiert auf den Überlegungen in Enoch (2006), Enoch (2010), FitzPatrick (2013) und Rüther (2015), Kap. 4.3.

35 Siehe Street (2010), 370: »Kantian versions of metaethical constructivism, if successful, vindicate an extremely strong form of universalism about reasons, and moral reasons in particular. Humean versions, in contrast, deny that the rabbit of substantive reasons can be pulled out of a formalist hat: to get substance out, we need to put substance in.«

externen Kriterien gangbar ist, lässt daher wohl oder übel auch Zweifel an WT_3 aufkommen, deren Vertreter ja auf die Konstitutionstheorie gesetzt hatten, um genau diese Konsequenz zu vermeiden.

Im Ergebnis scheint es für die Wunschtheoretiker daher aussichtsreicher, auf WT_1 und WT_2 zu setzen, wobei WT_2 durch die Anbindung an den Autonomiebegriff deutlich mehr Gegenbeispielen gerecht werden kann. Wie bereits aufgezeigt, hilft jedoch auch diese Modifikation nur bedingt weiter. Auch gegen WT_2 lassen sich Beispiele anführen, welche letztendlich nahelegen, dass auch autonome Wünsche kein hinreichendes Kernelement des sinnvollen Lebens sind. Anders als von ihren Vertretern intendiert, kann sich die Wunschtheorie daher nicht entscheidend vom Hedonismus absetzen.

Nun zur zweiten Schaltstelle, an der die Wunschtheorie ansetzt, um über den Hedonismus hinauszugehen. Diese betraf die Kritik an H_3, die darin bestand, dass hedonische Zustände keine notwendige Bedingung für das sinnvolle Leben darstellen. Es gibt einfach zu viele Gegenbeispiele, die zeigen, dass ein sinnvolles Leben auch ohne eine positive Glücksbilanz möglich ist. Der Wunschtheoretiker reagiert auf diese Kritik mit einer inhaltlichen Ausweitung der axiologischen Basis: Für ihn sind es nicht mehr hedonische Zustände, sondern ganz allgemein Wünsche – die mehr als nur hedonische Zustände umfassen können –, die notwendig sind, um einem Leben Sinn zu verleihen. Aber führt die Wunschtheorie mit diesem Schachzug tatsächlich weiter als der Hedonismus?

Letztendlich denke ich, dass wir diese Frage verneinen müssen. Um das zu plausibilisieren, lassen sich die folgenden Überlegungen anführen:

Beginnen wir zunächst mit der Einschätzung bezüglich W_1: In diesem Zusammenhang ist anzumerken, dass sich durchaus einige Beispiele anführen lassen, die Instanzen des sinnvollen Lebens darstellen, ohne dass diese Leben vom Subjekt vollumfänglich gewollt wurden. In diesem Sinne kann man etwa das Leben von Vincent van Gogh deuten. Hierbei handelt es sich um ein Leben, das viele als besonders lobenswert und bewundernswert charakterisieren. Zugleich ist aber auch offensichtlich, dass van Gogh alles in allem kein Leben geführt hat, das seinen eigenen Wünschen entsprach. So geht aus zahlreichen Briefen hervor, dass er sich als Handelnder verstand, der seine Wünsche nur sehr selten realisieren konnte.[36] Er scheint vielmehr ein klassisches Paradigma einer frustrierten Person zu sein, die äußerst selten bekam, was sie sich eigentlich wünschte. Und in dieser Hinsicht ist van Gogh sicherlich kein Sonderfall, sondern stellt ein uns durchaus vertrautes Beispiel dar. So gesehen liegt es also nahe, dass erfüllte Wünsche ähnlich wie positive Gefühlszustände keine notwendigen Bedingungen für ein sinnvolles Leben sind.

An dieser Stelle der Dialektik darf natürlich nicht unerwähnt bleiben, dass oben WT_2 entwickelt wurde, also eine Wunschtheorie, die nicht alle erfüllten Wünsche als Kernelemente sieht, sondern lediglich solche, die in autonomer Weise gebildet worden sind. Kann daher vielleicht WT_2 eine notwendige Bedingung formulieren? Um diese Frage zu beantworten, müssen wir das van-Gogh-Beispiel modifizieren. Stellen wir uns van Gogh nun etwa als eine Person vor, die in kompetenter Weise über ihr eigenes Leben nachgedacht hätte, hinreichend über die möglichen Lebensentwürfe informiert wäre und sich ohne maßgebliche äußere Einflüsse für ein Leben als Entwicklungshelfer in Afrika entschieden hätte. Gleichzeitig hätten aber kontingente Umstände, etwa der Druck seines Bruders und seiner Eltern, dazu geführt, dass er Maler werden musste. Vor diesem Hintergrund würden wir van Gogh mit gutem Recht als jemanden beschreiben können, der sein Leben nicht vollumfassend selbstbestimmt geführt hat, sondern als jemanden, dessen wohlüberlegte Wünsche durch die Wünsche anderer durchkreuzt wurden. Nun zu meiner Einschätzung: Auch in diesem Fall meine ich, dass es sich um ein lobenswertes, bedeutsames und bewundernswertes, also: um ein sinnvolles Leben handelt. Zwar spricht einiges dafür, dass van Gogh sicherlich ein noch besseres Leben geführt hätte, wenn er neben seiner künstlerischen Produktion auch selbstbestimmt und glücklich gewesen wäre.[37] Aber das ficht den herausragenden Sinn nicht an, den er mit seiner Tätigkeit seinem Leben gegeben hat. Wenn wir fragen, ob bei konstant gesetzten

36 Dass es sich hierbei um einen durchgehenden Topos in den Briefen handelt, ist eine weitgehend unstrittige These. Siehe hierfür etwa die Einleitung in van Gogh (2019).

37 Vgl. zur These, dass Wunscherfüllung ein kontributiver Faktor ist, der das Leben nicht sinnvoll, sondern nur sinnvoller machen kann, die Überlegungen in Abschnitt 2.4.2.

Glück und Selbstbestimmung sein künstlerisch sinnvolles Leben erstrebenswerter war als, sagen wir, ein Leben als Couch-Potato, fällt uns die Antwort nicht schwer: Natürlich war es das! Van Gogh hat Dinge getan, die in hohem Maße wertvoll sind, und er hatte gleichsam auch »das Zeug dazu«, sie zu tun. Beides scheint zusammengenommen vollkommen hinreichend zu sein, um zu sagen: Er hat sein Leben nicht vergeudet, sondern im Gegenteil sehr sinnvoll ausgefüllt, wenn auch vielleicht nicht in hohem Maße selbstbestimmt.

Im Ergebnis scheint die Wunschtheorie an beiden Schaltstellen daher nicht entscheidend über den Hedonismus hinauszugehen. Zum einen scheint sie keine hinreichende Bedingung formulieren zu können, weil sie für eine intuitiv überzeugende Theorie des Lebenssinns auf externe Kriterien angewiesen bleibt, die nicht Teil ihrer Theorie sind; zum anderen kann sie keine notwendigen Bedingungen präsentieren, da es Leben zu geben scheint, die sinnvoll sind, ohne dass dafür selbst ein autonomer Wunsch auftreten muss.

2.3.3 Die Objektive-Liste-Theorie

Wenn wir diesen Überlegungen folgen, bietet sich ein nunmehr dritter Versuch an, eine Wohlergehenstheorie des sinnvollen Lebens zu formulieren: die Objektive-Liste-Theorie. Ihre Vertreter sehen den Gehalt des sinnvollen Lebens nicht in bestimmten mentalen Zuständen wie positiven Empfindungen, noch spielen Wünsche bei dessen Festlegung eine notwendige Rolle. Stattdessen sind die Arten von Gütern, die menschliches Wohlergehen ausmachen, unabhängig von unserem Wollen bestimmbar. Übertragen auf die Frage nach dem sinnvollen Leben behauptet eine solche Theorie:

> OT_1: Das Leben einer Person ist genau dann sinnvoll, wenn in ihm bestimmte objektive Güter realisiert werden.

Ein prominenter Verfechter dieses Theorietyps ist Guy Fletcher, der seine objektive Liste inhaltlich an die Werte Lust, Glück, Selbstachtung, Erfolg, Tugend und Freundschaft anbindet.[38] Diese Liste scheint in zweierlei Hinsicht instruktiv: Zum Ersten wird man in

38 Vgl. Fletcher (2013), 214.

ihr viele der Werte wiederfinden, die in den in der Einleitung angesprochenen paradigmatischen Fällen sinnvoller Leben eine entscheidende Rolle spielen. Mutter Teresa hat sich ihre Meriten in den Slums von Kalkutta nicht zuletzt über ihre altruistischen Tugenden erworben, und Albert Einstein und Paul Gauguin haben auf wissenschaftlichem oder ästhetischem Gebiet beachtliche Erfolge errungen.[39] Zum Zweiten ist trotz der Unabhängigkeit der Güter von den Wünschen des Einzelnen und der Vermeidung einer Verengung von Wohlergehen auf mentale Zustände eine subjektrelationale Anbindung gegeben: Lust und Glück sind immer Zustände eines Lebewesens, Erfolge sind Erfolge von jemandem usw.[40]

Es gibt aber auch einen entscheidenden Schwachpunkt. Dieser besteht darin, dass die Theorie – so geeignet sie für den Bereich des Lebenssinns sein mag – als Theorie des Wohlergehens unzureichend erscheint. Denn es stellt sich die Frage nach einer weitergehenden, explikativen Grundlage, weshalb die Sinngüter denn überhaupt dem Wohlergehen zuzurechnen sind. Was erklärt eigentlich, dass z. B. Erfolg und Freundschaft in irgendeiner Weise für mich gut sind?

Eine vielversprechende Antwort, die über die Gütertheorie von Fletcher hinausgeht, liefert eine Theorie, die im Diskurs als Perfektionismus bezeichnet wird.[41] Die Grundidee des Perfektionismus besteht darin, auf eine explikative »Klammer« hinzuweisen, die alle Listenelemente eint und eindeutig als Element des Wohlergehens deklariert werden kann. Diese besteht laut seinen Vertretern in der *Selbstvervollkommnung* des Handelnden, welche sich klarerweise durch eine für das Wohlergehen distinktive »Gut-für«-Relation auszeichnet.

Als Beispiel für eine perfektionistische Position können die Überlegungen von Thomas Hurka in *The Best Things in Life. A Guide to What Really Matters* (2011) angeführt werden.[42] Dort stellt

39 Tatsächlich möchte Fletcher den Erwerb wertvollen Wissens explizit mit zu diesem Gütertyp gerechnet wissen. Vgl. Fletcher (2013), 218 f.

40 Fletcher vertritt sogar die stärkere These, dass alle von ihm genannten Güter »pro-attitudes as necessary components« beinhalten. Siehe Fletcher (2013), 216.

41 Wie Gwen Bradford in einem Handbuchartikel schreibt, ist der vielleicht wichtigste Vorzug eines Perfektionismus, die traditionell als enumerativ wahrgenommene Objektive-Liste-Theorie um eine explikative Facette zu erweitern. Vgl. Bradford (2015), 124.

42 Siehe die Einordnung Hurkas in der von Andrew Moore betreuten Oxford

er zwar eine eigene Liste an Gütern vor – er diskutiert Lust, Wissen, Erfolg, Tugend und Freundschaft –, die das normative Destillat dessen bilden sollen, was für die Sinndimension des Menschen relevant ist.[43] Dass diese Güter überhaupt auf der Liste auftauchen, wird jedoch mit der Grundansicht des Perfektionismus gerechtfertigt: nämlich, dass alle der Selbstvervollkommnung des Handelnden dienlich sind. Seine zentrale These kann daher wie folgt wiedergegeben werden:

> OT_2: Das Leben einer Person ist genau dann sinnvoll, wenn die realisierten objektiven Güter ihr dabei helfen, die eigene Selbstvervollkommnung voranzutreiben.

Man beachte, dass diese Charakterisierung es offenlässt, wie eine noch weitergehende Rechtfertigung der normativen Klammer formuliert wird. Hurka selbst legt eine bestimmte Sicht der menschlichen Natur als Wertmaßstab zugrunde. Andere Auffassungen, die nicht auf die menschliche Natur rekurrieren, sind möglich, bis hin zur Auffassung, dass die Tatsache, dass ein bestimmtes Gut der Selbstvervollkommnung dienlich ist, nicht über weitere Tatsachen gerechtfertigt werden muss. Wichtig bleibt nur, dass die Verbindung eines Guts als möglicher »Vervollkommner« mit dem Subjekt erhalten bleibt, um die Charakterisierung des Werts als »gut für« seinen Träger zu rechtfertigen. Wenn das sichergestellt ist, liefert der Perfektionismus zugegebenermaßen eine aussichtsreiche Option, um den Schwierigkeiten von OT_1 zu entkommen.

Nun glaube ich allerdings nicht, dass der Perfektionismus in OT_2 am Ende überzeugen kann. Der Hauptgrund dafür ist darin zu sehen, dass er genauso wie die elaborierten Versionen des Hedo-

Bibliography zum Thema »Well-Being« (2015) sowohl in die Bereiche »Objective List Theories« als auch »Perfectionism«.

43 Hurka selbst legt für seine perfektionistisch begründeten Güter eine Einordnung in die Sinndimension nahe, wenn er sich in seinem früheren Werk *Perfectionism* (1993) bemüht, deren Relevanz für die Ethik weder in einer auf intersubjektive Verbindlichkeiten verengten Moral (die lediglich »acts that affect other people [and do potentially] […] frustrate others' desires or interfere with their freedom« zum Gegenstand hat) zu suchen (vgl. Hurka (1993), 5) noch dem Bereich des Wohlergehens zuzuschlagen. Siehe für eine Diskussion dieser Einordnung Muders/Rüther (2016), Abs. 2.3.

nismus und der Wunschtheorie des Lebenssinns weder ein notwendiges noch ein hinreichendes Kriterium für das sinnvolle Leben formuliert. Das lässt sich sowohl am Fall von Mutter Teresa als auch am Beispiel von Paul Gauguin und Albert Einstein explizieren.

Beginnen wir mit dem ersten Fall. Dasjenige, was uns an Mutter Teresa so anspricht, war ihre große Hingabe für die Linderung des Leidens anderer. Während es auf dem Boden einer säkularen Moral sicherlich nicht moralisch geboten war, ein Leben einzuschlagen, das ganz den Armen auf den Straßen Kalkuttas gewidmet war, ist es in hohem Maße schätzenswert, dass sie sich so vorbehaltlos für andere eingesetzt hat. Dieser Punkt ihres Tätigseins ist es, der uns Respekt abverlangt und ihr Leben als großartiges Beispiel für ein sinnvolles Leben erscheinen lässt. Nehmen wir nun weiter an, dass sie durch ihre Tätigkeiten ihr Leben vervollkommnet hat. Das scheint zunächst einmal eine sehr substantielle These zu sein: Dass ihre Hilfe für Arme, die ihr außer ihrem Dank wenig zurückgeben können, ihr dabei förderlich war, ihr eigenes Leben als Mensch zu vervollkommnen, versteht sich gewiss nicht von selbst, sondern bedarf weiterer Argumente. Allerdings scheint ein derartiger Gedankengang auch nicht *zu* weit hergeholt und *ad hoc*: Wenn es beispielsweise essentieller Teil unserer menschlichen Natur ist, die Nöte und Bedürfnisse anderer Lebewesen zu erkennen und angemessen darauf reagieren zu können, wird ersichtlich, weshalb das Einüben, Verfeinern und Realisieren dieses Teils unserer Natur uns in einem interessanten Sinne vervollkommnet.

Das Problem des Hinweises auf die Selbstvervollkommnung ist jedoch, dass dieser Aspekt für die Sinnbewertung ihres Lebens kaum eine Rolle spielt. Der Grund, warum wir das Leben von Mutter Teresa als sinnvoll bewerten, besteht nicht darin, dass sie etwas *für sich*, sondern *für andere* tut. Um ihrem Leben den besonderen »Glanz« zu geben, der für das sinnvolle Leben charakteristisch ist, muss sie sich im Handeln nicht primär an der Selbsthilfe, sondern an der Hilfe für andere Menschen orientieren. Mehr noch: Es scheint sogar so zu sein, dass die Selbstvervollkommnung ganz entfallen könnte. Auch einer Mutter Teresa, die gegen ihre natürlichen Anlagen handeln würde, lässt sich nur schwer die Möglichkeit eines sinnvollen Lebens absprechen. Natürlich wäre ihr Leben im Einklang mit ihrer eigenen Natur sicherlich ein solches, das leichter von der Hand gehen würde oder möglicherweise sogar den Sinnwert ihres Lebens erhöht. Dass es jedoch im Fall einer fehlenden Selbstvervollkommnung *ipso facto* sinnlos wird, scheint wenig plausibel.

Analoges lässt sich zum Fall Gauguin (als Beispiel für eine Ausrichtung am »Schönen«) und zum Fall Einstein (als Beispiel für eine Orientierung am »Wahren«) sagen. In Abgrenzung zum altruistischen Handeln ist es für diese beiden Bereiche sogar noch augenfälliger, dass kreatives oder wissenschaftliches Tun auf die Person des so Engagierten zurückschlägt und dabei Fähigkeiten offenlegt und fördert, die wir als Vollkommenheiten einer menschlichen Existenz identifizieren. Die Stereotype des über viel (nicht unbedingt nur »wissenschaftliches« im engeren Sinne) Wissen verfügenden Weisen und des in seiner eigenen Welt lebenden Künstlers sind Zeugnisse dafür. Gleichwohl scheint es für die Bewertung der Sinnhaftigkeit ihres Lebens immer noch unerheblich zu sein, wie sich ihr Tun auf ihre Person ausgewirkt hat. Gut möglich, dass ihre Intelligenz oder ihre Kreativität Vorbedingungen für ihre erfolgreiche Ausrichtung am Schönen und Wahren gewesen sind. Primäres Zeugnis und Maßstab unserer Bewertung aber sind und bleiben die dadurch hervorgebrachten Gegenstände als Indikatoren der von ihnen ausgeübten künstlerischen und wissenschaftlichen Tätigkeiten. Wir halten auch die Leben von Gauguin und Einstein nicht deshalb für sinnvoll, weil sie etwas für sich selbst getan haben, sondern für die Kunst und die Wissenschaft.[44]

Wie die obigen Beispiele also zeigen, scheint der Bezug auf die Selbstvervollkommnung als letzte Rechtfertigungsinstanz aller objektiven Güter die Inhalte des sinnvollen Lebens nicht in geeigneter Weise einzufangen. Der Hinweis auf sie scheint weder ein notwendiges noch ein hinreichendes Kriterium für das sinnvolle Leben, sondern allenfalls eine Vorbedingung oder sinngenerierendes Surplus. An dieser Stelle bleibt Hurka daher nur eine Option: In Reaktion auf diesen Vorwurf könnte er den Versuch unternehmen, seine Liste der »best things in life« von seinem Perfektionismus zu entkoppeln. Hurkas modifizierte Behauptung über das sinnvolle Leben würde dann lauten:

44 Was es konkret heißen kann, dass jemand etwas für die Kunst oder die Wissenschaft tut, ist natürlich erklärungsbedürftig. Meine eigene Theorie des sinnvollen Lebens, die diese Frage beantwortet, wird in Kap. 6 entwickelt.

OT_3: Das Leben einer Person ist genau dann sinnvoll, wenn in ihm verschiedene objektive Güter realisiert werden, darunter auch das Gut der Selbstvervollkommnung.

In der Tat mag es verführerisch erscheinen, Selbstvervollkommnung schlicht als *zusätzliches* Listenelement neben die anderen Güter zu setzen, um durch diesen einfachen Zug den vorgebrachten Kritikpunkten den Wind aus den Segeln zu nehmen. Daran würde sich jedoch unmittelbar die im Zusammenhang mit OT_1 erläuterte Frage erneut anschließen, was als schließende Klammer dieser Liste fungieren könnte; es bliebe mithin unklar, durch was sich die Elemente der so erweiterten Liste als Bestandteile des Wohlergehens empfehlen. – Und gerade die diskutierten Beispiele von Mutter Teresa, Gauguin und Einstein scheinen sogar die Skepsis zu bestärken, dass die entscheidenden Elemente auf dieser Liste keine Bestandteile des Wohlergehens sind. Am aussichtsreichsten scheint es daher, für die Objektive-Liste-Theorie von OT_2 auszugehen und einen Perfektionismus zu vertreten. Dieser hatte freilich, wie oben gesehen, das Problem, eine explikative Klammer zu liefern, die eindeutig auf dem theoretischen Boden der Wohlergehenstheorie agiert und zugleich notwendige und hinreichende Bedingungen für das sinnvolle Leben formuliert. Kurzum zusammengefasst: Auch auf dem Boden der Objektive-Liste-Theorie – egal, ob ausgehend von OT_1, OT_2 oder OT_3 – scheint es keine einfachen Geländegewinne für die Wohlergehenstheorie des sinnvollen Lebens zu geben.

2.4 Fazit und weiterführende Überlegungen

2.4.1 Zusammenfassung der bisherigen Ergebnisse

Das Ziel des ersten Teils der Studie besteht darin, die Autonomie des sinnvollen Lebens näher zu erläutern und zu begründen. In diesem Kapitel wurde eine prominente Theoriengruppe untersucht, die die Autonomiethese leugnet, weil sie keinen relevanten Unterschied zwischen einem Leben in Wohlergehen und einem sinnvollen Leben sieht – die Wohlergehenstheorie des sinnvollen Lebens. In ihrer einfachsten Version behaupten ihre Vertreter, dass ein Leben in Wohlergehen notwendigerweise auch dazu führt, dass wir ein Leben führen, in dem hinreichend viel Sinn enthalten ist. Was aber meinen die Vertreter mit »Wohlergehen«? In diesem Zusammenhang wurden drei Antworten unterschieden, die zu verschiedenen Versionen von Wohlergehenstheorien führen: hedonistische Theorien, Wunschtheorien und Objektive-Liste-Theorien. Diese wurden der Reihe nach dargestellt und auf ihre Überzeugungskraft hin untersucht.

Die Auseinandersetzung mit dem Hedonismus zeigte, dass seine Vertreter das sinnvolle Leben innerhalb ihrer Theorie des Wohlergehens nicht angemessen konzeptualisieren können. Entweder fassen sie das sinnvolle Leben *zu weit* auf, da sie zahlreiche Leben – wie das lebenslange Kronkorkensammeln, das Auswendiglernen eines Wörterbuches oder das sich immer wiederholende Ansehen einer Fernsehserie – als sinnvoll charakterisieren, obgleich sie aus intuitiver Sicht sinnlos sind. Oder sie verstehen das sinnvolle Leben *zu eng*, da sich exemplarische Fälle wie der einer gelangweilten Mutter Teresa konstruieren lassen, in denen ein sinnvolles Leben geführt wird, ohne dass eine positive hedonische Glücksbilanz auftritt.

Demselben Verdikt fielen auch Wunschtheorien des Wohlergehens zum Opfer. Auch sie erwiesen sich mit Bezug auf den Lebenssinn als *zu weit* und *zu eng*: Der autonom entwickelte Wunsch, bestimmte Dinge zu tun, lässt zu viele Tätigkeiten – zum Beispiel den Fetisch für das Zählen von Haaren oder das Sammeln von Gegenständen einer einzigen Farbe – als sinnrelevant erscheinen, die es nicht sind. Umgekehrt können auch Dinge, die nicht in einem anspruchsvollen Sinn selbstgewählt sind, das Leben mit Sinn erfüllen. Der sich aufgrund von äußeren oder inneren Zwängen der Kunst zuwendende van Gogh kann durchaus ein sinnvolles Leben führen.

Auch die Objektive-Liste-Theorien waren schließlich mit den beiden Schwachstellen der vorgenannten Theorien belastet. In ihrer perfektionistischen Ausdeutung ist es zwar möglich, dass die Vertreter eindeutig dem Lager der Wohlergehenstheorien zugeordnet werden können. Der Nachteil besteht jedoch darin, dass der Perfektionismus den Gehalt des sinnvollen Lebens ebenfalls *zu weit* und *zu eng* ausdeutet: Es scheint nicht hinreichend zu sein, ein Leben der Selbstvervollkommnung zu führen, um die eigene Sinnbilanz über die Minimalschwelle des Sinns zu heben. Genauso scheint es nicht notwendig zu sein, die Selbstvervollkommnung anzustreben. Wie an den Musterbeispielen von Mutter Teresa, Paul

Gauguin und Albert Einstein gezeigt, geht es uns bei der Einschätzung des Sinngehalts eines Lebens nicht primär um die Anlagen, Talente und Fähigkeiten des Handelnden, sondern um den subjekttranszendierenden Gegenstand seiner Handlungen. Und selbst in dem Fall, wenn ein Leben der Selbstvervollkommnung abträglich ist, kann diesem Leben nicht prinzipiell die Möglichkeit einer positiven Sinnbilanz abgesprochen werden.

2.4.2 Die Rolle des Wohlergehens im sinnvollen Leben

Wenn aber keine Theorie des Wohlergehens notwendige und hinreichende Kriterien bestimmen kann: Bedeutet dieses Ergebnis dann, dass Wohlergehen und Lebenssinn normativ völlig zusammenhanglos nebeneinanderstehen? Das bedeutet es keineswegs. Im Gegenteil: Wie an der einen oder anderen Stelle des Kapitels schon betont, gehe ich davon aus, dass die drei betrachteten Elemente von Wohlergehen – Glückszustände, autonom geformte Wünsche, Selbstvervollkommnung als objektives Gut – durchaus eine gewichtige Rolle für das sinnvolle Leben haben können.

Erstens könnte man erwägen, ob Glück, Wunscherfüllung und Selbstvervollkommnung nicht doch in abgeschwächter Form relevant sein könnten, nämlich als Sinn-*enhancer*.[45] Ob diese These zutrifft, hängt nicht zuletzt von der Einschätzung von komparativen Fällen ab, in denen wir zwei Leben vorstellen, die sich *ausschließlich* mit Blick auf ihren Grad an Glückszuständen, ihre Menge an autonomer Wunscherfüllung und ihren Grad an Selbstvervollkommnung unterscheiden. Gibt es etwa einen Sinnunterschied zwischen einer glücklichen und unglücklichen Mutter Teresa, deren Leben sich in sonst allen Aspekten gleichen? Wie verhält es sich in dieser Hinsicht zwischen dem von äußeren Zwängen bestimmten Leben eines van Gogh und einem Leben van Goghs, welches selbstbestimmt war? Oder wie ist das Verhältnis zwischen einem Leben, in dem Einstein gegen seine natürlichen Anlagen Wissenschaft betreibt, und einem, in dem er seine Fähigkeiten durch die gleichen Tätigkeiten vervollkommnet? Meine Antwort lautet: Zwar scheint es mir, wie oben argumentiert, nicht so zu sein, dass die unglückliche Mutter Teresa, der heteronom bestimmte van Gogh oder der

45 Diese Möglichkeit wird etwa in Metz (2013a), Kap. 12.3.5 erläutert.

talentlose Einstein ein sinnloses Leben führen. Aber offensichtlich ist auch, dass ihr an Wohlergehen armes Leben mögliche Sinnpotenziale zu verspielen scheint. Ein glückliches, autonomes und perfektionierendes Leben ist im Vergleich zu einem *ceteris paribus* gleichen Leben, welches diese Elemente nicht besitzt, mit Blick auf seinen Sinngehalt höher einzustufen. Demnach sind Glück, autonome Wunscherfüllung und Selbstvervollkommnung zwar weder notwendig noch hinreichend für ein sinnvolles Leben. Sie können die Sinnbilanz eines Lebens aber noch erhöhen. Das Wohlergehen ist mithin, wie man etwas technischer ausdrücken könnte, ein kontributiver Faktor für das sinnvolle Leben.

Zweitens wird diskutiert, ob Glück, Wunscherfüllung und Selbstvervollkommnung noch eine weitere Rolle zugesprochen werden kann, die unabhängig von der Frage nach den Inhalten des sinnvollen Lebens ist. So erscheint es auf den ersten Blick nicht abwegig, dass sich manche sinnhaften Tätigkeiten besser oder sogar ausschließlich mit positiven Emotionen, als Gegenstände darauf bezogener Wünsche oder im Geiste der Selbstverbesserung erreichen lassen.[46] Wer komplexe und langwierige Sinn-Projekte plant – sei es in Wissenschaft, Kunst oder im ethischen Alltag –, der tut sich im Normalfall leichter, wenn ihm diese Projekte auch Freude bereiten, sie in Kongruenz mit seinem Lebensplan stehen oder von ihm als »Veredelung« seiner Talente verstanden werden. In diesem Sinne könnten die drei Elemente des Wohlergehens also durchaus eine praktische Ermöglichungsbedingung sein.

Drittens könnten die drei Elemente des Wohlergehens auch ein epistemischer Indikator sein, der uns anzeigt, wann wir ein sinnvolles Leben führen. Wie aussichtsreich ist aber eine solche Strategie? Das hängt davon ab, für wie valide man die Verbindung zwischen Glück, Wunscherfüllung und Selbstvervollkommnung einerseits

46 Gerade die instrumentale Bedeutung des hedonischen Glücks wird momentan in der Psychologie ausführlich untersucht. Vgl. für die Ergebnisse der psychologischen Glücksforschung und ihre philosophische Einordnung den zweiteiligen Forschungsbericht in Bayertz (2010a) und Bayertz (2010b). Darüber hinaus darf auch nicht unerwähnt bleiben, dass in der empirischen Forschung neben den Aspekten des Wohlergehens noch weitere Aspekte untersucht werden, die mit der Wahrscheinlichkeit zur Ausübung von sinnstiftenden Tätigkeiten korreliert werden. Vgl. für einen Überblick über die weiteren Faktoren die kursorische Literaturübersicht in 9.3.

und Sinn andererseits hält. Aus den bisherigen Ausführungen geht zumindest so viel hervor: Es besteht ein offensichtlicher »Graben« zwischen diesen drei Elementen des Wohlergehens und dem Sinn, da wir ein sinnvolles Leben führen können, ohne dass sie darin vorkommen. Es kann daher nicht sein, dass Glück, Wunscherfüllung und Selbstvervollkommnung *immer* ein guter Indikator sind, um ein sinnvolles Leben zu identifizieren. In welchen Fällen genau das so ist, ist eine schwierige Frage, die auch von einer Einschätzung abhängt, wie tiefgreifend der »Graben« zwischen beiden Ebenen tatsächlich ist. Wie optimistisch kann man sein, dass so verstandenes Wohlergehen und Sinn wenigstens so häufig kovariieren, dass sich informative Zusammenhänge aufzeigen lassen? Hierbei handelt es sich um eine empirische Frage, die mit philosophischen Mitteln nicht beantwortet werden kann. Dass man mit Blick auf informative Korrelationen eher optimistisch als pessimistisch sein kann, wird gerade in der jüngeren Vergangenheit vermehrt betont.[47]

Die drei Bestandteile des Wohlergehens, namentlich Glück, Wunscherfüllung und Selbstvervollkommnung, können daher eine wichtige Rolle in einer Theorie des sinnvollen Lebens spielen. Es spricht einiges dafür, dass sie das Leben noch sinnvoller machen; dass sie uns eine praktische Hilfe sind, um sinnhafte Tätigkeiten zu ermöglichen; und dass sie uns als epistemische Orientierungspunkte dafür dienen können, wann wir ein sinnvolles Leben führen. Wenn wir daher am sinnvollen Leben interessiert sind, haben wir gute Gründe, uns auch um unser eigenes Wohlergehen zu sorgen.

Gleichwohl sollte eines nicht vergessen werden: Es ist das zentrale Ergebnis dieses Kapitels, dass das sinnvolle Leben und das Leben in Wohlergehen trotz aller Zusammenhänge in axiologischer Hinsicht *nicht* deckungsgleich sind. Es hat sich gezeigt, dass ganz unabhängig davon, welche Theorie des Wohlergehens auch angeführt wurde, weder notwendige noch hinreichende Kriterien für das sinnvolle Leben formuliert werden konnten. Das lässt vermuten, dass es Gehalte des sinnvollen Lebens gibt, die nicht durch das eigene Wohlergehen erfasst werden. Das sinnvolle Leben ist, so lässt sich am Ende festhalten, eine vom Wohlergehen beeinflusste, aber in seinem Kernbestandteil trotzdem von diesem unabhängige axiologische Dimension des guten Lebens.

47 Mit Blick auf das Verhältnis von Glück und Sinn besonders nachdrücklich etwa Haybron (2008).

3. Moral und Sinn

3.1 Einleitung

Im vorigen Kapitel wurde das Verhältnis des sinnvollen Lebens zum Leben im Wohlergehen untersucht. Hierbei wurde herausgestellt, dass beide Wertdimensionen zwar zusammenhängen, aber nicht deckungsgleich sind. Es spricht einiges dafür, dass die drei Bestandteile des Wohlergehens, namentlich Glück, Wunscherfüllung und Selbstvervollkommnung, einen kontributiven Einfluss auf das sinnvolle Leben haben, weil sie den Sinngehalt eines Lebens erhöhen können. Gleichzeitig bilden diese drei Elemente aber nicht das Kernelement des sinnvollen Lebens. Wer ein sinnvolles Leben führen will, sorgt sich vielleicht *auch*, aber nicht *primär* um das eigene Wohlergehen. Worum geht es aber dann beim sinnvollen Leben?

Diese Frage werde ich im Folgenden zum Ausgangspunkt nehmen, eine weitere Wertdimension des guten Lebens und ihr Verhältnis zum Sinn zu untersuchen – die Wertdimension der Moral. Hierbei werde ich in zwei Schritten vorgehen: Zunächst werde ich genauer erläutern, was ich unter dem Begriff »Moral« im Kontext der Meaning-in-Life-Debatte verstehe. Daran anschließend werde ich dann die verschiedenen Positionen der Verhältnisbestimmung erläutern und bewerten. Methodisch werde ich bei denjenigen Positionen beginnen, die ich für die am wenigsten plausibelsten halte, um mich von dort aus Schritt für Schritt der aus meiner Sicht angemessenen Verhältnisbestimmung anzunähern. Das Ergebnis wird, so sei bereits erwähnt, vielleicht für manche überraschend ausfallen. Es wird sich nämlich zeigen, dass die Moral zwar ähnlich wie das Wohlergehen keine geeignete Grundlage darstellt, um vollständig zu beschreiben, worin das sinnvolle Leben besteht. Aber anders als das Wohlergehen ist die Moral nicht bloß ein kontributiver Sinnmaximierer. Zum einen ist die Ausübung von moralischen Handlungen ein zusätzlicher Bestandteil, der – neben anderen Elementen – hinreichend ist, um das Leben sinnvoll zu machen; zum anderen ist die Unterlassung von unmoralischen Handlungen sogar ein notwendiges Element, ohne das kein sinnvolles Leben möglich ist. Mehr noch als das Wohlergehen scheint die Moral damit eine axiologische Relevanz für das sinnvolle Leben zu besitzen.

3.2 Einige methodische und inhaltliche Vorklärungen

Wenn wir nach der Relevanz der Moral für das sinnvolle Leben fragen, ergibt sich zwangsläufig die Frage nach dem zugrunde gelegten Moralverständnis. Was ist eigentlich damit gemeint, wenn von einem moralischen Leben gesprochen wird? Eine allgemein akzeptierte Antwort darauf ist jedoch – anders als beim Begriff des Wohlergehens – gar nicht so einfach zu ermitteln. Vielmehr trifft man sowohl im moralphilosophischen Diskurs als auch in der Meaning-in-Life-Debatte sogar auf eine enorme Bandbreite an vertretenen Bestimmungen, die berechtigte Zweifel aufkommen lassen, ob sich überhaupt ein informativer und zugleich konsensfähiger Begriff ableiten lässt.[1]

Im Folgenden möchte ich daher methodisch anders vorgehen als bei den begrifflichen Vorklärungen zum Wohlergehen. Ich werde mithin nicht versuchen, einen möglichst allgemein akzeptierten Minimalbegriff herauszuarbeiten, sondern stattdessen stipulativ ein eigenes Begriffsverständnis von »Moral« vorschlagen. Allerdings wird auch dieses Begriffsverständnis nicht *vollkommen* willkürlich gewählt, sondern auf der Grundlage des alltäglichen Begriffsverständnisses und der traditionellen Verwendung im Diskurs ermittelt. Der zu entwickelnde Moralbegriff soll sowohl in der Moralphänomenologie als auch in der ethischen Tradition verankert sein, wenngleich – wie oben angemerkt – zugestanden werden muss, dass sich keine konsensfähige Definition ausmachen lässt, die *alle* phänomenologischen Facetten des Begriffs und *jede* Traditionslinie berücksichtigen kann.

Wenn wir nun von einer so verstandenen stipulativen Definition ausgehen, scheinen mir insbesondere die folgenden vier Merkmale besonders aussichtsreich zu sein, um das moralische Leben zu charakterisieren:

Ein *erstes Merkmal* bezieht sich auf die epistemische Perspektive, die jemand einnimmt, wenn er sein Leben im Lichte der Moral führt. Diese Perspektive wird häufig in Abgrenzung zur Perspektive des Eigeninteresses erläutert. Der Gedankengang ist hierbei der folgende:[2] Auf der einen Seite können wir unser Leben nach Gründen des eigenen Wohlergehens ausrichten. Das sind Gründe,

1 Vgl. für eine nähere Begründung dieser These Kipke/Rüther (2018), Abschnitt 2.
2 Vgl. exemplarisch auch Wolf (2014), 48 ff.

die – wie im vorigen Kapitel erläutert – mit dem eigenen Glück, der Wunscherfüllung oder der Selbstvervollkommnung zu tun haben. Auf der anderen Seite können wir jedoch auch vom eigenen Wohl Abstand nehmen und die möglichen Wertungsgegenstände vom Standpunkt der Unparteilichkeit aus betrachten. Von diesem *moral point of view* aus betrachtet erscheint es dann nicht mehr gerechtfertigt, das eigene Wohl in besonderer Weise zu privilegieren. Vielmehr ist es nur ein Gut unter anderen, welches dann gegen diese Alternativen, zum Beispiel das Wohl aller anderen, abgewogen werden muss.

Ein *zweites Merkmal*, welches ich mit dem Moralbegriff verbinden möchte, besteht in einer bestimmten Annahme über die normativen Maßstäbe des Abwägungsprozesses. Leitend ist hierbei die Annahme, dass im Rahmen der unparteilichen Perspektive nicht schlicht jeder Maßstab relevant ist. Vielmehr sollte das moralische Leben so verstanden werden, dass es auf bestimmte Werte gerichtet ist, nämlich auf Gerechtigkeit und Fairness. Das genaue Verständnis der beiden Werte ist natürlich abhängig von der jeweiligen ethischen Basistheorie. So wird ein Vertreter einer kantischen Ethik etwas anderes darunter verstehen als ein Vertreter des Utilitarismus. Gemeinsam ist beiden Ethiktypen jedoch, und das ist der wichtige Aspekt, dass sie das moralische Leben durch die Werte »Gerechtigkeit« und »Fairness« charakterisieren.

Ein *drittes Merkmal* des moralischen Lebens besteht in einer Differenzierung zwischen verschiedenen Handlungsarten. So kann die Orientierung an Gerechtigkeit und Fairness auf mindestens zwei Arten verstanden werden: Zum einen kann es bedeuten, dass die betreffende Person *positive moralische Handlungen vollziehen* muss. Zum anderen kann es aber auch bedeuten, dass die Person sich bestimmter *unmoralischer Handlungen enthalten* sollte. Während das moralische Leben im ersten Fall etwas darstellt, was durch Handlungen positiv realisiert wird, ist es im zweiten Fall etwas, das negativ durch Unterlassungen gekennzeichnet ist. Im Ergebnis müssen wir daher zwischen zwei verschiedenen Moralbegriffen differenzieren, zwischen einer positiven und einer negativen Moral, wobei das jeweilige Moralverständnis jeweils durch eine positive bzw. negative Handlungsart charakterisiert wird.[3]

3 Moraltheoretisch gesehen findet sich in den jeweiligen Handlungsarten die Unterscheidung zwischen positiven und negativen moralischen Pflichten wieder. Für

Ein *viertes Merkmal* ist das angemessene Maß, das für das moralische Leben notwendig ist. So wird niemand ernsthaft die Position vertreten, dass jedes singuläre moralische Handeln oder jede singuläre Verfehlung ausreichend ist, um ein Leben als moralisch vorbildlich bzw. moralisch verwerflich zu charakterisieren. Wer im Rahmen einer einmaligen Handlung einem Bettler Almosen zukommen lässt, wird dadurch sein Leben nicht über die Schwelle eines moralisch vorbildlichen Lebens heben. Und andererseits gibt es kleinere moralische Vergehen, etwa das Vordrängeln an der Kassenschlange, die ein Leben noch nicht zu einem moralisch verwerflichen Leben machen. Wie hoch das Maß genau sein muss, kann hier nicht entschieden werden, sondern muss im Rahmen einer substanziellen Theorie beantwortet werden. Wichtig ist an dieser Stelle lediglich, dass das moralische Leben immer durch ein bestimmtes Maß an moralischen Handlungen oder Unterlassungen gekennzeichnet ist.

Alle vier Merkmale – unparteiliche Perspektive, Gerechtigkeit/Fairness, positive vs. negative Pflichten, angemessenes Maß – bilden einen Verständnisrahmen des moralischen Lebens, den ich im Folgenden zugrunde legen möchte. Damit ist keineswegs, wie oben schon erläutert, impliziert, dass sich keine anderen Verständnisse rekonstruieren ließen. Mit Blick auf das Ziel dieses Kapitels scheint mir die eigene Minimalbestimmung jedoch – neben ihrer intuitiven Überzeugungskraft und der Verankerung im moralphilosophischen Diskurs – besonders aussichtsreich zu sein, wenn es darum geht, ein interessantes Verhältnis zum sinnvollen Leben zu untersuchen.[4]

3.3 Die verschiedenen Optionen des Zusammenhangs von Moral und Sinn

Damit sollte deutlich geworden sein, wie die Wertdimension der Moral im Kontext der Frage nach dem guten Leben im Folgenden definiert wird. Unter einem moralischen Leben wird ein solches

die positive Handlungsart ist die Erfüllung positiver moralischer Pflichten erforderlich, für die negative Handlungsart die Einhaltung negativer moralischer Pflichten.

4 Diese These wird sich freilich erst am Ende des Kapitels belegen lassen, wenn die angemessenen Verhältnisbestimmungen von Sinn und Moral ermittelt wurden.

Leben verstanden, welches sich ausgehend von einer unparteilichen Perspektive in ausreichendem Maße um Gerechtigkeit und Fairness sorgt, zum Beispiel, indem bestimmte moralische Handlungen ausgeübt oder bestimmte unmoralische Handlungen unterlassen werden. Wie aber hängt eine so verstandene Moral mit dem sinnvollen Leben zusammen? Blickt man auf die möglichen Optionen, lassen sich zumindest fünf idealtypische Optionen der Verhältnisbestimmung ausmachen[5]:

(1) Die Moral ist der einzige Weg, auf dem eine Person ein sinnvolles Leben führen kann.
(2) Die Moral ist irrelevant, wenn es für eine Person darum geht, ein sinnvolles Leben zu führen.
(3) Die Moral ist eine notwendige Bedingung dafür, dass eine Person ein sinnvolles Leben führen kann.
(4) Die Moral ist ein kontributiver Faktor, der den Sinngehalt des Lebens einer Person erhöht.
(5) Die Moral ist eine hinreichende Bedingung, wenn es für eine Person darum geht, ein sinnvolles Leben zu führen.

Auch wenn sich alle fünf Optionen erheblich voneinander unterscheiden, so haben die ersten beiden doch einen Sonderstatus, weil sie Extrempositionen markieren. Die erste These beinhaltet, dass das sinnvolle Leben auf das Leben der Moral reduziert werden kann, während die zweite These darauf abstellt, dass die Moral vollkommen irrelevant für den Sinn ist. Alle anderen drei Optionen besetzen demgegenüber den Zwischenraum zwischen den Extremen. Den Vertretern der Thesen (3)-(5) ist gemeinsam, dass sie das sinnvolle Leben nicht im moralischen Leben erschöpft sehen (*contra* These (1)), sie meinen aber auch, dass die Moral trotzdem einen Einfluss auf den Sinn hat (*contra* These (2)). Die Art des Einflusses bestimmen die Vertreter unterschiedlich: Während Vertreter der These (3) die Moral für notwendig halten, meinen Vertreter der These (4) und (5), dass sie lediglich kontributiv bzw. hinreichend ist.

5 Die Wendung »in besonderem Maße« wird im Folgenden der Einfachheit halber nicht in der Thesenformulierung berücksichtigt. Sie sollte aber stets mitgedacht werden, da – wie oben erläutert – nicht jede moralische Handlung oder Verfehlung ausreichend ist, um ein Leben als moralisch vorbildlich oder moralisch verwerflich auszuweisen.

Im Folgenden werde ich alle Optionen näher darstellen und mit Blick auf ihre Überzeugungskraft prüfen. Bevor ich das tue, möchte ich jedoch noch auf zwei methodische Besonderheiten hinweisen:

Erstens ist zu beachten, dass es sich bei einigen der dargestellten Optionen lediglich um logisch mögliche Optionen handelt. Tatsächlich werden nicht alle in der Literatur explizit vertreten oder lassen sich aus ihr ohne Probleme herauslesen. Es wird daher an manchen Stellen notwendig sein, über den bestehenden Diskurs hinauszugehen und die möglichen Thesen und Argumente im bestmöglichen Geiste ihrer Vertreter zu antizipieren.

Zweitens ist bereits im vorigen Abschnitt die Differenzierung zwischen positiver und negativer Moral eingeführt worden. Demnach ist das moralische Leben nicht nur dadurch gekennzeichnet, dass wir bestimmte moralische Handlungen ausüben, sondern auch dadurch, dass wir bestimmte unmoralische Handlungen unterlassen. Nun kann natürlich nicht ausgeschlossen werden, dass sich je nach Handlungsart unterschiedliche Thesen des Zusammenhangs ergeben. Diesem Umstand werde ich mit einer methodischen Differenzierung Rechnung tragen. Ich werde in den folgenden Abschnitten zunächst das moralische Leben in seiner positiven Handlungsart untersuchen, während ich in den daran anschließenden Abschnitten die negative Handlungsart in den Blick nehmen werde. Am Ende werden also nicht fünf, sondern sogar zehn Thesen, nämlich jeweils fünf für die positive und fünf für die negative Moral, berücksichtigt.

3.3.1 Das Verhältnis von positiver Moral und sinnvollem Leben

3.3.1.1 Die Gleichsetzungsthese

Wie wir oben gesehen haben, besteht eine erste mögliche Verhältnisbestimmung darin, das sinnvolle Leben mit der positiven Moral gleichzusetzen. Konkret ausformuliert beinhaltet eine solche Gleichsetzungsthese die folgende Behauptung:

> $GT_{positiv}$: Moralische Handlungen sind der einzige Weg, auf dem eine Person ein sinnvolles Leben führen kann.

Im gegenwärtigen Diskurs ist es schwer, überhaupt einen Vertreter von $GT_{positiv}$ auszumachen. Allenfalls könnte man historische Vorbilder nennen, wenngleich auch das von der jeweiligen Interpretation abhängt und nicht unumstritten sein dürfte. So wird die Gleichsetzungsthese gelegentlich Immanuel Kant und George Edward Moore zugeschrieben.[6] Die Argumentation verläuft dann wie folgt: Kant habe in der *Grundlegung zur Metaphysik der Sitten* behauptet, dass die Förderung der eigenen Talente und Fähigkeiten eine moralische Pflicht gegenüber sich selbst sei. Zwar spreche er nicht von Sinn, aber die eigene Selbstvervollkommnung, die er als Teil des moralischen Lebens ansieht, sei immerhin ein paradigmatischer Aspekt des sinnvollen Lebens.[7] Entsprechend kann man also behaupten, dass das Sinnhafte aus dem Moralischen abgeleitet werde.[8] Moore wiederum behaupte im letzten Kapitel seiner *Principia Ethica*, dass sowohl Freundschaft als auch die Wahrnehmung des Schönen die zentralen moralischen Werte seien. Sie lassen sich, wie alle anderen Werte auch, aus dem unparteiischen Standpunkt ermitteln, von dem ausgehend die werthaften Zustände des Universums antizipiert werden. Auch bei Moore, so könnte man behaupten, findet sich daher die Ableitung des Sinns aus der Moral.

In der gegenwärtigen Debatte hat $GT_{positiv}$ jedoch, wie schon erwähnt, keinen Niederschlag gefunden. Das hängt vor allem mit der Grundannahme zusammen, die der *Renaissance* der Sinndebatte zugrunde liegt: nämlich, dass das sinnvolle Leben eine eigenständige – und damit auch von der Moral unabhängige – Wertdimension darstellt. So schreibt Susan Wolf exemplarisch für viele:

Wenn wir Menschen dafür bewundern, dass sie sich aufgrund von Werten, mit denen sie sich identifizieren, für andere opfern, dann tun wir das nicht, weil wir denken, dass diese Menschen aus einem Grund gehandelt haben, der aus der unparteilichen Perspektive stammt. […] Warum han-

6 Vgl. für eine solche Interpretation etwa Wolf (2014), 58 f.

7 Die These, dass die eigene Selbstvervollkommnung das Kernelement des Sinns darstellt, wird prominent vertreten. Sie findet sich insbesondere in perfektionistischen Ausprägungen der Wohlergehenstheorie. Ich bin jedoch skeptisch, ob solche Theorien am Ende überzeugen können. Für eine Darstellung und Kritik siehe meine Überlegungen zum Perfektionismus in Kap. 2.3.3.

8 Natürlich muss man Kant dann auch so deuten, dass er *alle* Sinnwerte, wenn er neben Selbstvervollkommnung weitere annimmt, aus dem moralischen Standpunkt ableiten würde.

deln wir so? Kurz gesagt, aus Liebe oder Verpflichtung gegenüber spezifischen Gütern oder Werten. Wir tun sie nicht, weil wir denken, dass wir sie tun müssen – etwa, weil sie objektiv gesehen die besten oder moralisch gefordert sind.[9]

Sicherlich kann darüber gestritten werden, ob Wolf die beiden Relata »Sinn« und »Moral« an dieser Stelle richtig bestimmt. Mit Blick auf den Sinnbegriff habe ich bereits im letzten Kapitel Zweifel angemeldet.[10] Im vorliegenden Zusammenhang möchte ich diese inhaltliche Diskussion jedoch einmal ausklammern und mich auf die Kernaussage der Textpassage konzentrieren. Diese lautet mit einfachen Worten zusammengefasst: Das sinnvolle und das moralische Leben sind zwei verschiedene Paar Schuhe, weil die beiden Wertdimensionen jeweils durch distinktive Merkmale charakterisiert sind, die die jeweils andere Dimension nicht aufweist. Entsprechend können beide auch nicht miteinander identifiziert werden.

Zugegeben: Die Argumentation von Wolf ist an dieser Stelle wenig konkret und lediglich einseitig auf das altruistische Gute bezogen. Der *grundsätzlichen* Stoßrichtung möchte ich jedoch ausdrücklich zustimmen: Wolf macht zu Recht darauf aufmerksam, dass das sinnvolle und das moralische Leben auseinanderfallen können. Das lässt sich auch konkreter an den Musterfällen des sinnvollen Lebens ausführen: So ist Paul Gauguin nicht bekannt dafür, dass er sich sonderlich um Gerechtigkeit und Fairness in seinem sozialen Umfeld gesorgt hat, vielmehr schien es ihm vornehmlich um die Verwirklichung seiner künstlerischen Projekte zu gehen. Einstein ist zwar auch als gerechter Wohltäter für soziale Belange in Erscheinung getreten (z. B. durch sein Engagement gegen den Atomkrieg), jedoch war er als Wissenschaftler vor allem an physikalischen Grundlagenfragen interessiert Mutter Teresa wiederum hat sich nicht vorrangig an gerechten Zuständen in der Gesellschaft

9 Wolf (2014), 52 f. (meine Übersetzung, M. R.). Im Original: »If we approve of people who sacrifice themselves for the sake of people causes or values with which they identify, it is not because we take them to be doing what they think is best from the point of view of the universe. […] Why do we do them [gemeint ist: these actions, meine Anmerkung, M. R.]? Roughly, out of love or commitment to specific goods or values. But we do not do these things because we think we ought to – because it is objectively best or morally required.«

10 Siehe Kap. 2.3.1. Vgl. für eine ergänzende Kritik am subjektiven Element in Wolfs Theorie auch Kap. 6.3.1.

orientiert, sondern primär am Wohlergehen von Armen und Bedürftigen in Kalkutta. Zwar wird damit nicht abgestritten, dass es allen dreien möglicherweise auch um Gerechtigkeit und Fairness ging. Was wir jedoch in besonderer Weise an ihnen schätzen und bewundern, ist ihre Orientierung an Dingen, die von moralischen Gesichtspunkten zu unterscheiden sind, z.B. ihr Einsatz für künstlerische, wissenschaftliche und altruistische Lebensprojekte.

Insgesamt legen diese Überlegungen daher nahe, dass das sinnvolle Leben nicht mit einem Leben der Moral gleichzusetzen ist. Es gibt, wie die obigen Beispiele zeigen, auch sinnvolle Leben, in denen Personen nicht an moralischen Werten wie Fairness und Gerechtigkeit orientiert sind, sondern zum Beispiel am Schönen, Wahren und Guten. Der Versuch, das sinnvolle Leben auf das moralische Leben zu reduzieren, muss daher scheitern.

3.3.1.2 Die Irrelevanzthese

Im letzten Abschnitt wurde eine anti-reduktionistische These verteidigt, nämlich dass das moralische Leben nicht mit dem sinnvollen Leben gleichgesetzt werden kann. Diese These könnte zum Anlass für eine radikale Vermutung genommen werden: Wenn es stimmt, dass das sinnvolle und das moralische Leben unterschiedliche Dinge sind, warum sollten wir dann eigentlich annehmen, dass sie in axiologischer Weise überhaupt etwas miteinander zu tun haben. Ist die Moral vielleicht in dieser Hinsicht gänzlich irrelevant für das sinnvolle Leben? Wenn man diese Frage bejaht, gelangt man zur zweiten der oben genannten Optionen in der Verhältnisbestimmung, der sogenannten Irrelevanzthese. Auf den Punkt gebracht, umfasst sie folgende Behauptung:

> $IT_{positiv}$: Moralische Handlungen sind irrelevant, wenn es für eine Person darum geht, ein sinnvolles Leben zu führen.

Die Irrelevanzthese wird im gegenwärtigen Diskurs meines Wissens nicht vertreten. Sie ist eine mögliche, aber keine faktisch vertretene Option. Das hat auch einen nachvollziehbaren Grund, denn ein verhältnisloses Nebeneinander der beiden Wertdimensionen ist in phänomenologischer Hinsicht ein ungedeckter Scheck. Nehmen wir etwa einen Musterfall des sinnvollen Lebens wie Albert Einstein und stellen uns sein Leben in zwei Varianten vor: In einer ersten Variante hat sich Einstein zeit seines Lebens ausschließlich um wissenschaftliche Tätigkeiten bemüht, also um nicht viel mehr als um die Ausarbeitung seiner physikalischen Theorien. In einer zweiten Variante enthält sein Leben genau dieselben Elemente, wird jedoch mit einem Zusatz versehen: Einstein hat sich neben wissenschaftlichen auch um moralische Angelegenheiten gesorgt, zum Beispiel, weil er einen Teil seines Preisgeldes für den Nobelpreis für wohltätige Zwecke gespendet oder sich aktiv in die Förderung von politischer Gleichheit in Entwicklungsländern eingebracht hat. Nun die entscheidende Frage: Ist es nicht so, dass wir sein Leben dadurch noch weitaus mehr bewundern und für bedeutsamer halten als in der ersten Variante, in der es ihm ausschließlich um die wissenschaftliche Tätigkeit geht? Aus meiner Sicht müssen wir diese Frage bejahen. Das Leben von Einstein scheint an Sinn zu gewinnen, wenn er moralische Gesichtspunkte in seinem Leben berücksichtigt. Anders, als die Vertreter der Irrelevanzthese meinen, ist die Moral für den Sinn nicht bedeutungslos. Hierbei muss sich freilich noch zeigen, welche Rolle moralische Handlungen konkret spielen, also ob sie notwendig, kontributiv oder hinreichend für das sinnvolle Leben sind. Dass sie jedoch überhaupt keine Rolle spielen, wie die Vertreter der Irrelevanzthese behaupten, scheint wenig plausibel.

Um auf diese Kritik zu antworten, bleiben dem Vertreter der Irrelevanzthese zwei Möglichkeiten: Zum einen könnte er die obige Deutung der Phänomene kritisieren und behaupten, dass zwischen dem moralisch indifferenten und dem moralisch agierenden Einstein überhaupt kein Unterschied im Sinngehalt vorliegt. Diese Strategie scheint mir jedoch angesichts der doch recht robusten Phänomendeutung wenig überzeugend. Zum anderen könnte der Vertreter der Irrelevanzthese seinen Kritikern entgegenkommen und die Kontraintuitivität seiner Position zugestehen. Im gleichen Atemzug könnte er jedoch auch behaupten, dass der kontraintuitive Status durch bestimmte theoretische Hintergrundannahmen gerechtfertigt sei. Hierbei handelt es sich um eine recht allgemeine Strategie in der Meaning-in-Life-Debatte. Sie wird nicht nur von Vertretern der Irrelevanzthese vorgebracht, sondern von allen *hardlinern* befürwortet, die zum einen zugestehen, dass ihre eigene Position auf eine kontraintuitive Deutung der Musterfälle des sinnvollen Lebens hinausläuft, aber zum anderen trotzdem an ihrer Position festhalten wollen. Nun bin ich insgesamt wenig optimistisch, dass dieses Manöver am Ende gelingen kann. Meine Zweifel beziehen sich vor allem auf zwei Punkte: Zum einen habe ich die Vermutung, dass einiges an gedanklicher Akrobatik nötig ist, um eine zwar kontraintuitive, aber überzeugende Hintergrundtheorie zu formulieren, und zum anderen scheint mir – selbst im Erfolgsfall – immer noch fraglich, ob eine solche Hintergrundtheorie nicht zweifelhafte methodische Prämissen über das Verhältnis von Phänomendeutung und Theoriebildung in Anspruch nimmt. Beide Bedenken kann ich an dieser Stelle nur benennen. Ich werde sie im Abschnitt zur negativen Moral wieder aufnehmen und dort anhand einer Auseinandersetzung mit den exemplarischen Vertretern der Irrelevanzthese konkretisieren.[11] Ich möchte jedoch – gleichsam in einem Vorgriff auf diese Ergebnisse – dafür votieren, die Irrelevanzthese bereits an dieser Stelle aufzugeben und stattdessen vorschlagen, sich dem phänomenologisch Offensichtlichen zuzuwenden: nämlich der Einsicht, dass Moral und Sinn nicht gleichsam verhältnislos nebeneinanderstehen. Moralische Handlungen haben, wie der obige Vergleich der beiden Leben von Einstein zeigt, vielmehr einen Einfluss darauf, welchen Sinngehalt ein Leben aufweist.

3.3.1.3 Die Notwendigkeitsthese

Wenn die Überlegungen der vorigen beiden Abschnitte zutreffen, muss auf die Frage nach dem Zusammenhang von Sinn und Moral eine differenzierte Antwort gegeben werden, die weder auf deren Identität noch deren Zusammenhanglosigkeit hinausläuft. Wie aber kann das Verhältnis dann gedacht werden? Eine mögliche Behauptung besteht darin, dass beide in einem Notwendigkeitsverhältnis stehen. Die These lautet dann:

> $NT_{positiv}$: Moralische Handlungen sind eine notwendige Bedingung dafür, dass eine Person ein sinnvolles Leben führen kann.

Diese These besagt, dass moralische Handlungen in einem bestimmten Maße immer vorhanden sein müssen, um ein Leben

11 Vgl. Kap. 3.3.2.1.

sinnvoll zu machen. Das heißt: Ohne Moralität kein sinnvolles Leben. Im Gegensatz zu $GT_{positiv}$ bleibt aber offen, ob es neben der Moral noch weitere Güter geben kann, die die Sinnhaftigkeit beeinflussen. So gesehen ist die Moral zwar wichtig, aber eben nicht alles.

Die Notwendigkeitsthese findet sich beispielsweise in den Überlegungen von Violetta Igneski, wenn sie schreibt:

> Es gibt noch viele andere moralisch wertvolle Ziele und Tätigkeiten, die nicht nur moralisch erlaubt, sondern notwendig sind, wenn es uns darum geht, tiefe Beziehungen zu entwickeln und sinnvolle Leben zu führen.[12]

Was aber sind nun die positiven moralischen Pflichten, die das leisten sollen? Igneski vertritt einen pluralistischen Pflichtenansatz, der betont, dass wir nicht nur die Pflicht haben, den am schlechtesten Gestellten zu helfen, sondern auch Personen aus unserem moralischen Nahbereich.[13] Darüber lässt sich natürlich streiten.[14] In diesem Zusammenhang wichtiger ist aber, dass Igneski die Notwendigkeitsthese mit einer positiven Auffassung von moralischen Pflichten verbindet. Sie vertritt die These, dass wir im Leben bestimmte moralische Handlungen ausführen müssen, damit es überhaupt die Chance hat, sinnvoll zu werden.

Was ist von der These zu halten? Klar ist, dass $NT_{positiv}$ eine vergleichsweise starke Behauptung beinhaltet, die einer weit geteilten Intuition widerspricht: Warum sollte jemand, der zwar seine positiven moralischen Pflichten nicht erfüllt, aber herausragende Leistungen in anderen Bereichen vollbringt, nicht dennoch ein sinnvolles Leben führen können? Stellen wir uns etwa einige Musterbeispiele vor: Ein Picasso, der sich zeit seines Lebens ausschließlich um die künstlerische Tätigkeit gesorgt hat; ein Einstein, der nichts anderes als seine wissenschaftliche Arbeit im Kopf hatte; eine Mutter Teresa,

12 Igneski (2016), 148 (meine Übersetzung, M.R.). Im Original: »There are many other morally worthwhile ends and pursuits that are not only morally permissible but are also necessary if we are to develop deep relationships and live meaningful lives.«

13 Vgl. etwa Igneski (2016), 152f.

14 Die gegenteilige These, dass wir nur den am schlechtesten Gestellten helfen sollen, egal, ob es sich hierbei um die nächsten Familienangehörigen oder fremde Menschen handelt, vertritt bekanntlich Peter Singer in seiner Theorie des effektiven Altruismus. Siehe exemplarisch Singer (2016).

die lediglich ihre altruistischen Handlungen zum Wohl von bedürftigen Menschen ausgeübt hat. Gemeinsam ist allen drei, dass sie mit vollem Eifer ihren Projekten in der Kunst, Wissenschaft und im Alltagsleben nachgegangen sind, ohne dass Vorstellungen von einer fairen und gerechten Gesellschaft als Hauptgrund ihres Handelns eine überragende Rolle gespielt haben. Ihnen waren einfach andere Dinge wichtiger. Picasso konzentrierte sich auf die Malerei, Einstein auf seine Theorienbildung in der Physik und Mutter Teresa auf die Hilfe für eine Gruppe von Bedürftigen. Sind diese Leben sinnlos? Das müssten sie sein, wenn die Notwendigkeitsthese zuträfe. Tatsächlich scheinen sie aber immer noch über der Minimalschwelle des sinnvollen Lebens zu liegen. Um Missverständnisse zu vermeiden: Es ist gut möglich, dass jemand, der sich nicht aktiv um Gerechtigkeit und Fairness sorgt, unter dem Strich kein gutes Leben führt. Das ist aber eine These, die an dieser Stelle nicht zur Debatte steht. In diesem Zusammenhang geht es nicht um eine Gesamtbewertung des guten Lebens, sondern lediglich um eine bestimmte Wertdimension innerhalb des guten Lebens, nämlich um die Sinndimension. Und mit Blick auf diesen eingeschränkten Bereich lässt sich festhalten, dass sich Leben, die sich in positiver Hinsicht nicht um moralische Angelegenheiten kümmern, dadurch nicht sinnlos werden. Die These, dass die Moral eine notwendige Bedingung darstellt, ist daher zu stark. Entsprechend muss nach weiteren Optionen der Verhältnisbestimmung gesucht werden, die eine schwächere Beziehung formulieren.

3.3.1.4 Die Kontributionsthese

Eine denkbar schwache These der Verhältnisbestimmung ist die Kontributionsthese. Sie lässt sich wie folgt fassen:

> $KT_{positiv}$: Moralische Handlungen sind ein kontributiver Faktor, der den Singehalt des Lebens einer Person erhöht.

Die Kontributionsthese zeichnet sich besonders dadurch aus, dass sie vielen Kritikpunkten entgehen kann, die gegen die vorigen Verhältnisbestimmungen vorgebracht wurden. So geht sie richtigerweise davon aus, dass das sinnvolle Leben eine eigenständige Wertdimension darstellt (*contra* Gleichsetzungsthese), die aber nicht vollkommen unabhängig von ihr ist (*contra* Irrelevanzthese). Das moralische Leben hat mithin Implikationen für das sinnvolle Leben, wenngleich diese nicht im Sinne einer notwendigen Bedingung gedeutet werden dürfen (*contra* Notwendigkeitsthese). Vielmehr ist die Moral, so ihre Vertreter, ein kontributiver Faktor, der den Sinngehalt eines Lebens erhöht. Wer demnach moralisch handelt, führt ein sinnvolleres Leben als derjenige, der das nicht tut. Wichtig ist jedoch: Die Kontributionsthese ist nicht so zu verstehen, dass der Beitrag moralischer Handlungen ein sinnvolles Leben ermöglichen kann. Sie ist alleine nicht hinreichend, sondern muss durch weitere Elemente ergänzt werden. Was aber sind das für weitere Elemente? Um einen Überblick über die verschiedenen Spielarten der Kontributionsthese zu bekommen, blicken wir kurz auf die möglichen Antworten. In diesem Zusammenhang lassen sich zwei Thesen unterscheiden:

> $KT_{positiv1}$: Damit moralische Handlungen das Leben einer Person in hinreichender Weise sinnvoll machen, müssen *objektive* Elemente hinzutreten.

> $KT_{positiv2}$: Damit moralische Handlungen das Leben einer Person in hinreichender Weise sinnvoll machen, müssen *subjektive* Elemente hinzutreten.

Die erste These wird besonders von Vertretern verfochten, die meinen, dass moralische Handlungen durch bestimmte Tätigkeiten, Projekte oder Erfolge ergänzt werden müssen. In der Literatur findet sich etwa die Tendenz, zusätzlich zu moralischem Handeln auch Leistungen in der Kunst, Wissenschaft oder dem ethischen Alltag für mandatorisch zu halten, um über die Schwelle des sinnvollen Lebens zu gelangen.[15]

Die zweite These findet sich bei Vertretern, die zusätzlich subjektive Elemente als zwingend erforderlich ansehen. Ihre bekannteste Vertreterin ist die schon diskutierte Susan Wolf. Für sie ist zunächst klar, das moralische Handlungen in jedem Fall mögliche Sinnstifter sind:

15 Für künstlerische Tätigkeit siehe Taylor (1999), 14; für die Entdeckung wissenschaftlicher Wahrheiten Smith (1997), 213; für die Pflege von liebevollen Beziehungen Baggini (2004), 181-184 und Eagleton (2008), bes. Kap. 4.

Viele, vielleicht sogar die meisten Menschen erhalten einen Sinn in ihrem Leben durch spezifische Projekte und Beziehungen, die die Moral gutheißen würde: indem sie gut sind und Gutes tun in ihrer Rolle als Eltern, Tochter, Liebhaber, Freund, und indem sie soziale oder politische Ziele vorantreiben und unterstützen.[16]

Gleichzeitig vertritt Wolf jedoch eine hybride Sinntheorie, nach der das sinnvolle Leben nur genau dann möglich ist, »wenn subjektive Anziehung auf objektive Attraktivität trifft«.[17] Das bedeutet konkret, dass sich Sinn nicht aus einem Tun ergeben kann, das *allein* aus moralischer Pflicht erfolgt.[18] Dafür muss noch ein subjektives Element hinzutreten, welches sie als »Liebe zu oder Verpflichtung auf bestimmte Güter oder Werte«[19] bestimmt. Ein Mensch kann für Wolf also noch so moralisch Bedeutsames leisten, wenn er es jedoch ohne Liebe oder Hingabe tut, ist sein Leben trotz alledem sinnlos.

An dieser Stelle ergibt sich für viele Vertreter von $KT_{positiv2}$ eine Anschlussfrage, die zu einer weiteren Subdifferenzierung innerhalb des Lagers führt. Denn was ist nun eigentlich der genaue axiologische Status der Moral? Meinen Vertreter der Kontributionsthese, dass moralische Handlungen allein einen Beitrag leisten, aber dieser ohne subjektive Ergänzung *zu klein* ausfällt, um ein Leben sinnvoll zu machen? Oder ist gemeint, dass die Moral allein *überhaupt keinen* Wert für ein sinnvolles Leben generiert, zumindest solange nicht ein subjektives Element hinzutritt? Die Frage ist auch innerhalb dieses theoretischen Lagers umstritten, wenngleich die meisten Vertreter die erste Option vertreten. Sie unterschreiben mithin die folgende Behauptung:

$KT_{positiv2/intrinsisch.}$: Damit die moralischen Handlungen das Leben einer Person in hinreichender Weise sinnvoll machen, müs-

16 Wolf (2010), 61 (meine Übersetzung, M. R.). Im Original: »[...] [M]any if not most people get meaning from more specific projects and relationships that morality should applaud: from being good and doing good in their roles as parent, daughter, lover, friend, and from furthering or trying to further social and political goals.«

17 Wolf (2010), 62 (meine Übersetzung, M. R.). Im Original: »when subjective attraction meets objective attractiveness.«

18 Vgl. explizit hierzu auch Wolf (2010), 1-7, 51.

19 Wolf (2014), 53 (meine Übersetzung, M. R.). Im Original: »love or commitment to specific goods or values.«

> sen subjektive Elemente hinzutreten, denn der alleinige Beitrag moralischer Handlungen ist zu *gering*.

Diese Standardansicht wird in der jüngeren Vergangenheit vermehrt hinterfragt. Das prominente Beispiel hierfür ist wiederum Susan Wolf. Sie bezweifelt den intrinsischen Sinnwert der Moral und präsentiert ein alternatives relationales Wertmodell: Dieses besagt im Kern, dass die Moral *erst dann* für das sinnvolle Leben relevant wird, wenn das subjektive Element (bei ihr: die Liebe und Hingabe) hinzutritt. *Vorher* hat die Moral überhaupt keinen Einfluss auf den Sinn – weder im Sinne einer notwendigen, hinreichenden oder kontributiven Bedingung. Die sich daraus ergebende These lautet also:

> $KT_{positiv2/relational}$: Damit die moralischen Handlungen das Leben einer Person in hinreichender Weise sinnvoll machen, müssen subjektive Elemente hinzutreten, denn moralische Handlungen allein leisten *überhaupt keinen* Beitrag zum sinnvollen Leben.

Nun ist offensichtlich, dass diese Unterscheidung in gewisser Weise quer zur Thesenunterscheidung von $KT_{positiv1}$ und $KT_{positiv2}$ steht. Wer eine These darüber vertritt, dass die Moral einer Ergänzung bedarf – sei sie subjektiv oder objektiv –, der sagt noch nichts darüber, ob die Moral allein oder erst im Verbund einen Beitrag zum sinnvollen Leben leisten kann. Bemerkenswerterweise ist es aber so, dass diese axiologische Differenzierung ausschließlich im Rahmen von $KT_{positiv2}$ vorgenommen wird. Das hängt zum Teil sicherlich mit der wirkmächtigen Position von Susan Wolf zusammen, die innerhalb dieses Theorienrahmens argumentiert. Systematisch gesehen handelt es sich hierbei aber um eine Engführung.[20] Es ist nicht zu sehen, warum die axiologische Differenzierung nicht auch von Vertretern von $KT_{positiv1}$ oder – noch globaler – sogar von allen anderen Vertretern in der Debatte in Anspruch genommen werden könnte.

Wie auch immer man sich zu der axiologischen Differenzierung verhält, die These $KT_{positiv}$ misst der Moral in jedem Fall einen

20 Siehe die ausführlichen Erläuterungen in Kipke/Rüther (2018) unter »Fazit und Ausblick«.

vergleichsweise geringen Wert zu. Sie beinhaltet, dass die Moral unter bestimmten Umständen zwar zum sinnvollen Leben beiträgt, aber es alleine niemals über die Minimalschwelle des Sinns heben kann. Aber wollen wir wirklich behaupten, dass ein Leben, welches sich primär an Gerechtigkeit und Fairness orientiert, immer ein sinnloses Leben ist? Diese Behauptung ist wenig überzeugend. Vielmehr scheinen auch einseitig geführte moralische Leben mögliche Kandidaten zu sein, um als bewundernswert und bedeutsam gelten zu können. Nehmen wir ein klassisches moralisches Vorbild wie Mahatma Gandhi. Dieser ist für viele ein Musterfall, wie sich jemand frei von Eigeninteresse darum gesorgt hat, eine Gesellschaft gerecht und fair zu organisieren. Er hat sich in Südafrika und Indien gegen die Rassentrennung eingesetzt, Menschenrechte für Minderheiten eingefordert, die Versöhnung von Hindus und Muslimen vorangetrieben, die koloniale Ausbeutung bekämpft usw. Nun mag man Gandhis Leben vielleicht als zu einseitig kritisieren. Immerhin zeichnet sich sein Leben durch einen engen Fokus auf die Beförderung einer gerechten Gesellschaft aus, sodass andere Gesichtspunkte wie die Sorge um das eigene Wohlergehen oder das Wohlergehen von Personen aus dem sozialen Nahbereich notwendigerweise kürzertreten müssen. Und gut möglich, dass wir am Ende dadurch sagen müssen, dass das Leben von Gandhi kein vollumfänglich gutes Leben war, weil etwas fehlte, was nicht fehlen sollte. Aber selbst in diesem möglichen Extremfall gilt: Die mögliche Einseitigkeit von Gandhis Leben spielt für die Einschätzung des Sinngehalts kaum eine Rolle. Denn auch ein einseitig geführtes moralisches Leben wie das von Gandhi scheint immer noch einen besonderen »Glanz« aufzuweisen, sodass es als sinnvoll bezeichnet werden kann. Zwar mag es für die Gesamtwertung seines Lebens relevant sein, ob er sich nur in den Dienst der »einen Sache« gestellt hat. Und vielleicht kann man sogar argumentieren, dass sein Leben noch bewundernswerter gewesen wäre, wenn er sich in seinen Projekten breiter aufgestellt hätte. Davon bleibt aber eine Sache unbeschadet, nämlich, dass wir sein Leben aufgrund seiner moralischen Orientierung bewundern und für bedeutsam halten, und wir tun das auch dann noch, wenn es ansonsten nicht viel Bewundernswertes enthält.

Das sind natürlich schlechte Nachrichten für die Vertreter der Kontributionsthese. Diese behauptet schließlich, dass moralische

Tätigkeiten durch weitere ergänzt werden müssen, um ein sinnvolles Leben zu garantieren. Die obige Argumentation scheint aber zu zeigen, dass diese Behauptung die Relevanz der Moral unterschätzt. Das moralische Leben hat einen größeren Einfluss, als ein Leben bloß sinnvoller zu machen, sondern sogar das Potenzial, es mit Sinn zu erfüllen. Die Kontributionsthese muss daher zurückgewiesen werden.

3.3.1.5 Die Hinreichendthese

Die Schlussbemerkungen des letzten Abschnitts deuten darauf hin, dass die Moral weitaus wichtiger ist, als Vertreter der Kontributionsthese meinen. Sie ist nicht lediglich ein Faktor, der zum Sinn beiträgt, sondern auch einer, der das Leben über die Minimalschwelle des Sinns bringen kann. Oder in einer These zusammengefasst:

> $HT_{positiv}$: Moralische Handlungen sind eine hinreichende Bedingung, wenn es für eine Person darum geht, ein sinnvolles Leben zu führen.

Die These, dass die Moral hinreichend für das sinnvolle Leben ist, findet sich etwa bei Thaddeus Metz:

> […] Mandelas Leben wurde dadurch in einer herausragenden Weise sinnvoll, dass er persönlich viel geopfert hat, um die Apartheid zu überwinden, und Mutter Teresas Leben dadurch, dass sie sehr vielen Menschen in elenden Verhältnissen mit großem Mitgefühl gegenübertrat.[21]

An dieser Stelle ist darauf hinzuweisen, dass Metz – anders, als die Textstelle vermuten lässt – die Schwelle, wann die Moral für das sinnvolle Leben hinreichend ist, denkbar niedrig ansetzt. Ihm zufolge können nämlich nicht nur Moral-Heroen ein sinnvolles Leben führen, sondern auch »normale« Menschen, die weitaus weni-

21 Metz (2013a), 227 (meine Übersetzung, M. R.). Im Original: »[…][G]reat meaning was conferred on Mandela's life by virtue of having sacrificed so much to overcome apartheid and on Mother Teresa's life by virtue of having acted so compassionately with respect to large numbers of people in wretched conditions.« Weitere Vertreter von $HT_{positiv}$ sind Singer (1999), Mintoff (2008) und Landau (2011).

ger moralische Handlungen in ihr Leben integrieren konnten.[22] So gesehen wird die Moral für Metz damit zu einer besonders demokratischen Wertdimension, weil moralische Handlungen – anders als künstlerische und wissenschaftliche Tätigkeiten – für fast jeden im Alltag zugänglich sind.

Die These, dass die Moral eine hinreichende Bedingung des sinnvollen Lebens darstellt, ist aus meiner Sicht die attraktivste Verhältnisbestimmung zwischen den beiden Wertdimensionen. Sie bildet den Kulminationspunkt aller bisherigen Überlegungen. Ihre Vertreter tragen dem Umstand Rechnung, dass das sinnvolle Leben weder auf das moralische Leben reduziert werden kann, noch vollkommen unabhängig von ihm ist (*contra* Gleichsetzungs- und Irrelevanzthese). Moralische Handlungen haben vielmehr einen Einfluss auf die Sinnbilanz eines Lebens, ohne zugleich alle Facetten der Sinndimension abzubilden. Weiterhin gehen die Vertreter bei der Bestimmung dieses Einflusses richtigerweise nicht davon aus, dass die Moral immer vorhanden sein muss, um ein Leben mit Sinn zu erfüllen (*contra* Notwendigkeitsthese), sondern vertreten die These, dass die Moral ein Sinnstifter unter anderen ist. Hierbei kann sie nicht nur zum sinnvollen Leben beitragen (*contra* Kontributionsthese), sondern es sogar gleichsam garantieren. Die Moral alleine ist vollkommen ausreichend, das Leben sinnvoll zu machen. In dieser Hinsicht unterscheidet sie sich nicht sonderlich von den anderen Sinnkandidaten wie dem Schönen, Wahren und Guten. Man kann daher sagen, dass sie die Trias ergänzt und damit ein viertes axiologisches Kernelement des sinnvollen Lebens darstellt.

Damit stellt sich natürlich sofort eine Anschlussfrage, nämlich die nach der axiologischen Wertigkeit der Moral im Vergleich zu den anderen Wertdimensionen. In diesem Zusammenhang lassen sich zwei idealtypische Positionen unterscheiden, die gleichsam zwei Pole eines Kontinuums bilden: Auf der einen Seite kann man der Überzeugung sein, dass moralische Handlungen für ein sinnvolles Leben nicht nur hinreichend sind, sondern auch den vorzugswürdigen Weg darstellen – eben einen solchen, auf dem am ehesten oder am meisten Sinn zu gewinnen sind. Auf der anderen Seite lässt sich die Position vertreten, dass Moralität zwar für ein einigermaßen

22 Vgl. explizit zur Frage, welches Maß ausreichend ist, um ein Leben sinnvoll zu machen, die Überlegungen in Metz (2013a), 228.

sinnvolles Leben hinreichend ist, dass aber auf diese Weise – im Vergleich mit anderen Wegen – nicht viel Sinn zu gewinnen ist. Diese zwei Pole lassen sich folgendermaßen formulieren:

> $HT_{positiv1}$: Moralische Handlungen sind in der Regel die *vorrangige* hinreichende Bedingung, wenn es für eine Person darum geht, ein sinnvolles Leben zu führen.[23]

> $HT_{positiv2}$: Moralische Handlungen sind in der Regel die *nachrangige* hinreichende Bedingung, wenn es für eine Person darum geht, ein sinnvolles Leben zu führen.

Die These $HT_{positiv1}$ wird oft vertreten, prominent zum Beispiel von Peter Singer mit seinem Plädoyer für ein »ethisches Leben«. Darunter versteht er ein Leben, das vom Einsatz für die Schwachen und Bedürftigen gekennzeichnet ist. Zwar gesteht er zu, dass es verschiedene Möglichkeiten gibt, ein sinnvolles Leben zu führen, aber er ist der Überzeugung,

> daß ein ethisches Leben es uns ermöglicht, uns mit dem größten aller Ziele zu identifizieren, und daß das der beste Weg ist, den wir einschlagen können, um unser Leben sinnvoll zu machen.[24]

Seltener hingegen findet sich die These $HT_{positiv2}$, aber auch sie wird vertreten, so etwa von Joe Mintoff. Er ist der Überzeugung, dass Moralität zum Beispiel in Form bestimmter moralischer Tugenden[25] oder in Form leidbeseitigender Handlungen Sinn stiften kann, dass dieser Sinn jedoch nicht besonders groß ist: »[…] [G]ute Dinge zu tun […] wird ohnehin unserem Leben nicht viel Sinn verleihen.«[26] Sehr viel mehr sinnstiftendes Potential spricht Mintoff wissenschaftlichen Tätigkeiten zu, weil sie, anders als moralische Tätigkeiten, nicht vornehmlich durch das Ziel des erfolgreichen Handelns, sondern durch das Ziel des Wissenserwerbs

23 »In der Regel« macht deutlich, dass es sich nicht um eine begriffliche These handelt, die in allen Fällen gilt, sondern lediglich um eine solche, die typische Tendenzen ausdrückt.

24 Singer (1999), 245.

25 Vgl. Mintoff (2008), 71.

26 Mintoff (2008), 75 (meine Übersetzung, M.R.). Im Original: »[…] [D]oing good things […] will not contribute much meaning to our lives anyway.«

gekennzeichnet seien. Das ermögliche dem Wissenschaftler in epistemischer Hinsicht eine viel bedeutsamere Verbindung zu den Gegenständen aufzubauen:

> Wir können uns besser durch Wissen mit irgendeinem Objekt – und im Besonderen mit den sogenannten höheren Dingen – verbinden als dadurch, dass wir ausgehend von ihm handeln.[27]

Wie sind die beiden Optionen einzuschätzen? Diese Frage kann hier nicht ausführlich beantwortet werden, weil es einige metaethische und normativ-inhaltliche Überlegungen nötig macht, die den Rahmen dieser Studie überschreiten. Allerdings habe ich an anderer Stelle versucht, mit dem sogenannten relativistischen Pluralismus ein Modell zu entwickeln, welches normative Werthierarchisierungen innerhalb der Sinndimension thematisiert.[28] Um den Grundgedanken des Modells kurz zusammenzufassen: Der relativistische Pluralismus behauptet, dass es eine Pluralität von nicht aufeinander reduzierbaren normativen Gesichtspunkten innerhalb des sinnvolles Leben gibt, die alle eine positive Wertpolarität aufweisen (daher: relativistischer *Pluralismus*). Das gilt für die Moral, aber auch für das Schöne, Wahre und Gute. Alle vier Elemente haben immer einen positiven Wert und können das Leben einer Person sinnvoll machen. Allerdings: Wenn es zu Konflikten zwischen den normativen Gesichtspunkten kommt, haben wir es mit rational unterbestimmten Entscheidungssituationen zu tun, in denen wir keine für alle verbindliche Lösung finden können. Entsprechend können wir auch nicht sagen, dass die Moral für alle Menschen ein höheres Potenzial hat, ein Leben sinnvoll zu machen. Wird die Abwägung dann zu einer persönlichen Sache? Das ist in gewisser Weise tatsächlich der Fall. Das Modell behauptet nämlich, dass die Hierarchisierung lediglich relative Lösungen zulässt, d.h. solche, die in ihrer Geltungsreichweite lokal begrenzt sind (daher: *relativistischer* Pluralismus). Im Fall des sinnvollen Lebens hängt es mithin vom Individuum ab, welche Rolle der Moral im sinnvollen Leben zugesprochen werden muss. Welche Aspekte des Individuums relevant sind, um die Werthierarchisierung vorzunehmen, ist inner-

27 Mintoff (2008), 78 (meine Übersetzung, M. R.). Im Original: »We can be attached to any given object – and in particular the so-called 'higher' things – more intimately through knowing it than through acting upon it.«

28 Vgl. Rüther (2017a).

halb des relativistischen Lagers umstritten.[29] Dieser Streit muss an dieser Stelle nicht entschieden werden. Die grundlegende Pointe der Theorie sollte deutlich geworden sein. Diese besteht darin, dass die Frage nach dem komparativen Wert der Moral nicht für alle verbindlich beantwortet werden kann. Ob sie der vorzugswürdigste Weg (*à la* Singer) zum sinnvollen Leben darstellt oder doch nur einen, vielleicht sogar minderwertigen Weg (*à la* Mintoff), hängt vom jeweiligen Individuum ab, welches vor die Wahl zwischen zwei alternativen Sinnkandidaten gestellt wird.

Um schließlich zusammenzufassen: In diesem Abschnitt wurde die These erläutert, dass die Moral eine hinreichende Bedingung des sinnvollen Lebens darstellt. Es wurde dafür geworben, dass es sich hierbei um die bisher überzeugendste Verhältnisbestimmung handelt. Die Moral hat nicht nur das Potenzial, ein Leben sinnvoller, sondern auch in hinreichender Weise sinnvoll zu machen. Damit ist sie neben dem Schönen, Wahren und Guten ein *zusätzliches* Kernelement des sinnvollen Lebens. Hierbei ist es jedoch keineswegs ausgemacht, dass die Moral für alle in der gleichen Weise sinnstiftend ist. Es hängt vielmehr vom jeweiligen Individuum ab, welche Wertigkeit ihr im Vergleich zum Schönen, Wahren und Guten zukommt. Die Moral ist demnach ein Sinnkandidat, dessen axiologische Valenz von Individuum zu Individuum variieren kann.

3.3.2 Das Verhältnis von negativer Moral und sinnvollem Leben

In den vorigen Abschnitten wurde die Rolle der positiven Moral für das sinnvolle Leben untersucht. Hierbei wurde die These verteidigt, dass es für das sinnvolle Leben hinreichend ist, wenn die betreffende Person in bestimmtem Maße positive moralische Handlungen

29 Ich selbst tendiere zu einem normativen Dezisionismus, der der individuellen Entscheidung eine besondere Funktion bei der Priorisierung zuspricht. Vgl. für eine Diskussion des Dezisionismus im Kontext von ethischen Meinungsverschiedenheiten in der Psychiatrie, Rüther (2017b). Allerdings bin ich unsicher, ob er tatsächlich in *allen* Entscheidungssituationen die richtigen Aspekte des Individuums benennt. Ich selbst gehe jedoch davon aus, dass er zumindest in rational unterbestimmten Entscheidungssituationen ein angemessenes Modell darstellt. Siehe für eine Plausibilisierung dieser These meine Überlegungen zur Integration der individualistischen Intuition in Kap. 9.4.

vollzieht. Gleichwohl wurde im Einleitungsteil bereits erläutert, dass wir nicht nur die positive, sondern auch die negative Moral in den Blick nehmen müssen, wenn uns an einer umfassenden Untersuchung gelegen ist. Anders als diese bezieht sich jene nicht auf Handlungen von Moralität, sondern auf Unterlassungen von Unmoralität. Dieser Blickwinkel auf die Moral wird im Folgenden im Mittelpunkt stehen. Hierbei wird es darum gehen, den Einfluss von negativen moralischen Pflichten auf das sinnvolle Leben zu klären. Grundsätzlich sind hierfür wiederum alle Verhältnisbestimmungen in Betracht zu ziehen, die auch bei der positiven Moral relevant waren. Es sind mithin die folgenden fünf Optionen:

(1) Die Unterlassung von unmoralischen Handlungen ist der einzige Weg, auf dem eine Person ein sinnvolles Leben führen kann.
(2) Die Unterlassung von unmoralischen Handlungen ist irrelevant, wenn es für eine Person darum geht, ein sinnvolles Leben zu führen.
(3) Die Unterlassung von unmoralischen Handlungen ist eine notwendige Bedingung dafür, dass eine Person ein sinnvolles Leben führen kann.
(4) Die Unterlassung von unmoralischen Handlungen ist ein kontributiver Faktor, der den Sinngehalt des Lebens einer Person erhöht.
(5) Die Unterlassung von unmoralischen Handlungen ist eine hinreichende Bedingung, wenn es für eine Person darum geht, ein sinnvolles Leben zu führen.

In diesem Zusammenhang ist zu beachten, dass die fünf Optionen aufgrund ihrer unterschiedlichen Überzeugungskraft nicht alle in der gleichen Ausführlichkeit geprüft werden müssen. Manche können ausgespart werden, da sie offensichtlich wenig plausible Thesen formulieren. Das gilt insbesondere für die Gleichsetzungsthese (1), die Kontributionsthese (4) und die Hinreichendthese (5). Die Gleichsetzungsthese ist vor allem deshalb unplausibel, weil bereits die These etabliert wurde, dass moralische Handlungen einen hinreichenden Sinnkandidaten darstellen. Entsprechend kann die Unterlassung von unmoralischen Handlungen nicht die *einzige* Möglichkeit darstellen, ein Leben sinnvoll zu machen. Gegen die

Kontributions- und Hinreichendthese spricht, dass beide eine zu schwache Bedingung formulieren. Wenn sie zuträfen, würde dies ja bedeuten, dass ein Leben sinnvoller oder sogar sinnvoll wäre, wenn eine Person sich nichts moralisch zu Schaden kommen lassen würde. Das scheint aber nicht nur die Schwelle denkbar niedrig anzusetzen, sondern auch den Phänomengehalt der Musterfälle des sinnvollen Lebens nicht angemessen zu rekonstruieren. Denn was auch immer wir an den Leben von Picasso, Einstein oder Mutter Teresa bewundern und für bedeutsam halten, es ist sicherlich nicht vorrangig der bloße Umstand, dass sie sich möglicherweise von größeren moralischen Verfehlungen ferngehalten haben.

Als einzige Kandidaten, die auf den ersten Blick zumindest eine gewisse Überzeugungskraft haben, bleiben daher lediglich die Irrelevanz- (2) und die Notwendigkeitsthese (3) übrig. Betrachten wir sie der Reihe nach.

3.3.2.1 Die Irrelevanzthese

Die Irrelevanzthese hat für viele Protagonisten im Diskurs eine gewisse Anfangsplausibilität. Als These formuliert beinhaltet sie folgende Behauptung:

> $IT_{negativ}$: Die Unterlassung von unmoralischen Handlungen ist irrelevant, wenn es für eine Person darum geht, ein sinnvolles Leben zu führen.

Diese These wird prominent etwa durch John Kekes und Paul Edwards vertreten:

> […] [D]ass unmoralische Leben auch sinnvoll sein können, zeigt sich in den zahllosen Leben überzeugter Nazi- und kommunistischer Massenmörder.[30]

> […] [S]olange ich ein überzeugter Nazi war, hatte mein Leben einen Sinn, […] und zwar obgleich die meisten meiner Handlungen extremes Leid verursacht haben.[31]

30 Kekes (2000), 30 (meine Übersetzung, M. R). Im Original: »[…] [T]hat immoral lives may be meaningful is shown by the countless dedicated Nazi and Communist mass murderers.«

31 Edwards (2000), 144 (meine Übersetzung, M. R.) Im Original: »[…] [A]s long

Beide nehmen an, dass auch jemand, der sich in höchstem Maße moralisch schuldig gemacht hat (der Nazi, der Massenmörder), ein sinnvolles Leben führen kann. Natürlich führt nach ihnen eine solche Person kein moralisches Leben, doch daraus folgt für sie keine Beeinträchtigung des Lebenssinns. Moralisches und sinnvolles Leben stehen vielmehr unverbunden nebeneinander, ohne dass Ersteres einen Einfluss auf Letzteres hat.

Ist die Irrelevanzthese haltbar? Ich denke nicht, dass die Aussichten dafür sonderlich gut sind. Die zentrale Schwierigkeit für ihre Vertreter zeigt sich bereits recht schnell, wenn wir die genannten Fälle phänomenologisch auf den Prüfstand stellen. Nehmen wir etwa an, dass sich die Leben des Nazis und des Massenmörders und die Leben der Musterfälle des sinnvollen Lebens in allen relevanten Hinsichten gleichen, mit *einer* Ausnahme: der Nazi und der Mörder haben eben *zusätzlich* die bekannten unmoralischen Handlungen begangen. Würden wir in diesem Fall tatsächlich zugestehen, dass beide ein Leben geführt haben, das auf einer Sinnstufe mit den Leben von Mutter Teresa, Martin Luther King Jr. und Nelson Mandela steht? Diese Frage zu bejahen, scheint ein Schlag ins Gesicht jeder Interpretation, die an einer phänomengerechten Rekonstruktion interessiert ist. Denn natürlich scheinen die unmoralischen Handlungen des Massenmörders und des Nazis einen Einfluss auf die Sinnhaftigkeit ihres Lebens zu haben. Zwar mag es eine noch zu diskutierende Frage sein, welchen konkreten »Fußabdruck« sie hinterlassen – darauf werde ich unten noch zu sprechen kommen –, aber dass die Verfehlungen irgendeine Implikation haben, scheint nur schwer zu leugnen.

Warum aber plädieren dann beide Autoren für die Irrelevanzthese? Ich vermute, dass das an ihren internen theoretischen Voraussetzungen liegt. Um es konkret zu machen: Die These, dass Moral und Sinn verhältnislos zueinander stehen, basiert auf einer strikten Gegenüberstellung der ontologischen Quelle beider Wertdimensionen. Während das moralische Leben als ein Befolgen von objektiv gegebenen Regeln gedeutet wird, welche der Nazi und der Massenmörder ganz offensichtlich missachten, wird das sinnvolle Leben als ein subjektives »Für-gut-Halten« interpretiert. Für Kekes

as I was a convinced Nazi […] my life had meaning […] yet most of my actions were extremely harmful.«

ist mit Blick auf das sinnvolle Leben etwa entscheidend, dass die Handelnden »sich erfolgreich in ihren Projekten engagieren, große Erfüllung darin finden und ihre Leben [...] als sinnvoll erfahren.«[32] für Edwards ist in ganz ähnlicher Weise wichtig, dass unsere Handlungen »mit einer gewissen Begeisterung«[33] ausgeführt werden und zusätzlich auf »ein dominierendes, zusammenfassendes Ziel oder auf mehrere Ziele ausgerichtet« sind.[34] Die Autoren sehen also subjektive Faktoren als allein maßgeblich für das sinnvolle Leben. Damit wird die Moral in eine starke Opposition zum Sinn gebracht. Es ist dann eine Sache, ein Leben der Moral zu führen, und eine andere, dem Leben einen Sinn zuzusprechen.

Hierzu zwei Bemerkungen: Zum einen ist überhaupt nicht ausgemacht, warum nicht auch Dinge, die aus unterschiedlichen ontologischen Quellen stammen, Einfluss aufeinander haben können. Der obige Vergleich zwischen den moralischen »Monstern« und den Sinn-Heroen scheint diesen Einfluss ja sogar nahezulegen. Eine mögliche Replik könnte sein: Die beiden Wertdimensionen haben keinen Einfluss aufeinander, weil das sinnvolle Leben *ausschließlich* in subjektiven Zuständen liegt und diejenigen Dinge, die das moralische Leben ausmachen, davon zu unterscheiden sind. Das scheint mir in der Tat die entscheidende Begründung zu sein. Gleichzeitig ist es aber eine These, die auf eine Wohlergehenstheorie des sinnvollen Lebens hinausläuft, nämlich auf eine Version des Hedonismus. Diese und weitere Typen der Wohlergehenstheorie wurden jedoch im vorigen Kapitel bereits zurückgewiesen. Auf diesen Rechtfertigungsversuch der Ebenentrennung kann sich der Verteidiger daher nicht zurückziehen. Er muss einen anderen Weg finden, um a.) das Kernelement des sinnvollen Lebens zu bestimmen und b.) nachzuweisen, dass dieses Element niemals durch die negative Moral beeinflusst wird.

Zum anderen, und das ist der wichtigere Punkt, ist selbst bei erfolgreicher Rechtfertigung nicht zu sehen, warum sich eigent-

32 Kekes (2000), 30 (meine Übersetzung, M.R.). Im Original: »[...] may be successfully engaged in their projects, derive great satisfaction from them, and find their lives [...] very meaningful.«

33 Edwards (2000), 143 (meine Übersetzung, M.R.). Im Original: »with a special zest«.

34 Edwards (2000), 143 (meine Übersetzung, M.R.). Im Original: »dominant, overall goal or goals«.

lich die Theoriebildung im Konfliktfall eher an den theoretischen Hintergrundannahmen orientieren sollte als an der phänomengerechten Analyse. Das Motto der Vertreter der Irrelevanzthese scheint zu sein: Wenn die Deutung der Phänomene nicht zu den sonstigen theoretischen Annahmen passt, muss die Deutung der Phänomene falsch sein (und ggf. alternativ erklärt werden). Das scheint aber die Verhältnisse in der Meaning-in-Life-Debatte auf den Kopf zu stellen: Nahezu alle Vertreter gehen davon aus, dass der Goldstandard der Theoriebildung darin besteht, eine Sinntheorie zu entwickeln, die auf eine phänomengerechte Analyse setzt.[35] Die Hintergrundtheorie sollte sich an der Analyse orientieren – und nicht umgekehrt. Entsprechend spricht auch der Konflikt zwischen beiden nicht dafür, dass die Gehalte der Phänomene inkorrekt sind, sondern dafür, die eigenen theoretischen Annahmen, die zu dieser Deutung führen, nochmals zu prüfen. Wer die Irrelevanzthese vertritt, hat die Beweislast auf seiner Seite. Und diese wird, wie gesehen, nicht mit dem einfachen Verweis auf eine Sinntheorie des Wohlergehens abzutragen sein. Bevor wir daher diesen Weg beschreiten, sollten wir zunächst diejenigen Positionen untersuchen, die den Gehalt der Phänomene in ihrer Theorienbildung konservieren können. Die erläuterte Phänomendeutung zeigt nämlich, dass negative Moral und Sinn – anders, als die Irrelevanzthese es nahelegt – nicht zusammenhanglos nebeneinanderstehen. Wenn wir unmoralische Handlungen nicht unterlassen, also tatsächlich unmoralisch handeln (z. B. wie der Nazi oder Massenmörder), beeinflusst das den Sinngehalt in nicht unbeträchtlicher Weise. Aber wie hoch ist dieser Einfluss tatsächlich?

35 Das zeigt sich schon allein darin, dass Musterbeispiele als Gradmesser der Theorienbildung verwendet werden, um die Leistungsfähigkeit der eigenen Sinntheorie zu prüfen. Insofern man lediglich seine eigene Sinntheorie aus den theoretischen Annahmen ableiten könnte, wäre dieses standardmäßig praktizierte Vorgehen überflüssig. Die Beispielfälle des sinnvollen Lebens kämen allenfalls in Frage, um die finale Theorie zu illustrieren, nicht aber, um sie zuallererst auf den Prüfstand zu stellen. Vgl. zur Rolle der Musterbeispiele in der Debatte auch die Erläuterung in der Einleitung dieser Studie.

3.3.2.2 *Die Notwendigkeitsthese*

Wenn wir uns an die logischen Möglichkeiten im Einleitungsabschnitt erinnern, ergeben sich mindestens drei Optionen, wie der Einfluss der negativen Moral auf den Sinn konzipiert sein kann: Moralische Unterlassungen können eine kontributive, hinreichende oder notwendige Bedingung für das sinnvolle Leben darstellen. Nun wurde bereits darauf hingewiesen, dass sowohl die Kontributions- als auch die Hinreichendthese nur schwer zu plausibilisieren sind, da sie einen intuitiv zu schwachen Einfluss der Moral auf das sinnvolle Leben nahelegen. Wie aber sieht es mit der Überzeugungskraft der Notwendigkeitsthese aus? Um diese Frage zu beantworten, sollten wir zunächst mit der Thesenformulierung beginnen. Auf den Punkt gebracht beinhaltet sie folgende Behauptung:

> $NT_{negativ}$: Die Unterlassung von unmoralischen Handlungen ist eine notwendige Bedingung dafür, dass eine Person ein sinnvolles Leben führen kann.

Die Notwendigkeitsthese wird häufig vertreten, so etwa in einer zentralen Formulierung der Sinntheorie von Thaddeus Metz[36]:

> Das Leben einer menschlichen Person ist umso sinnvoller, je mehr sie, ohne gewisse moralische Grenzen zu überschreiten, ihre Vernunft gebraucht, und zwar auf eine Art und Weise, die sie positiv auf grundlegende Bedingungen menschlichen Lebens ausrichtet.[37]

Die unmoralischen Handlungen, die er dabei im Blick hat, beschreibt er folgendermaßen:

> [...] [D]ie folgenden Handlungen und Einstellungen würden dem allgemeinen Sinn eines Lebens abträglich sein, ohne bloß darin defizitär zu sein, dass sie keine Vermehrung von Lebenssinn bedeuten: die Sphinx in die Luft zu jagen, Atommüll zu verbreiten, sexistische und rassistische Überzeugun-

36 Weitere Vertreter sind zum Beispiel Cottingham (2003), 28, Landau (2011), Louden (2013) und Smuts (2013), 553.

37 Metz (2013a), 235 (Übersetzung und Kursivierung von mir, M. R.). Im Original: »A human person's life is more meaningful, the more she, without violating certain moral constraints against degrading sacrifice, employs her reason and in ways that either positively orient rationality towards fundamental conditions of human existence [...].«

gen und Gefühle zu haben, andere zu hassen, indem man sie bspw. auf ihre Schwächen reduziert, andere zum Spaß zu quälen.[38]

Damit gibt Metz explizit darüber Auskunft, was in negativer Hinsicht in keinem Fall auftreten darf, wenn wir ein sinnvolles Leben führen wollen: Handlungen, die ein gewisses Maß an Unmoralität überschreiten. Hierzu gehören nach Metz die Zerstörung von Kunstwerken, gesundheitliche Gefährdungen Dritter, Rassen- und Gruppendiskriminierung, Menschenhass und Folterhandlungen. Diese Aufzählung ist natürlich diskussionswürdig. Metz jedenfalls liefert keine Erläuterung, was manche Dinge auf seine Liste bringt und andere ausschließt. Das ist aufgrund seines Argumentationsziels aber auch nicht nötig. Metz geht es darum, die Notwendigkeitsthese zu plausibilisieren. Dafür muss er lediglich zeigen, dass es *überhaupt* unmoralische Handlungen gibt, die ein Leben sinnlos werden lassen. Welches das unterliegende Prinzip ist, welches die verschiedenen Handlungen als unmoralisch identifiziert, ist hierfür unerheblich und Gegenstand einer substanziellen Theorie der Moral.

Aus meiner Sicht handelt es sich bei der Notwendigkeitsthese um die aussichtsreichste Verhältnisbestimmung zwischen negativer Moral und Sinn. Sie konserviert in überzeugender Weise die Intuition, dass bestimmte unmoralische Handlungen nicht nur den Sinn eines Lebens negativ beeinflussen, sondern ihn sogar gänzlich abziehen können. Das Unterlassen von unmoralischen Handlungen scheint daher eine notwendige Bedingung dafür zu sein, dass wir ein sinnvolles Leben führen können.

Auch die Notwendigkeitsthese lässt sich noch weiter ausdifferenzieren. Eine mögliche Unterscheidung bezieht sich etwa auf die Klasse der unmoralischen Handlungen, die einem Leben den Sinn rauben. Es scheint nämlich einiges dafür zu sprechen, dass es nicht nur solche Handlungen gibt, die ein Leben sinnlos machen, sondern es sogar mit einer negativen Sinnbilanz ausstatten, es also – wie manche es nennen – zu einem anti-sinnvollen Leben herabsinken lassen.[39] Diese These wird explizit von Iddo Landau vertreten:

38 Metz (2013a), 234 (meine Übersetzung, M. R.). Im Original: »[...] [T]he following actions and attitudes would subtract from the overall meaning of a life, beyond merely failing to enhance its meaning: blowing up the Sphinx; spreading nuclear waste; holding sexist and racist beliefs and emotions; hating others by, say, viewing them largely in terms of their weaknesses; torturing others for fun.«

39 Diese Frage wird im Diskurs unter den Stichworten »anti-matter«, »anti-mean-

Besonders unmoralische Leben sollten nicht als sinnvoll erachtet werden, sondern aufgrund ihrer außerordentlichen Immoralität als das Gegenteil von sinnvoll. Hitlers Leben ist nicht bloß bedeutungslos, ein Leben, in welchem Sinn gänzlich fehlt, sondern stattdessen ein Leben, in dem die Umkehrung von Sinn vorherrscht.[40]

Dieser Deutung des Beispiels von Hitler ist zuzustimmen. Landau sieht treffend, dass es nicht nur unmoralische Handlungen gibt, die ein Leben sinnlos machen, sondern auch solche, die noch gravierendere Folgen für den Sinnstatus eines Lebens haben. Manche Verfehlungen lassen ein Leben nicht nur sinnlos werden, sondern belasten es sogar mit negativem Sinn. Ein solches Leben wird anti-sinnvoll. Um welche Handlungen es sich hierbei handelt, mag im Einzelfall nicht leicht zu bestimmen sein und erfordert eine substanzielle Theorie des sinnvollen Lebens. Festzuhalten bleibt jedoch, dass die Differenzierung durchaus einen Rückhalt in unserer phänomenologischen Erfahrung hat.

3.4 Zusammenfassung: Die Rolle der Moral im sinnvollen Leben

Der Gegenstand des ersten Teils dieser Studie bildet die Rechtfertigung der axiologischen Eigenständigkeit des sinnvollen Lebens. Im ersten Kapitel wurde ein Teil dieser Rechtfertigung eingelöst. Es wurde gezeigt, dass das sinnvolle Leben mit dem Leben in Wohlergehen zwar zusammenhängt, aber von ihm axiologisch unterschieden werden muss. In diesem Kapitel wurde nun eine weitere Wertdimension in ihrem Verhältnis zum Sinn untersucht – die Moral. Das moralische Leben wurde anhand einer stipulativen Definition bestimmt. Demnach wird unter einem moralischen Leben ein solches verstanden, welches sich ausgehend von einer unparteilichen

ing« oder auch »negative meaning« diskutiert. Vgl. etwa Landau (2011), Smuts (2013) und Campbell/Nyholm (2015). Vgl. zur negativen Sinnbilanz im Allgemeinen auch das Kapitel 7.2.1.

40 Landau (2011), 317 (meine Übersetzung, M.R.). Im Original: »Highly immoral lives should be seen not only as not meaningful, but, because of their immense immorality, as the inverse of meaningful. Hitler's life is not merely meaningless, a life in which meaning is absent, but instead is a life in which the converse of meaning is present.«

Perspektive in ausreichendem Maße um Gerechtigkeit und Fairness sorgt. Eine solche Sorge kann sich in zweifacher Weise ausdrücken: Zum einen darin, dass bestimmte moralische Handlungen ausgeübt werden, und zum anderen darin, dass bestimmte unmoralische Handlungen unterlassen werden. Im ersten Fall sprechen wir von der positiven, im zweiten Fall von der negativen Moral. Wie aber ist nun das Verhältnis einer so verstandenen Moral zum Sinn? In diesem Zusammenhang wurden sowohl für die positive als auch für die negative Moral jeweils fünf mögliche Verhältnisbestimmungen unterschieden. Nach der Diskussion der aussichtsreichsten Optionen zeichneten sich folgende Ergebnisse ab:

Die positive Moral, also das Ausüben von moralischen Handlungen, scheint zwar nicht deckungsgleich mit dem Sinn zu sein, weil wir auch ohne moralische Handlungen ein sinnvolles Leben führen können. Allerdings sind moralische Handlungen auch nicht irrelevant. Wer moralische Handlungen ausübt, nimmt auch Einfluss auf den Sinngehalt seines Lebens. Hierbei sind moralische Handlungen nicht nur eine kontributive, sondern sogar eine hinreichende Bedingung. Die Moral alleine ist vollkommen ausreichend, um ein Leben mit Sinn zu erfüllen. In dieser Hinsicht gleicht die Moral den anderen Sinnkandidaten. Die Trias wird folglich zur Tetraktys: Wir müssen nicht nur von drei, sondern von vier Kernelementen des sinnvollen Lebens ausgehen – vom Schönen, Wahren, Guten *und* Moralischen.

Die negative Moral, also das Unterlassen von unmoralischen Handlungen, hat ebenfalls einen Einfluss auf das sinnvolle Leben. Dieser ist jedoch nicht so zu deuten, dass das Unterlassen von unmoralischen Handlungen ein Leben sinnvoller macht oder sogar mit hinreichend viel Sinn füllen kann. Die negative Moral ist – anders als die positive Moral – kein Faktor, der einen sinnstiftenden Einfluss hat. In anderer Hinsicht ist das Unterlassen von unmoralischen Handlungen jedoch hochgradig relevant. Die negative Moral bildet nämlich eine notwendige Bedingung. So wurde herausgearbeitet, dass sich dann von einem sinnvollen Leben sprechen lässt, wenn darin ein bestimmtes Maß an moralischen Verfehlungen nicht überschritten wird. Insofern es das doch tut, ist es als sinnlos zu bewerten. Es kann sogar noch schlimmer kommen: In manchen Fällen können besonders schwerwiegende moralische Verfehlungen dazu führen, dass unser Leben nicht nur den Sinn verliert, sondern sogar noch mit einem negativen Vorzeichen versehen wird. Es wird in diesem Fall nicht nur sinnlos, sondern anti-sinnvoll.

Im Ergebnis zeigen die Überlegungen, dass der Moral eine herausgehobene Bedeutung für das sinnvolle Leben zukommt. Diese wird insbesondere im Vergleich zum Wohlergehen deutlich: Wenn wir dem letzten Kapitel folgen, ist das Wohlergehen bestenfalls ein kontributiver Faktor, der einen Zugewinn an Sinn garantiert, ohne selbst ausreichend zu sein, um ein Leben über die Minimalschwelle zu heben. Die Moral hingegen hat einen weitaus größeren Einfluss: Moralische Handlungen sind selbst Sinnkandidaten, um unser Leben in hinreichender Weise bewundernswert und bedeutsam zu machen; die Vermeidung von unmoralischen Handlungen ist darüber hinaus eine notwendige Bedingung, also eine solche, ohne die wir gar kein sinnvolles Leben führen können. Wenn wir unser Leben daher an denjenigen Dingen ausrichten wollen, die ein Leben sinnvoll machen, ist die Moral ein aussichtsreicherer Orientierungspunkt als das Wohlergehen.

Allerdings sollte trotz alledem nicht aus den Augen verloren werden, dass das sinnvolle Leben nicht im moralischen Leben aufgelöst werden kann. Es gibt auch nicht-moralische Leben, die einen hohen Sinngehalt aufweisen können. Die Leben von Picasso, Einstein und Mutter Teresa sind hierfür Paradebeispiele. Wie im Abschnitt zur Gleichsetzungsthese herausgestellt, bewundern wir diese Leben nicht hauptsächlich für ihre moralischen, sondern für ihre künstlerischen, wissenschaftlichen und altruistischen Tätigkeiten, Ziele und Projekte. Ähnlich wie das Wohlergehen kann auch die Moral daher nicht vollständig einfangen, was ein Leben zu einem sinnvollen Leben macht. Obgleich dem moralischen Leben, wie gesehen, eine besondere Bedeutung zukommt, ist das sinnvolle Leben schlussendlich eine Wertdimension des guten Lebens, die von ihm unterschieden werden muss.

4. Kosmische Harmonie und Sinn

4.1 Einleitung

In den vorigen beiden Kapiteln wurde das Verhältnis des sinnvollen Lebens zum Leben in Wohlergehen und zum Leben der Moral untersucht. Dabei wurde herausgestellt, dass die Wertdimension des Sinns durchaus einige Verbindungen zu den beiden anderen Dimensionen des guten Lebens aufweist, obgleich sie nicht deckungsgleich sind. Das sinnvolle Leben muss vom Leben in Wohlergehen und vom moralischen Leben unterschieden werden.

In diesem Kapitel wird es um einen weiteren prominenten Reduktionsversuch gehen, der davon ausgeht, dass das sinnvolle Leben mit dem kosmisch-harmonischen Leben identifiziert werden kann. Was ist das kosmisch-harmonische Leben? In einem vorläufigen Zugriff kann man darunter die Ausrichtung eines individuellen Lebens auf eine zweckhafte Gesamtordnung oder, wie man manchmal auch sagt, den Sinn des Lebens verstehen. Insofern eine solche Ausrichtung gelingt, kann man davon sprechen, dass ein solches Leben dem »großen Ganzen« gerecht wird.

Um das Verhältnis zwischen dem sinnvollen und dem kosmisch-harmonischen Leben zu untersuchen, werde ich in drei Schritten vorgehen. In einem ersten Schritt wird genauer erläutert, was unter einem kosmisch-harmonischen Leben verstanden werden sollte. In einem zweiten Schritt werde ich dann eine Position darstellen, die behauptet, dass die Einordnung in den Gesamtzweck die einzige Möglichkeit darstellt, ein sinnvolles Leben zu führen. Systematisch speist sich das Motiv für eine solche Position jedoch nicht aus einer phänomenologischen Analyse, sondern aus metaethischen Hintergrundannahmen. Diese sind allerdings, so werde ich argumentieren, nur schwer zu verteidigen. Es wird sich zeigen, dass wir auch ohne die Einordnung in einen kosmischen Gesamtzweck ein sinnvolles Leben führen können. Das impliziert mithin nicht, dass der »kleine« und der »große« Sinn nichts miteinander zu tun haben. In einem dritten und abschließenden Schritt werde ich nämlich einige Verbindungen zwischen beiden aufzeigen. Das kosmisch-harmonische Leben, insofern es überhaupt möglich ist, kann durchaus einen axiologischen Beitrag zum sinnvollen Leben leisten. Dieser fällt zwar kleiner aus, als die Reduktionisten meinen, aber er ist immerhin groß genug, um Forschungen am kosmischen Sinn als relevant und lohnenswert zu betrachten.

4.2 Einige methodische und inhaltliche Vorklärungen

In der Einleitung wurde bereits angedeutet, was unter einem kosmisch-harmonischen Leben verstanden werden kann. Eine Person führt ein solches Leben, wenn sie sich in ihrem Handeln an Maßstäben orientiert, die sich aus dem großen Ganzen, also dem Sinn des Lebens oder dem Zweck allen Daseins ableiten lassen.

Nun ist allerdings nicht von der Hand zu weisen, dass die Rede vom »großen Ganzen«, »Sinn des Lebens« oder »Zweck allen Daseins«, obgleich sie philosophiegeschichtlich noch recht jung zu sein scheint, keinen guten Leumund hat.[1] Es lassen sich jedenfalls in der analytischen Philosophie (und nicht nur dort) einige gewichtige Vorbehalte ausmachen.[2] Diese sind sicherlich ernst zu nehmen und verdienen eine ausführliche Würdigung.[3] In diesem Abschnitt möchte ich die Auseinandersetzung mit der Kritik jedoch vernachlässigen, da es an dieser Stelle nicht um Rechtfertigung, sondern um phänomenologische Rekonstruktion geht. Mit anderen Worten: Es geht mir nicht darum, ob das kosmisch-harmonische Leben tatsächlich möglich ist, sondern nur darum, was im Diskurs des sinnvollen Lebens darunter verstanden wird. In diesem Zusammenhang lassen sich verschiedene Bedeutungsfacetten ausmachen, die auf ganz unterschiedliche Verständnisse hindeuten.[4] Wenn

1 Mit Blick auf das zeitliche Aufkommen der kosmischen Sinnfrage hat etwa Christian Thies darauf hingewiesen, dass es sich um eine vergleichsweise junge Frage handelt, die sich erst im Zuge der Säkularisierung während der Aufklärung herausgebildet hat. Vgl. Thies (2008), I.8.

2 Vgl. dazu die ausführlicheren Erläuterungen in Thies (2008), I, 8, Muders/Rüther (2011), Einleitung und Rüther/Muders (2014), Abschnitt 1.

3 Die Skepsis gegenüber der kosmischen Sinnfrage ist in der analytischen Philosophie der letzten Jahre allerdings etwas zurückgedrängt worden. Es wird stattdessen wieder versucht, eine systematische Auseinandersetzung mit dem Thema »Sinn des Lebens« zu führen. Siehe hierzu etwa die Beiträge in Seachris (2013a).

4 Diese Behauptung bezeichnet man als die Amalgam-These. Sie beinhaltet, dass »the original question, framed in terms of meaning, is a largely ill-conceived place

man sich jedoch auf den kleinsten gemeinsamen Nenner konzentriert, der sowohl von den meisten philosophischen Kritikern als auch von Befürwortern akzeptiert wird, lassen sich zumindest drei konsensfähige Merkmale nennen.

Erstens wird die Orientierung am Sinn des Lebens ausschließlich im praktischen Sinne verstanden. Das impliziert nicht, dass man nicht auch ein rein theoretisches Interesse am Sinn des großen Ganzen haben kann.[5] Im Kontext der Frage nach dem guten Leben ist die theoretische Auseinandersetzung aber von untergeordneter Bedeutung. Es geht nicht darum, aus theoretischer Neugier etwas darüber zu erfahren, was die Welt im Innersten zusammenhält, sondern darum, ob und in welcher Hinsicht ein solches Wissen uns in unserem Handeln ethisch orientieren kann, also welche praktischen Maßstäbe sich aus ihm ableiten lassen.

Zweitens verstehen die meisten die praktische Orientierung am Sinn des Lebens in einem denkbar umfassenden Sinne. Immerhin sprechen wir ja nicht vom Sinn des Individuums, einer Gattung oder einer Kultur, sondern vom Sinn des gesamten Seins, also von schlichtweg allem, was existiert. Wer in praktischer Absicht nach dem Sinn des Lebens sucht, möchte sich also nicht lediglich mit den Regeln einer Gruppe oder einer Gemeinschaft harmonisieren. Ihm geht es vielmehr darum, mit einer umfassenden Gesamtordnung in Verbindung zu treten und nach den dort ableitbaren Maßstäben zu leben.

Drittens konnotiert die Rede vom Sinn des Lebens für viele eine gewisse Zweck- oder Zielgerichtetheit. Die Gesamtordnung, an der wir uns orientieren sollen, ist keine zufällig entstandene Existenz, sondern eine, die einem oder mehreren nicht-konfligierenden Plänen folgt. Standardmäßig werden diese Pläne so interpretiert, dass sie von einem göttlichen Wesen vorgegeben werden. Aber es sind

holder for a cluster of related requests, and thus, not a single question at all.« Seachris (2013b), 9.

5 Thomas Nagel betont etwa auf den ersten Seiten von *Mind and Cosmos* (2012), dass seine eigene Abhandlung über die metaphysische Grundstruktur der Wirklichkeit ohne wesentliche praktische Implikationen bleibe: »Humans are addicted to the hope for a final reckoning, but intellectual humility requires that we resist the temptation to assume that tools of the kind we now have are in principle sufficient to understand the universe as a whole. [...] Such a world view is not a necessary condition of the practice of any of those sciences, and its acceptance or nonacceptance would have no effect on most scientific research.« Nagel (2012), i, ii.

auch Interpretationen möglich, die von einem »Design without Designer« ausgehen. So ist Thomas Nagel in der analytischen Tradition bekannt für seinen Versuch, den Spielraum von Sinnkonzeptionen auszuloten, die ohne den Hinweis auf eine erste personale Ursache auskommen.[6] Gemeinsam ist beiden Interpretationen jedoch, dass sie eine Vorstellung von einem Endzweck in Anspruch nehmen, aus dem alle anderen Ziele und Zwecke abgeleitet sind, wobei die Teilzwecke unterschiedliche Reichweiten haben können. Sie müssen nicht für alle gelten, sondern können auch auf lokale Aspekte des Ganzen eingegrenzt werden.[7]

Natürlich lassen sich noch weitere Fragen zum kosmisch-harmonischen Leben stellen. In welchen praktischen Zusammenhängen stellen wir eigentlich die für diese Dimension charakteristische Sinnfrage?[8] Was sind die treibenden Motive, um sie überhaupt zu stellen?[9] Und wie zwangsläufig ist diese Frage überhaupt?[10] Diese Fragen sind sicherlich philosophisch und empirisch herausfordernd und im Rahmen einer ausführlichen Auseinandersetzung mit dem Sinn des Lebens zu beantworten. Für den Zweck einer Minimal-

6 Vgl. exemplarisch Nagel (2010) und Nagel (2012).

7 Klassisch wird eine partikulare »Aufsplitterung« der Teilziele im Rahmen einer *scala naturae* vorgenommen, in der die normativen Ziele und Zwecke einzelner Entitäten in der Wirklichkeit zugeordnet werden.

8 So ist zu Recht darauf hingewiesen worden, dass sich die holistische Orientierung am Gesamtzweck in der Regel nicht tagtäglich aufdrängt, sondern erst durch eine lange Kette von Nachfragen hervortritt. Vgl. für den Versuch, die verschiedenen Schritte zu rekonstruieren, die zu durchlaufen sind, bevor sich die kosmische Sinnfrage einstellt, Wolf (1999), Kap. 3.3.

9 Die Motive für die kritischen Nachfragen können vielfältig sein. Es mag an der philosophischen Neugier liegen, an Erfahrungen der eigenen Fragilität und Endlichkeit oder an einschneidenden Leid- oder Verlusterlebnissen. Vgl. für eine Auflistung und Diskussion der Motive Thies (2008), I.7.

10 Für manche Theoretiker scheint es sich bei der Sinnfrage um eine unausweichliche Frage zu handeln. So schreibt Cottingham: »Human beings are hungry for significance. It is intolerable that life should consist merely of one darn thing after another. We want there to be a sense of direction; we would like our lives to constitute an intelligible journey rather than being an aimless drift.« Cottingham (2003), 32. Dem ist aber entgegenzuhalten, dass manchen Menschen das – wie es Thomas Nagel nennt – »religiöse Temperament« zu fehlen scheint. Vgl. exemplarisch Nagel (2010). Solchen Menschen fehlt schlicht das Bedürfnis nach Harmonie mit dem Weltganzen und damit auch das Motiv, die Sinnfrage überhaupt zu stellen.

bestimmung des kosmisch-harmonischen Lebens sollten die drei oben genannten Merkmale aber ausreichend sein. Wer sein Leben im Lichte des kosmisch-sinnvollen Lebens führen will, sucht nach praktischer Orientierung, also nach Gründen, um sein Leben in einer bestimmten Weise auszurichten. Diese Gründe orientieren sich aber nicht einfach an den Zielen und Zwecken von Individuen, einer Gemeinschaft oder einer Kultur. Vielmehr orientieren sie sich in holistischer Weise am Ziel und Plan der Gesamtwirklichkeit und der eigenen Stellung in diesem Gesamtzusammenhang.

4.3 Das sinnvolle Leben als kosmisch-harmonisches Leben

Wie aber lässt sich das Verhältnis zwischen einem sinnvollen und einem kosmisch-harmonischen Leben beschreiben? Hierauf gibt es eine häufig vertretene Standardantwort, die beide Wertdimensionen miteinander verknüpft. Diese lässt sich mit der folgenden These wiedergeben:

> SdL: Das Leben einer Person ist nur genau dann sinnvoll, wenn es sich in eine zweckhafte Gesamtordnung einordnet.

Hierbei handelt es sich um eine klassische Reduktionismusthese. Sie besagt nichts anderes, als dass das sinnvolle Leben vollends im kosmisch-harmonischen Leben aufgeht. Wer demnach ein sinnvolles Leben führen will, tut gut daran, sich mit einem kosmischen Gesamtzweck zu harmonisieren. Es ist die einzige Möglichkeit, das eigene Leben über die Minimalschwelle des Sinns zu heben. Allerdings: Die SdL-These impliziert nicht, dass eine kosmische Gesamtordnung *tatsächlich* existieren muss. Bei ihr handelt es sich lediglich um eine Verhältnisthese, die den Zusammenhang zwischen dem sinnvollen und dem kosmisch-harmonischen Leben näher beschreibt. Entsprechend sind auch verschiedene Auffassungen über die Existenz des großen Ganzen mit der SdL-These kombinierbar.

So steht etwa William Lane Craig in der Phalanx einer christlich-jüdischen Tradition, die von der Existenz einer zweckhaften Gesamtordnung ausgeht, zu der die »[b]iblische Christlichkeit […]

die zwei notwendigen Bedingungen für ein bedeutungsvolles, wertvolles und zielorientiertes Leben für den Menschen beiträgt: Gott und Unsterblichkeit. Durch diese können wir beständig und glücklich leben.«[11]

Demgegenüber vertritt Kurt Baier eine nihilistische Position, die von der Nicht-Existenz eines wohlgeordneten Kosmos ausgeht, denn »die Biologie lehrt uns, dass die Spezies Mensch nicht gezielt erschaffen wurde, sondern lediglich durch eine lange Folge evolutionärer Veränderungen von Lebensformen [entstanden] ist. Die naturwissenschaftliche Weltauffassung entledigt das Leben seines Ziels und damit seines Sinns.«[12]

Weiterhin lassen sich aber auch skeptische Positionen ausmachen, die weder dem einen noch dem anderen Lager zuzuschlagen sind. John Cottingham ist etwa weitaus pessimistischer, wenn es um die Verifizierung von Existenzbehauptungen über das große Ganze geht. Denn ihm zufolge gelangen wir zu einem »Stand-off, wenn es zur Bewertung der Natur des von uns bewohnten Kosmos kommt [...], was die Tür für den Theisten (ebenso wie den Atheisten oder Agnostiker) offen lässt.«[13]

Craig, Baier und Cottingham stehen stellvertretend für paradigmatische Positionen, die in der Frage nach der Existenz des kosmischen Sinns eingenommen werden können. Der Erste scheint ihn mit Bezug auf ein göttliches Wesen zu bejahen; der Zweite scheint ihn mit Blick auf eine naturwissenschaftlich inspirierte Metaphysik zu verneinen; der Dritte ist sich unsicher, ob sich der Streit überhaupt auf dem Boden der rationalen Argumentation entscheiden lässt. Gemeinsam ist aber allen dreien, dass sie die SdL-These vertreten: Wenn wir davon reden wollen, dass ein Leben einen Sinn hat, dann können wir das nur dann tun, wenn es sich in den kos-

11 Craig (2013), 171 (meine Übersetzung, M.R.). Im Original: »[b]iblical Christianity [...] provides the two conditions necessary for a meaningful, valuable, and purposeful life for man: God and immortality. Because of this, we can live consistently and happily.«

12 Baier (2000), 102f. (meine Übersetzung, M.R.). Im Original: »biology teaches us that the species man was not specially created but is merely, in a long chain of evolutionary changes of forms of life [...]. The scientific account of the world takes away life's purpose and with it its meaning.«

13 Cottingham (2003), 62 (meine Übersetzung, M.R.). Im Original: »stand-off when it comes to evaluating the nature of the cosmos we inhabit [...] that leaves the door open for the theist (as it does for the atheist, or the agnostic).«

mischen Gesamtzweck einordnen lässt. Oder negativ formuliert: Wenn kein kosmischer Sinn des Lebens existiert, gibt es auch kein sinnvolles Leben.[14]

Was sind die Gründe für diesen Konnex? Das ist eine berechtigte Frage, denn auf den ersten Blick scheint es, anders als beim Leben in Wohlergehen und beim moralischen Leben, weitaus weniger intuitive Anknüpfungspunkte zu geben, die einen Reduktionsversuch motivieren könnten. Um das zu sehen, machen wir ein Gedankenexperiment. Stellen wir uns etwa den hypothetischen Fall vor, dass wir im Rahmen eines philosophischen Arguments zur Einsicht gelangt sind, dass die Orientierung an einem kosmischen Sinn nicht möglich ist, zum Beispiel, weil sich gezeigt hat, dass es keine Zweckhaftigkeit der Gesamtwirklichkeit gibt. In diesem Fall wäre, wie Craig zutreffend feststellt, die Entstehung der menschlichen Existenz ein bloßer Zufall:

> Das Universum ist das Resultat eines kosmischen Unfalls, einer zufälligen Explosion. Es gibt keinen Grund für seine Existenz. Was den Menschen anbelangt, so ist er eine Laune der Natur – ein blindes Produkt von Materie, plus Zeit und Zufall. Der Mensch ist lediglich ein Schleimklumpen, der sich zu Rationalität hin entwickelt hat. Es gibt kein höheres Ziel im Leben eines Menschen als in dem einer Insektenspezies, da beide das Resultat blinder Interaktion von Zufall und Notwendigkeit sind.[15]

Nun fragen wir weiter, wie sich ein mögliches Fehlen eines kosmischen Plans auf die Bewertung des sinnvollen Lebens auswirken würde. Hängt die Bedeutsamkeit der Leben von Paul Gauguin, Albert Einstein und Mutter Teresa tatsächlich davon ab, ob

14 Diese negative These wird schon im letzten Satz des Baier-Zitats angedeutet. Sie findet sich aber auch bei theistischen Vertretern, dann jedoch mit einem drohenden Unterton. So etwa bei Craig, der feststellt: »If there is no God, then man and the universe are doomed. Like prisoners condemned to death, we await our unavoidable execution. There is no God, and there is no immortality. And what is the consequence of this? It means that the life itself is absurd. It means that the life we live is without ultimate significance, value, or purpose.« Craig (2013), 159.

15 Craig (2013), 162 f. (meine Übersetzung, M. R.). Im Original: »[...] [T]he universe is the result of a cosmic accident, a chance explosion. There is no reason for which it exists. As for man, he is a freak of nature – a blind product of matter plus time plus chance. Man is just a lump of slime that evolved into rationality. There is no more purpose in life for the human race than for a species of insect; for both are the result of the blind interaction of chance and necessity [...].«

sie einer zweckhaften Ordnung angehören, der sie gerecht werden müssen? Oder umgekehrt gefragt: Würde die Unmöglichkeit einer Orientierung an einem solchen Gesamtzweck – etwa, weil es einen solchen nicht gibt – das Leben der drei sinnlos machen? Das sind natürlich zwei rhetorische Fragen, denn tatsächlich scheint deren Leben selbst beim Fehlen einer kosmischen Zweckhaftigkeit nicht unter die Minimalschwelle des Sinns zurückzufallen. Man würde schlimmstenfalls behaupten können, dass ihre Leben *weniger* sinnvoll sind.[16] Aber dass ihnen *jeglicher* Sinn abgeht und sie zu bedeutungslosen und bemitleidenswerten Existenzen herabsinken, wie es die SdL-These impliziert, scheint doch ein wenig zu hoch gegriffen.

Interessanterweise scheinen das auch viele Vertreter der SdL-These zuzugestehen. Das zeigt sich vor allem an ihrer favorisierten Argumentationsstrategie: So wird zumeist gar nicht erst versucht, die intuitive Überzeugungskraft der eigenen Position herauszustellen, sondern vielmehr gleich dafür argumentiert, dass sich die eigene inhaltliche Kontraintuitivität auf einer konzeptionell grundlegenderen metaethischen Ebene rechtfertigen lässt. Idealtypisch erfolgt diese Rechtfertigung in zwei Schritten[17]: So wird zunächst i.) auf distinktive metaethische Merkmale des kosmisch-harmonischen Lebens abgestellt und dann anschließend ii.) aufgezeigt, dass diese Merkmale auch notwendige Bedingungen für das sinnvolle Leben sind. Ein solches Vorgehen erscheint nachvollziehbar. Wenn es stimmt, dass es metaethische Merkmale gibt, die nur dem »großen« Sinn des Lebens zukommen, und diese Merkmale zugleich unverzichtbar sind, um den »kleinen« Sinn des individuellen Lebens zu ermöglichen, wäre die kontraintuitive SdL-These plausibilisiert. Es würde dann gelten, dass die Harmonisierung mit einer zweckhaften Gesamtordnung – trotz ihrer Kontraintuitivität – aus metaethischer Perspektive immer vorhanden sein muss, um ein sinnvolles Leben zu führen. Viel hängt daher für den Verteidiger der SdL-These davon ab, dass er geeignete Merkmale nennen kann, die die Verbindung zwischen beiden Leben verständlich machen. Aber welche können das sein? Im Folgenden werde ich zwei häufig ins

16 Siehe dazu auch meine abschließenden Überlegungen zur Rolle des kosmischen Sinns im sinnvollen Leben in Abschnitt 4.4.2.

17 Die Vertreter, denen dieser methodische Doppelschritt zugeschrieben werden kann, werden in den folgenden Unterabschnitten benannt und diskutiert.

Feld geführte Merkmale untersuchen und prüfen, ob sie geeignet sind, die Kontraintuitivität der SdL-These zu rechtfertigen.

4.3.1 Das erste Merkmal: Die universelle Geltung des sinnvollen Lebens

Der erste Verteidigungsversuch setzt bei der formalen Geltungsdimension von Urteilen über das sinnvolle Leben an. Der Grundgedanke ist dieser: Wenn wir davon sprechen, dass ein Leben sinnvoll ist, verbinden wir damit unabhängig von den Inhalten eine gewisse geltungstheoretische Reichweite. Wir meinen nicht nur, dass bestimmte Handlungen für einen bestimmten Personenkreis Sinn generieren, sondern dass sie universell sinnvoll sind, das heißt, ohne zeitliche Begrenzung gleichsam für alle Personen Geltung beanspruchen. Im Rahmen der Verteidigung der SdL-These wird nun weiterhin behauptet, dass diese Art der Universalität nur im Rahmen eines kosmisch-harmonischen Lebens realisiert werden kann. Das bedeutet aber, dass wir uns, wenn wir am Merkmal der Universalität für das sinnvolle Leben festhalten wollen, am großen Ganzen orientieren müssen. Mit anderen Worten: Wir müssen davon ausgehen, dass das sinnvolle Leben mit dem kosmisch-harmonischen Leben identisch ist.

Eine solche Argumentation für die SdL-These ist bereits früh in der Debatte vertreten worden.[18] Exemplarisch für die neuere Debatte lassen sich die Überlegungen von John Cottingham anführen, der (neben einigen anderen Merkmalen) die Universalität als das distinktive Merkmal aller normativen Urteile, also auch der Urteile über das sinnvolle Leben, bestimmt. Nach ihm sind die Inhalte des sinnvollen Lebens keine »zeitlich fragile Disposition eines bestimmten Prozentanteils (vielleicht einer Minderheit) einer bestimmten Klasse von Anthropoiden«[19], sondern solche, die »unabhängig von den Eventualitäten schwankender menschlicher Begierden und ungewisser historischer Entwicklungen«[20] wahr oder

18 Vgl. für einige klassische Vertreter Davis (1987), 296, 304f., Moreland (1987), 124-129 und Adams (1999).

19 Cottingham (2003), 72 (meine Übersetzung, M.R.) Im Original: »temporary fragile disposition possessed by a percentage (perhaps a minority) of a certain class of anthropoids«.

20 Cottingham (2005), 54 Fn 37 (meine Übersetzung, M.R.). Im Original: »in-

falsch sind. Sie gelten ihm zufolge also für alle Personen und für alle Zeiten. Um jedoch diese Phänomendeutung auch in der Theorienbildung zu konservieren, gibt es für Cottingham nur eine Lösung: Wir müssen die Existenz einer zweckhaften kosmischen Ordnung annehmen, in der solche universellen Werte verortbar sind. Warum ist das so? Das ergibt sich bei ihm aus einem *ex-negativo*-Argument:

> Ohne eine göttlich fundierte Teleologie, so etwas wie ein ideales Lebensmodell oder Ziel der menschlichen Existenz, erscheint es mir nicht ersichtlich, wie wir unterscheiden können, welche unserer ›natürlichen‹ Neigungen und Befriedigungen unserer Spezies normative Kraft haben. Wenn eine mächtige Volksgruppe ihren Impulsen zu Eroberung und Genozid nachgeht, so mag dies durchaus erfolgreich sein, in einem Jahrtausend der Stabilität münden, Wohlstand und persönlichen Wohlstand für die Gewinner bedeuten, sodass ich letztendlich keinen Grund sehe, der – für den Naturalisten – gegen einen derartigen Handlungsverlauf spräche.[21]

Die grundlegende These von Cottingham scheint also zu sein, dass *alle* alternativen Versuche, die nicht auf eine zweckhafte Ordnung verweisen, bei der Integration des universalistischen Charakters unserer normativen Urteile scheitern müssen.

Hierauf lassen sich natürlich gleich mehrere Repliken formulieren:

Eine erste Entgegnung könnte bei Cottinghams unterliegender Annahme ansetzen, dass eine zweckmäßige Gesamtordnung überhaupt existiert. Die Argumente, die das in Frage stellen sollen, sind mittlerweile Legion. Man denke nur an das klassische Euthyphron-Problem oder die nicht abreißende Kritik gegenüber dem Holismus oder der natürlichen Teleologie. Nun mögen all diese Kritiklinien einen wahren Kern beinhalten. Gleichwohl ist selbst

dependent of the contingencies of fluctuating human desire and uncertain historical development.«

21 Cottingham (2008), 267 (meine Übersetzung, M.R.) Im Original: »Without a divinely based teleology, something like an ideal pattern of life or goal for human existence, I cannot see how we can distinguish among which of the 'natural' inclinations and satisfactions of our species have ultimate normative force. The systematic indulgence by a powerful tribe of their impulses towards conquest and genocide might if sufficiently successful, usher in a millennium of stability, prosperity and personal flourishing for the winners, and I can see no ultimate conclusive reason which, for the naturalist, would count against such a course of action.«

im Erfolgsfall nochmals an den Status der SdL-These zu erinnern. Diese stellt nämlich keine Existenz-, sondern lediglich eine Verhältnisbehauptung auf. Es ist daher möglich, auf der einen Seite daran festzuhalten, dass die Orientierung am Sinn des Lebens aus philosophischen Gründen unhaltbar ist, und auf der anderen Seite zu behaupten, dass eine solche (philosophisch ungerechtfertigte) Orientierung notwendig ist, um ein sinnvolles Leben zu führen. Beide Annahmen sind miteinander vereinbar und, wie oben am Beispiel von Kurt Baier gezeigt, auch faktisch vertreten worden. Wenn also Zweifel an der Existenz eines zweckhaften kosmischen Sinns aufkommen, werden dadurch noch keine Zweifel an der SdL-These formuliert. All diejenigen Kritiklinien, die mit ihren Überlegungen an der Überzeugungskraft der Existenzbehauptung ansetzen, gehen daher ins Leere.

Eine zweite Entgegnung könnte darin bestehen, Zweifel an der Deutung der Phänomene zu äußern, wie sie von Cottingham ins Feld geführt wird. So könnte bestritten werden, dass die Universalität überhaupt ein Merkmal von normativen Urteilen ist, also auch von Urteilen über das sinnvolle Leben. Eine solche Diskussion ist sicherlich ein Evergreen in der Metaethik. Es ist daher kein einfaches Unterfangen, die Erfolgsaussichten einzuschätzen, zumal der argumentative Raum in dieser Studie begrenzt ist. Angesichts dieser Lage möchte ich – anstatt mich ins unübersichtliche Gelände zu wagen – die Auseinandersetzung überspringen und Cottingham entgegenkommen. Das heißt, ich möchte den positiven Fall annehmen und einmal probeweise zugestehen, dass das Merkmal der Universalität tatsächlich allen normativen Urteilen und damit auch Urteilen über das sinnvolle Leben zukommt. Mit diesem Wohlwollen ausgestattet gelangen wir dann zu einem weiteren Einwand, welcher aus meiner Sicht weitaus stärker wiegt.

Die nunmehr dritte Entgegnung basiert nämlich auf dem Umstand, dass nicht erkennbar ist, warum die Universalität *nur* theoretisch angemessen rekonstruiert werden kann, wenn sie als distinktives Merkmal von Urteilen über das kosmisch-harmonische Leben aufgefasst wird. Dass diese Deutung nicht alternativlos ist, sollten die moralphilosophischen Diskussionen in der analytischen Philosophie seit der *Principia Ethica* von G. E. Moore gezeigt haben. So finden wir in nahezu jedem Lager Positionen, die dem Universalitätsgedanken etwas abgewinnen können und zwar *ohne* die Universalität auf Urteile über eine kosmische Gesamtordnung zurückzuführen. Man denke etwa an den Intuitionismus von William Ross, den Universellen Präskriptivismus von Richard Hare oder die verschiedenen Varianten des moralischen Realismus seit den 70er Jahren des 20. Jahrhunderts. Die Liste ließe sich beliebig fortführen.

Das sind natürlich keine guten Aussichten für Cottingham: Die SdL-These bestand darin, dass die Orientierung an einer zweckhaften Ordnung eine notwendige und hinreichende Bedingung für das sinnvolle Leben ist. Das sollte dadurch gezeigt werden, dass die Urteile beider Wertdimensionen ein zentrales Merkmal teilen: nämlich eine Universalität in der Geltungsreichweite. Wenn aber nun gilt, dass die Orientierung an einer zweckhaften Gesamtordnung *nicht* die einzige Möglichkeit darstellt, die Universalität theoretisch zu konservieren, ergibt sich, dass die SdL-These nicht verteidigt werden kann. Das würde nur in dem Fall möglich sein, wenn gezeigt würde, dass der Universalitätsanspruch *ausschließlich* unseren Urteilen über das kosmisch-harmonische Leben zukäme.

Dem Verteidiger bleiben mehrere Möglichkeiten. Eine besteht darin, eine Präzisierung des Begriffs der Universalität vorzuschlagen, um seine Rolle als rechtfertigendes Verbindungsglied zwischen den beiden Wertdimensionen des sinnvollen und kosmisch-harmonischen Lebens zu retten. Tatsächlich wird diese Möglichkeit auch von Cottingham ins Spiel gebracht, wenn er davon spricht, dass manche normativen Urteile nicht nur kontingenterweise universell gelten, sondern »ewige und notwendige moralische Wahrheiten«[22] darstellen, die richtig oder falsch sein können – und zwar »in allen möglichen Welten«[23]. Ihm zufolge gibt es schlicht keine auch nur vorstellbare Welt, in der etwa bestimmte Tätigkeiten nicht sinnvoll, bewundernswert oder lobenswert sein könnten. Damit wird die Universalität mit einer bestimmten modalen Notwendigkeit verknüpft, die nach Cottingham nur mit Rekurs auf die Annahme einer zweckhaften Gesamtordnung erklärt werden kann.

Mit Blick auf diesen Gedankengang können verschiedene Einwände formuliert werden. Zwei hiervon halte ich für diskussionswürdig:

22 Cottingham (2005), 55 (meine Übersetzung, M. R.). Im Original: »eternal and necessary moral verities.«

23 Cottingham (2005), 55 (meine Übersetzung, M. R.). Im Original: »in all possible worlds.«

Einwand 1: Die falsche Universalität für das sinnvolle Leben

Der erste Einwand basiert darauf, dass eine solche Modifikation über das eigentliche Ziel hinausschießt. So mag es ja durchaus sein, dass Urteile über das kosmisch-harmonische Leben implizieren, dass sie in allen möglichen Welten gelten. Gleichwohl ist aber fraglich, ob eine solche Notwendigkeit auch einen Bestandteil unserer Rede vom sinnvollen Leben darstellt. Um die Argumentation zu verdeutlichen, betrachten wir das folgende Gedankenexperiment:

Auf einer Zwillingserde befinden sich menschenähnliche Wesen, deren kulturelle Geschichte jedoch vollkommen von unserer eigenen abweicht. Sie weicht sogar so weit ab, dass die paradigmatischen Fälle von sinnvollen Leben dort invertiert sind. Auf der Zwillingserde führen demnach Picasso, Einstein und Mutter Teresa keine Leben, die als besonders bewundernswert und bedeutsam betrachtet werden. Vielmehr gelten sie als exemplarische Fälle, in denen die Handelnden ihr Leben in fundamentaler Weise in den Sand gesetzt haben. Ihre Leben sind keine Vorzeigefälle für Sinn, sondern für Sinnlosigkeit.

Im Anschluss an dieses Beispiel ließe sich nun wie folgt argumentieren: Wenn wir mit unseren Urteilen über das sinnvolle Leben einen universellen Anspruch verbinden würden, der in allen möglichen Welten gilt, müsste das auch für die Urteile auf der Zwillingserde zutreffen. Wir würden dann mit unseren Urteilen immer auch behaupten, dass die menschenähnlichen Wesen auf der Zwillingserde falsch liegen würden. Sie halten Leben für sinnlos, die eigentlich in besonderer Weise sinnvoll sind. Folgen wir jedoch einigen Kritikern, ist genau das Gegenteil der Fall. Ihnen zufolge ist unser Anspruch, den wir mit Urteilen über das sinnvolle Leben verbinden, deutlich niedriger. Eine solche Ansicht vertritt etwa Thaddeus Metz:

[…] [W]enn es darum geht, wissenschaftliche Gesetze oder Gesetze der Schönheit zu entdecken, so müssen diese Gesetze nicht auf alle Spezies zutreffen, gänzlich unabhängig von menschlichen Bezügen sein oder notwendigerweise auf Grundlage von Fakten in allen möglichen Welten gelten. Es ist hinreichend, dass diese Gesetze lediglich für alle menschlichen Wesen gelten, festgehalten durch das, was wir mit bestimmten Begriffen bezeichnen, und notwendigerweise wahr aufgrund menschlicher Bezugnahme in dieser Welt.[24]

24 Metz (2013a), 95 f. (meine Übersetzung, M.R.). Im Original: »[…] [W]hen it comes to discovering scientific laws or the laws of beauty, the laws need not be

Metz versucht in dieser Passage die Behauptung stark zu machen, dass das Merkmal der Universalität lokal eingegrenzt werden muss. Picassos Malerei, Einsteins wissenschaftliche Forschungen oder Mutter Teresas Aufopferung für arme und leidende Menschen beinhalten Tätigkeiten, die uns *in unserer Welt* zu Recht Bewunderung, Lob und Respekt abverlangen. *In einer anderen Welt*, wie auf der Zwillingserde, könnten sie jedoch auch mit guten Gründen als Beispiele für sinnlose Leben gelten.

Nun scheint es für einige allerdings gar nicht so eindeutig zu sein, ob Metz mit seiner These der lokalen Eingrenzung tatsächlich auf konsensfähige Intuitionen setzen kann. So interpretiert Cottingham das Beispiel der Zwillingserde gleichsam in umgekehrter Richtung:

> […] Grausamkeit ist falsch in allen möglichen Welten. (Jene, die dies bezweifeln, seien eingeladen, ein kohärentes Szenario einer möglichen Welt zu konstruieren, in welcher derartiges Verhalten gut oder richtig ist.)[25]

Cottingham scheint in dieser Passage eine gänzlich andere Intuition als Metz zu haben, nämlich, dass Gedankenexperimente wie die Zwillingserde nicht *gegen*, sondern *für* die Mögliche-Welten-Interpretation der Universalität sprechen. Am Beispiel der moralischen Verfehlungen (hier: der Grausamkeit) versucht er, die These zu verteidigen, dass der universalistische Anspruch von normativen Urteilen auch vor Wesen auf der Zwillingserde nicht Halt macht.

Wer aber von beiden hat Recht? Um den Streitpunkt zu entscheiden, kann man mindestens zwei Wege beschreiten. Ein erster Weg besteht darin, nochmals zu prüfen, ob die Verteidigung und Kritik tatsächlich eine angemessene Rekonstruktion der Phänomene liefern oder die eigenen Deutungen nicht eher aus theorieinternen Zwängen resultieren. Ein zweiter Weg besteht darin, die Patt-Situation aufzulösen, indem die beiden zentralen Begriffe der

ones that apply to all species, that are utterly independent of human reference, or that obtain necessarily by virtue of facts in all possible worlds. It is sufficient that these laws are true merely for all human beings, fixed by what we denote with certain terms and necessarily true by virtue of human reference in this world.«

25 Cottingham (2005), 55 (meine Übersetzung, M.R.). Im Original: »[…] [C]ruelty is wrong in all possible worlds. (Those who doubt this are invited to try to construct a coherent scenario of a possible world in which such behaviour is good or right.).«

»möglichen Welt« und der »Universalität« weiter präzisiert werden. Es ist ja nicht auszuschließen, dass beide Seiten Unterschiedliches darunter verstehen, was die verschiedenen intuitiven Wertungen erklären könnte.

An dieser Stelle möchte ich es bei der Nennung der möglichen Optionen belassen und abermals den Erfolgsfall annehmen. Gewähren wir Cottingham einen weiteren Vertrauensvorschuss, indem wir zugestehen, dass die Mögliche-Welten-Interpretation der Universalität ein notwendiges Element unserer Rede vom sinnvollen und kosmisch-harmonischen Leben ist. In diesem Fall erkennen wir, dass sich noch eine weitere Kritiklinie ausmachen lässt, die m. E. den schwerwiegendsten Einwand enthält.

Einwand 2: Mögliche-Welten-Universalität und die metaethischen Alternativen

Der zweite Einwand nimmt seinen Ausgangspunkt von der Frage, ob nicht auch andere metaethische Programme eine nachvollziehbare Basis für die oben entwickelte Version der Universalität anbieten können. Cottingham bestreitet das explizit, wenn er feststellt, dass »eine zeitlose moralische Wahrheit oder ein Prinzip [...] [ist] ein untrennbarer Teil der Struktur des göttlichen Verstandes«[26]. Was aber meint Cottingham mit seiner Rede von der Zeitlosigkeit von normativen Wahrheiten? Hier bieten sich zwei Interpretationen an:

Die erste Interpretation basiert darauf, dass Cottingham weniger auf die metaphysische Verortung der universellen Wahrheiten abhebt, sondern auf die zeitliche Dauer ihrer Geltung. Demnach haben normative Wahrheiten ihrem Anspruch nach kein Verfallsdatum: Sie gelten für immer und für alle Zeit. Wenn das gemeint sein sollte, stellt sich die Frage, wie diese Annahme mit seiner Verortung einer so konzipierten Wahrheit im göttlichen Wesen vereinbar ist. Das ist deshalb ein Problem, weil eine Interpretation der zeitunabhängigen Geltung der Wahrheitsträger immer noch davon ausgeht, dass sie innerhalb der raumzeitlichen Struktur der Wirklichkeit verortet werden müssen. Ein göttliches Wesen wird jedoch in der Regel gerade jenseits einer solchen Struktur gedacht. Darüber hinaus

26 Cottingham (2005), 47 (meine Übersetzung, M. R.). Im Original: »a timeless moral truth or principle [...] [is] an inseparable part of the structure of the divine mind«.

stellt sich aber auch ganz unabhängig von bloßen Konsistenzüberlegungen die Frage, ob nicht auch andere metaethische Optionen universelle Wahrheitsmacher theoretisch berücksichtigen können, die innerhalb der Raumzeitstruktur liegen. Das beanspruchen im Wesentlichen sogar alle bereits oben genannten Positionen – von Ross' Intuitionismus über Hares Universellen Präskriptivismus bis hin zu zeitgenössischen Versionen des Realismus.[27]

In einer zweiten Interpretation könnte Cottingham dieses Problem zum Ausgangspunkt nehmen, um universelle Wahrheiten zu postulieren, die *jenseits* der raumzeitlichen Wirklichkeit existieren. Das würde auch tatsächlich besser zu seiner obigen Formulierung passen, dass es sich bei ihnen um Bestandteile des göttlichen Wesens handelt (»untrennbarer Teil der Struktur des göttlichen Verstandes«). Gleichzeitig lassen sich aber auch in dieser Interpretation alternative theoretische Angebote nennen: Manche Versionen des non-naturalistischen metaethischen Realismus haben etwa dafür argumentiert, dass es normative Wahrheitsmacher gibt, die jenseits der raumzeitlichen Wirklichkeit liegen, aber zugleich nicht in

27 Greift man nur letztgenannte Option heraus, dann ließe sich die nicht-reduktive naturalistische Variante des Realismus von Metz nennen, die in direkter Konfrontation mit Cottinghams Supernaturalismus präsentiert wird. Wie auch diese Variante die Universalität rekonstruieren könnte, wird anhand einer Analogie erläutert. Zunächst lädt uns Metz ein, eine Klasse von Urteilen zu betrachten, die zweifellos universelle Geltung haben, die Urteile über naturwissenschaftliche Tatsachen: »Let us suppose that the claim ›Water is H_2O‹ is universally true, objectively true, and necessarily true—that is, it is true for everyone, as someone who did not believe it would be mistaken; it is true in virtue of something independent of our beliefs about it, for it took a lot of empirical discovery to ascertain that it is true; and it is true in all possible worlds, for if something were encountered that seemed a lot like water but were composed of XYZ rather than H_2O, it would not be water.« Metz (2013a), 91. Nun folgt der Bezug auf normative Wahrheiten: »Moral realists account for the invariance of morality in the same way. They view moral principles as synthetic *a posteriori* necessities, so that, by a Kantian ethical theory, ›Wrongness is degradation of persons‹ would be analogous to ›Water is H_2O‹.« Metz (2013a), 92. Daraus ergibt sich nun die Überlegung, dass auch normative Wahrheiten einen universellen Charakter haben: »If one believes the evidence favours Kantianism, then the moral realist would say that we have learned empirically over time that our terms 'wrongness' and ›degradation of persons‹ essentially refer to one and the same class of actions. Hence, the claim ›Wrongness is degradation of persons‹ would be universally, objectively, and necessarily true in the same way that ›Water is H_2O‹ is.« Metz (2013a), 92.

einem supernaturalistischen Gottesreich verortet werden müssen.[28] Oder, wenn man Sympathien für ontologisch sparsamere Varianten hegt: Derek Parfit vertritt in seinem Werk *On What Matters* (2011) einen nicht-realistischen Kognitivismus, der besagt, dass es normative Wahrmacher gibt, die überhaupt keinen ontologischen Status haben.[29] Damit ist freilich umgekehrt nicht impliziert, dass es *keine* normativen Wahrheiten gibt. Im Gegenteil: Parfit meint vielmehr, dass normative Wahrheiten ähnlich wie mathematische Wahrheiten wirklich bestehen, allerdings in einem Bereich, der jenseits der raumzeitlichen Wirklichkeit liegt.[30]

Wie auch immer man es also wendet: Im Ergebnis scheint nicht viel dafür zu sprechen, dass die SdL-These mithilfe des Hinweises auf die Universalität verteidigt werden kann. Um das zu rechtfertigen, müsste nachgewiesen werden, dass ausschließlich die Orientierung am großen Ganzen den Universalitätsanspruch theoretisch konservieren kann. Es scheint aber, wie oben aufgezeigt, gute Gründe für die Annahme zu geben, dass auch andere theoretische Optionen einen Platz für das Merkmal der Universalität finden können. Wenn das aber stimmt, verbleibt für den Verteidiger der SdL-These weiterhin die Aufgabe, seine Reduktionismusthese zu rechtfertigen, also die kontraintuitive Behauptung zu stützen, dass das sinnvolle mit dem kosmisch-harmonischen Leben zusammenfällt.

4.3.2 Das zweite Merkmal: Die intrinsische Sinnhaftigkeit

Der zweite Rechtfertigungsversuch der SdL-These setzt bei der Struktur des praktischen Überlegens über das sinnvolle Leben an. Das Ziel der praktischen Deliberation besteht darin herauszufinden, was diejenigen Inhalte sind, die ein Leben sinnvoll machen.[31]

28 Vgl. exemplarisch etwa Halbig (2007) und FitzPatrick (2010).

29 Er schreibt: »[These normative] truths have no positive ontological implications.« Parfit (2011), Band 2, 486.

30 So unterscheidet Parfit zwischen einer metaphysischen Realität, welche Raum und Zeit beinhaltet, und einer nicht-metaphysischen Realität, die sich aus »some [...] kinds of abstract entity, and [...] some necessary truths, such as certain logical, mathematical and normative truths« zusammensetzt. Parfit (2011), Band 2, 746. Vgl. für eine Diskussion der Position Rüther (2016) und Muders/Rüther (2017).

31 Das können je nach Basistheorie unterschiedliche Inhalte sein. Meine eigene Theorie, die die exponierte Rolle von intrinsisch sinnvollen Tätigkeiten hervor-

Hierbei suchen wir allerdings nicht nur nach Inhalten, die in irgendeiner Weise Sinn generieren, sondern nach solchen, die selbst Träger von Sinnhaftigkeit sind. Es geht also in der praktischen Deliberation, wie man manchmal sagt, um solche Dinge, die nicht extrinsisch, sondern intrinsisch sinnstiftend sind. Wir wollen diejenigen Dinge ermitteln, die »wirklich« sinnvoll sind, weil sie eben sind, was sie sind: Dinge, deren Sinnhaftigkeit in ihnen selbst beschlossen liegt (daher: intrinsisch).

Nun kann weitergefragt werden, welche Inhalte es eigentlich sind, die intrinsisch sinnvoll sind. Die Antwort der Vertreter der zweiten Rechtfertigungsstrategie lautet: Das können ausschließlich solche sein, die wir im Rahmen eines kosmisch-harmonischen Lebens finden. Demnach gilt: Wenn wir weiterhin nach den intrinsisch sinnstiftenden Inhalten des sinnvollen Lebens suchen wollen, dann müssen wir uns auch am kosmisch-harmonischen Leben orientieren. Und das heißt wiederum nichts anderes, als dass die SdL-These zutrifft: Der einzige Weg, ein sinnvolles Leben zu führen, besteht darin, sich mit einer zweckhaften Gesamtordnung zu harmonisieren.

Warum aber hat *ausschließlich* das kosmisch-harmonische Leben intrinsisch sinnstiftende Inhalte? Eine wirkmächtige und bereits klassische Antwort findet sich in Robert Nozicks *Philosophical Explanations* (1981).[32] Nozicks Ausgangspunkt bilden hierbei alltägliche Fragekontexte, in denen wir nach der Bedeutsamkeit des eigenen Lebens fragen. Angenommen, ich habe mich in meinem Leben als Künstler verdient gemacht und sinniere in der Rückschau nun auf die Bedeutsamkeit meiner Berufswahl. Ich gebe vielleicht die positive Antwort, dass die Tätigkeiten, die ich als Künstler ausgeführt habe, mein Leben bedeutsam und bewundernswert, kurzum: sinnvoll, gemacht haben. Warum aber denke ich, dass künstlerische Inhalte für mich die richtigen Sinnstifter waren? Warum nicht, sagen wir, wissenschaftliche Tätigkeiten? In diesem Fall kann ich vielleicht antworten: Weil es meinen individuellen Fähigkeiten und

hebt, werde ich in Kap. 6 entwickeln. Im Folgenden spreche ich jedoch neutraler von »Dingen« und »Inhalten« als Träger von Sinnhaftigkeit. Das erlaubt es, die Verteidigung der SdL-These auch unabhängig von meiner eigenen Sinntheorie zu prüfen.

32 Vgl. Nozick (1981), 594-619. Vgl. für ähnliche Überlegungen im neueren Diskurs etwa Cooper (2005).

meinem Charakter entsprach. Aber warum sollten diese Variablen entscheidend sein, um mein Leben als sinnvoll auszuweisen? Vielleicht deshalb, weil es menschlich zu sein scheint, dass jeder seine individuellen Fähigkeiten verwirklichen sollte. Aber selbst wenn das zuträfe: Warum sollte ich einer allgemeinen menschlichen Natur folgen und nicht vielmehr meine unnatürliche Seite verwirklichen? Eine mögliche Antwort: Weil alles Leben auf der Welt, damit auch das menschliche Leben, einer gewissen Ordnung unterliegt, die es einzuhalten gilt. Was aber spricht dafür, die Existenz und Einordnung in einer solchen Ordnung als normativen Maßstab für den Sinngehalt meines Lebens anzuerkennen?

Diese Fragekaskade ließe sich noch weiterführen. Der springende Punkt sollte aber deutlich geworden sein: Jede Antwort auf die Frage, warum ein bestimmtes Leben sinnvoll sein könnte, kann ihrerseits mit einer neuerlichen Warum-Frage hinterfragt werden. Es droht ein unendlicher Regress von sich immer wiederholenden Begründungsfragen. Nozick sieht darin eine Herausforderung, meint aber, dass sich dieser begegnen lässt. Der Frageregress habe nämlich eine natürliche Abbruchstelle. Diese besteht ihm zufolge in der Annahme eines prinzipiell perfekten Wesens, welches mit bestimmten Merkmalen ausgestattet ist – er nennt Unbegrenztheit und Unendlichkeit.[33]

Was aber ist von dieser Argumentation zu halten? Um die Frage zu beantworten, können wir an mehreren Stellen ansetzen. Ich möchte die Aufmerksamkeit auf zwei Aspekte lenken:

Zum einen kann hinterfragt werden, ob Nozick tatsächlich eine überzeugende inhaltliche Abbruchstelle der Fragekette gefunden hat. Für Nozick kommt hierfür nur die Annahme eines göttlichen Wesens infrage, weil einzig ein solches Wesen diejenigen Merkmale aufweist, die einen unendlichen Regress in einer nicht-dogmatischen Weise vermeiden können. Aber ist die Annahme eines göttlichen Wesens wirklich überzeugend? Welche Merkmale hat ein solches Wesen? Wie steht ein solches Wesen im Verhältnis zu einem naturalistischen Weltbild? Das sind legitime philosophische Nachfragen, die zu Recht in der Auseinandersetzung mit Nozick

33 Er schreibt: »Perhaps the intrinsic meaningfulness of God's existence and his purposes lies in his being unlimited and infinite.« Nozick (1981), 593.

ausführlich diskutiert worden sind.[34] Ich halte diese Diskussionen jedoch mit Blick auf die SdL-These für Nebelkerzen, weil sie den gewinnbringenden Kern der Überlegungen von Nozick verschleiern. In diesem Zusammenhang geht es nicht so sehr darum, ob Nozick ein überzeugendes Argument für die Existenz Gottes geliefert hat, wie philosophisch belastbar seine inhaltlichen Vorstellungen über die Merkmale dieses Gottes sind und wie all diese Annahmen zu unseren sonstigen Überzeugungen über die metaphysische Grundstruktur der Wirklichkeit passen. Vielmehr ist hervorzuheben, dass Nozick sich für die SdL-These ausspricht, also für die Behauptung, dass das sinnvolle Leben eigentlich nichts anderes ist als das kosmisch-harmonische Leben. Um das zu zeigen, argumentiert er dafür, dass ein bestimmtes Merkmal – die intrinsische Sinnhaftigkeit –, welches ein konstitutives Charakteristikum des sinnvollen Lebens ist, nur im Bereich des kosmischen Sinns anzutreffen ist. Nun mag man, wie gesagt, seine religionsphilosophische Deutung dieses kosmischen Sinns ablehnen. Aber selbst in diesem negativen Fall stellt sich die Frage, ob Nozick nicht zumindest darin Recht hat, dass das sinnvolle Leben, wenn es intrinsisch sinnvolle Inhalte voraussetzt, auf die Fundierung im kosmischen Gesamtsinn angewiesen ist.

Zum anderen kommt man, wenn man dieser These weiter nachgeht, zur entscheidenden Schwäche des Verteidigungsversuchs. Es ist nämlich nicht zu sehen, wie die Annahme, dass ausschließlich dem kosmisch-harmonischen Leben eine intrinsische Sinnhaftigkeit zukommt, zu rechtfertigen ist. Vielmehr lassen sich eine Reihe von Gegenbeispielen nennen, die zeigen, dass jemand ein sinnvolles Leben führen kann – und zwar ohne dem kosmischen Gesamtzweck gerecht zu werden. Um das zu sehen, beziehen wir uns auf ein klassisches Element einer Theorie über das kosmisch-harmonische Leben: die Realisierung des eigenen *ergons*, also der natürlichen menschlichen Anlagen. Weiterhin stellen wir uns drei exemplarische Musterfälle des sinnvollen Lebens als von Natur aus talentierte Menschen vor: Paul Gauguin besitzt eine besonders hoch entwickelte Imaginationskraft, Albert Einstein hat ein natürliches Talent für mathematische Forschungen und Mutter Teresa zeichnet sich durch eine besonders hoch entwickelte Fähigkeit zur

34 Vgl. exemplarisch den Überblick über die Kritikpunkte und ihre Diskussion in Lacey (2001), Kap. 10.

Empathie aus. Nun stellen wir uns vor, dass alle drei in ihrem Leben einen für sie »unnatürlichen« Weg einschlagen und sich damit vom kosmischen Zweck abwenden: Paul Gauguin hat sich ein Leben zum Ziel gesetzt, welches sich voll und ganz dem wissenschaftlichen Studium der Mathematik und Physik verschreibt; Albert Einstein fühlt sich berufen, sein Leben der Unterstützung von Kranken und Armen zu widmen; Mutter Teresa führt ein Leben, welches vorwiegend künstlerische Tätigkeiten umfasst.

Wie sind diese Leben zu beurteilen? Ich denke, dass es nicht aus der Luft gegriffen ist, wenn man behauptet, dass auch die drei kosmisch »Abtrünnigen« die Möglichkeit haben, ein bedeutsames und bewundernswertes Leben zu führen. Natürlich mag man weitere Details einfordern, um eine finale Wertung vorzunehmen. Klar ist aber auch, dass wir es nicht für *prinzipiell* ausgeschlossen halten, allen dreien ein sinnvolles Leben zuzusprechen. Das aber zeigt, dass einige Leben bewundernswert und bedeutsam sein können, und zwar ohne dass die Handelnden ihrer kosmischen »Bestimmung« gerecht werden, weil sie sich erfolgreich in ein zweckhaftes Gesamtgefüge eingeordnet haben. Allerdings: Es ist an dieser Stelle Vorsicht geboten, denn natürlich hängt die Überzeugungskraft der Gegenbeispiele davon ab, welche inhaltliche Theorie des kosmisch-harmonischen Lebens vertreten wird. So ist durchaus vorstellbar, dass andere theoretische Möglichkeiten ausgeschöpft werden, die das angenommene Auseinanderfallen von sinnvollem und kosmisch-harmonischem Leben weniger plausibel erscheinen lassen. Im Extremfall könnte sogar zu Tage treten, dass es gar keine Beispiele gibt, in denen beide Wertdimensionen voneinander zu trennen sind. Es gäbe also eine augenfällige Kovarianz: Immer wenn wir ein kosmisch-harmonisches Leben führen, führen wir auch ein sinnvolles Leben. Wenn das aber zuträfe, könnte das neues Wasser auf die Mühlen des Reduktionisten sein: Vielleicht lässt sich die Kovarianz ja am besten damit erklären, dass beide Wertdimensionen ein und dieselbe sind, also damit, dass das sinnvolle auf das kosmisch-harmonische Leben reduzierbar ist? Diese Vermutung des Reduktionisten kann bei näherem Hinsehen jedoch zurückgewiesen werden. Betrachten wir hierzu das Beispiel von Mutter Teresa, jetzt wieder im klassischen Sinne: Was ist es eigentlich, was wir an ihr so bewundern und für bedeutsam halten? Die naheliegende Antwort scheint zu sein, dass es ihre große Hingabe für die Linderung des Leidens anderer ist, die uns in besonderer Weise anspricht. Es ist in hohem Maße lobenswert und bedeutsam, dass sie sich so vorbehaltlos für andere eingesetzt hat. Nehmen wir nun weiter an, dass sie ihr Leben durch ihre altruistischen Tätigkeiten *gleichzeitig* in einen größeren Gesamtzusammenhang gestellt hat und dadurch etwas realisiert, was dem kosmischen Gesamtzweck entspricht. Eine so verstandene Harmonisierung erscheint uns bestenfalls als ein sinnstiftendes Plus: Damit Mutter Teresa ein sinnvolles Leben führt, ist es vollkommen ausreichend, dass sie armen und leidenden Menschen hilft, um ihr Tun – und etwa durch entsprechende Wiederholung mehr und mehr ihr Leben – mit Sinn zu erfüllen. Dass sie darüber hinaus auch dem kosmischen Gesamtzweck gerecht wird, mag möglicherweise die Gesamtbilanz ihres sinnvollen Lebens noch erhöhen. Gleichzeitig ist die kosmische Harmonisierung aber nicht notwendig, um ihr Leben über die Minimalschwelle dessen zu heben, was wir ein sinnvolles Leben nennen. Mutter Teresa kann auch ohne die Einordnung in einen kosmischen Plan ein sinnvolles Leben führen!

Damit wird deutlich, dass auch der Hinweis auf die intrinsische Sinnhaftigkeit keine guten Aussichten hat, die SdL-These zu plausibilisieren. Um das zu leisten, hätte gezeigt werden müssen, dass lediglich die Orientierung am großen Ganzen eine solche intrinsische Sinnhaftigkeit aufweisen kann, die für das sinnvolle Leben konstitutiv ist. Die obigen Musterfälle des sinnvollen Lebens scheinen nun aber darauf hinzudeuten, dass auch andere Elemente Träger von intrinsischer Sinnhaftigkeit sein können. Anders, als die Vertreter der SdL-These meinen, scheint daher viel dafür zu sprechen, dass die kosmische Harmonisierung keine notwendige Bedingung für das sinnvolle Leben darstellt.

4.4 Fazit und weiterführende Überlegungen

4.4.1 Zusammenfassung der bisherigen Ergebnisse

Die vorigen Überlegungen hatten das Verhältnis zwischen dem sinnvollen und dem kosmisch-harmonischen Leben zum Gegenstand. Hierbei wurde die sogenannte SdL-These untersucht, also die reduktionistische Behauptung, dass ausschließlich eine Orientierung an einem zweckhaften Ganzen ein sinnstiftender Faktor sein kann. Lässt sie sich überzeugend verteidigen? Das erschien vor dem Hintergrund der alltäglichen Vorstellungen über das sinnvolle Leben fragwürdig. In dialektischer Hinsicht muss der Verteidiger der SdL-These daher eine Stufe tiefer ansetzen und auf die metaethische Konvergenz der beiden vermeintlich verschiedenen Wertdimensionen abstellen. Er muss metaethische Merkmale identifizieren, die ausschließlich dem kosmisch-harmonischen Leben zukommen und zugleich auch notwendige Merkmale des sinnvollen Lebens sind. Die Prüfung der möglichen Kandidaten – der Universalität einerseits, der intrinsischen Sinnhaftigkeit andererseits – fiel jedoch negativ aus:

> *Entweder* beide Merkmale wurden so gedeutet, dass sie exklusive Merkmale sind, die nur dem kosmisch-harmonischen Leben zukommen. In diesem Fall wurde aber fraglich, ob sich ein so definiertes kosmisch-harmonisches Leben noch mit unserem Verständnis deckt, was es heißt, ein sinnvolles Leben zu führen. *Oder* die Merkmale wurden in einer Weise interpretiert, dass sie sowohl dem sinnvollen als auch dem kosmisch-harmonischen Leben zugesprochen werden können. In diesem Fall erwies es sich jedoch als zweifelhaft, dass es sich tatsächlich um exklusive Merkmale des kosmischen Sinns handelt und nicht vielmehr um solche, die auch alternativ erklärt werden können.

Für den Verteidiger der SdL-These ist diese Diagnose folgenschwer, denn sie zeigt, dass es bisher nicht gelungen ist, den Nachweis zu führen, dass die Orientierung am großen Ganzen immer vorhanden sein muss, um ein sinnvolles Leben zu führen. An dieser Stelle bleiben dem Verteidiger der SdL-These mindestens zwei Optionen:

> Option 1: Der Verteidiger könnte dem ersten Horn des Dilemmas folgen und seine kontraintuitive Position akzeptieren. Gleichzeitig könnte er aber dafür argumentieren, dass diese Kontraintuitivität sich durch bestimmte theoretische Hintergrundannahmen verteidigen lässt. Das ist sicherlich ein gangbarer Weg. Es ist allerdings darauf hinzuweisen, dass damit die eigene Beweislast weiter erhöht wird. Zur Erinnerung: Die

Notwendigkeit, auf die beiden Merkmale der Universalität und intrinsischen Sinnhaftigkeit zu verweisen, ergab sich aus dem Umstand, dass die SdL-These kontraintuitiv zu sein scheint und daher auf einer tieferen theoretischen Ebene gerechtfertigt werden müsste. Wenn sich jetzt aber herausstellt, dass die Überlegungen auf dieser tieferen Ebene selbst kontraintuitiv sind, bleibt die Frage offen, mit welchen Gründen sich die neuerliche These verteidigen lässt. Wenn dieser Weg am Ende beschritten wird, muss der Verteidiger nämlich nicht nur eine, sondern gleich zwei kontraintuitive Überlegungen rechtfertigen.

Option 2: Der Verteidiger kann versuchen, dem zweiten Horn nachzugehen und sein Versprechen einzulösen, einen Kandidaten zu präsentieren, der ein exklusives Merkmal des kosmisch-harmonischen Lebens darstellt und zugleich eine notwendige Bedingung für das Führen eines sinnvollen Lebens ist. Nun ist allerdings nicht zu sehen, wie dieses Merkmal charakterisiert werden könnte. Die beiden diskutierten Merkmale der Universalität und intrinsischen Sinnhaftigkeit sind bei weitem die meistdiskutierten Kandidaten, insbesondere bei den Verteidigern der SdL-These. Es ist daher gar nicht so einfach zu sehen, was überhaupt ein mögliches alternatives Merkmal sein könnte.

Natürlich ist die Diskussion mit dem Verteidiger der SdL-These damit noch nicht am Ende angelangt. Gerade die hartgesottenen Vertreter werden sicherlich geneigt sein, zumindest einer der beiden Optionen weiter nachzugehen. Es sollte aber deutlich geworden sein, dass beide in philosophischer Hinsicht ihren Preis haben: Der Verteidiger muss *entweder* eine noch weitreichendere Kontraintuitivität in Kauf nehmen, als er es bereits ohnehin getan hat, *oder* er muss ein Ass aus dem Ärmel schütteln und einen bislang unberücksichtigten und besonders aussichtsreichen Kandidaten als Grundlage des neuerlichen Reduktionsversuchs ins Feld führen.

Warum aber sollte man all diese theoretischen Mühen überhaupt auf sich nehmen? Ich sehe momentan keinen guten Grund dafür und möchte stattdessen für die These plädieren, die nach den bisherigen Überlegungen am naheliegendsten erscheint: Dass die Orientierung an einer zweckhaften Ordnung keine notwendige Bedingung für das sinnvolle Leben darstellt. Gut möglich, dass wir

Teil einer zweckhaften Ordnung sind, die uns normativ anleiten kann. Aber es ist auch gut möglich, dass es nicht so ist. Der Punkt ist aber: Mit Blick auf die Frage nach den minimalen Bedingungen, die erfüllt sein müssen, um ein sinnvolles Leben zu führen, scheint die zweckhafte Ordnung keine Rolle zu spielen. Wir können auch in einer Wirklichkeit, die keinen kosmischen Sinn enthält, ein durchaus bewundernswertes, lobenswertes und bedeutsames Leben führen.

4.4.2 Die Rolle des kosmischen Sinns im sinnvollen Leben

Diese letzte Bemerkung muss nicht implizieren, dass die Orientierung an einer kosmischen Ordnung vollkommen unerheblich ist, wenn wir ein sinnvolles Leben führen wollen. Ganz im Gegenteil wurden an den verschiedenen Stellen bereits Verbindungslinien angedeutet. Wenn wir nur den Erfolgsfall betrachten und die Möglichkeit eines kosmisch-harmonischen Lebens einräumen, ergeben sich etwa folgende Optionen:

Zum einen scheint es nicht abwegig zu sein, dass die Orientierung am Sinn des Lebens für das sinnvolle Leben von instrumentellem Nutzen sein kann. In dieser Hinsicht ergeben sich Parallelen zum Wohlergehen.[35] Anders als das Wohlergehen ist die Orientierung am kosmischen Sinn allerdings keine direkte, sondern eine indirekte Ermöglichungsbedingung oder -hilfe für die Erreichung des sinnvollen Lebens. Sie ist nur genau dann von instrumentellem Nutzen, wenn die kosmische Orientierung zunächst zum Wohlergehen beiträgt, welches dann wiederum einen instrumentellen Nutzen für die Realisierung des sinnvollen Lebens haben kann. Tendenziell scheinen etwa Harmonieerlebnisse, wie die gefühlte Konvergenz mit der kosmischen Ordnung, von Glücksempfindungen begleitet zu werden.[36] Diese Glücksempfindungen können dann dabei helfen, dass Sinn-Projekte realisiert werden. Wer beispielsweise der festen Ansicht ist, dass es die eigene Bestimmung ist, das eigene Leben der Hilfe für arme und kranke Menschen zu widmen, der wird zumindest in der Regel auch ein gewisses Glücks-

35 Vgl. zur instrumentellen Rolle des Wohlergehens Kap. 2.4.2

36 Vgl. zum Stand der psychologischen Forschung bezüglich des Verhältnisses von kosmischer Sinnerfahrung und Wohlergehen den Überblicksartikel Steger (2018).

empfinden haben, wenn diese Tätigkeiten realisiert werden. Und die Freude über diese Harmonisierung ist dann ein Faktor, der es leichter macht, solche in hohem Maße aufopfernde Tätigkeiten auszuführen.

Zum anderen wurde bereits angesprochen, dass die kosmische Harmonisierung kein Sinnstifter ist, der notwendig ist, um ein sinnvolles Leben zu führen. Wir können auch ohne die Einordnung in einen zweckhaften Plan ein bewundernswertes und bedeutsames Leben führen. Es wurde jedoch auch betont, dass das nicht bedeutet, dass die Eingliederung in eine zweckhafte Ordnung vollkommen irrelevant ist. Vielmehr scheint einiges darauf hinzudeuten, dass die Orientierung am Sinn des großen Ganzen ein Leben noch sinnvoller machen würde. Eine Mutter Teresa, die nicht nur armen und leidenden Menschen hilft, sondern sich durch diese Tätigkeiten auch im Einklang mit dem kosmischen Plan weiß, erfährt einen Zuwachs an Sinn in ihrem Leben.[37] So gesehen wäre die kosmische Harmonisierung zwar keine notwendige Bedingung, aber ein kontributiver Faktor für das sinnvolle Leben.[38] Wie hoch ist der kontributive Wert? Das ist eine schwierige Frage, die ohne einen konkreten Blick auf die jeweilige Theorie des kosmischen Sinns kaum zu beantworten ist. Sehr allgemein gesprochen lässt sich aber konstatieren, dass die kosmische Harmonisierung der Tendenz nach einen Beitrag zum sinnvollen Leben liefert, der vergleichsweise hoch einzuschätzen ist. Das lässt sich auch einfach erklären: Wer sich am kosmischen Sinn orientiert, realisiert immerhin nicht weniger als den Zweck des eigenen Daseins. Er erfüllt, wie man sagen könnte, seine Funktion im großen Ganzen, also dasjenige, wofür er geschaffen wurde. Und eine solche Konvergenz mit dem kosmischen Plan ist sicherlich vieles, aber bestimmt kein marginalisierbarer Aspekt des sinnvollen Lebens.[39]

37 Vgl. dazu auch das Beispiel von Mutter Teresa am Ende von Kap. 4.3.2.

38 Vgl. für diese These etwa auch Kazez (2007), Kap. 9.

39 Das sollte allerdings nicht zur Ansicht verleiten, dass die Orientierung am kosmischen Sinn sogar hinreichend sein könnte, um ein Leben über die Minimalschwelle des Sinns zu heben. So sei bereits in einem Vorgriff auf meine eigene Sinntheorie darauf hingewiesen, dass es ausschließlich bestimmte deontologische Handlungstypen sind, die notwendige und zusammengenommen hinreichende Bedingungen des sinnvollen Lebens bilden. Wenn das zutrifft, kann eine Orientierung am kosmischen Sinn alleine *niemals* ausreichend sein, weil die noch zu

Die bisherigen Überlegungen deuten also darauf hin, dass der kosmische Sinn eine durchaus relevante axiologische Größe für das sinnvolle Leben darstellt. Wer sich mit dem »kleinen« Sinn beschäftigt, sollte auch den »großen« Sinn nicht aus dem Blick verlieren. Ähnlich wie die Orientierung am eigenen Wohlergehen kann die Orientierung an einer zweckhaften Ordnung sowohl von instrumentellem Nutzen sein, aber auch die Sinnhaftigkeit des eigenen Lebens steigern, und vielleicht sogar in einer Weise, die über den kontributiven Wert des Wohlergehens hinausgeht. All das darf aber nicht darüber hinwegtäuschen, dass die Bedeutung des kosmischen Sinns nicht überschätzt werden sollte. Wir können vielmehr auch dann ein sinnvolles Leben führen, wenn wir uns nicht am kosmischen Sinn orientieren. Die Reduktionsthese, die das sinnvolle Leben mit dem kosmisch-harmonischen Leben identifiziert, muss daher zurückgewiesen werden.

Schlussendlich teilt die Wertdimension des kosmischen Sinns damit das Schicksal des Wohlergehens und der Moral: Ähnlich wie diese kann auch jene nicht in hinreichender Weise wiedergeben, was das Leben zu einem sinnvollen Leben macht. Wer ein sinnvolles Leben führt, tut das nicht primär, weil es ihm gut ergeht, er sich moralisch integer verhält oder sich im Einklang mit einer zweckhaften Ordnung weiß. Worin aber besteht dann der zentrale normative »Kern« des sinnvollen Lebens? Diese Frage bildet den Ausgangspunkt für den nun folgenden, zweiten Teil der Studie.

definierenden deontologischen Elemente immer hinzutreten müssen, um ein Leben sinnvoll zu machen. Vgl. für die Verteidigung der eigenen Sinntheorie Kap. 6.

II. Teil: Die axiologische Struktur des sinnvollen Lebens

5. Handlungskonsequenzen und Sinn

5.1 Einleitung

Das Ziel dieser Studie besteht darin, eine normativ-inhaltliche Sinntheorie auszuarbeiten, die in ihrer Überzeugungskraft über die bisherigen Optionen im Diskurs hinausgeht. Um dieses Ziel zu erreichen, wurde die Studie in zwei Teile aufgeteilt: einen ersten Teil, der die Sinndimension als eigenständige Dimension des guten Lebens rechtfertigt, und einen zweiten Teil, der die inhaltliche Bestimmung dessen vornimmt, was ein sinnvolles Leben eigentlich ausmacht.

Der erste Teil der Studie wurde mit dem letzten Kapitel abgeschlossen. In diesem Zusammenhang zeichneten sich zwei Ergebnisse ab: Zum einen scheint viel dafür zu sprechen, dass die Autonomiethese wahr ist. So zeigte sich gerade in Auseinandersetzung mit den einschlägigen Identifikationsversuchen, dass das sinnvolle Leben von den axiologischen Dimensionen des Wohlergehens, der Moral oder des kosmischen Sinns unterschieden werden muss. Zum anderen zeigte sich aber auch, dass die Relevanzthese zuzutreffen scheint. Demnach kann jede der drei Dimensionen einen Beitrag zum sinnvollen Leben liefern, wenngleich dieser alleine weder notwendig noch hinreichend ist. Das sinnvolle Leben existiert nicht einfach zusammenhanglos neben den anderen Wertdimensionen, sondern steht in zahlreichen axiologischen Abhängigkeiten und Verhältnissen zu ihnen.[1] Es ist, wie man zusammenfassen könnte, eine eigenständige Dimension des guten Lebens, die grundsätzlich von den drei Standarddimensionen unterschieden werden muss, aber dennoch von ihnen beeinflusst wird.

Der nun folgende zweite Teil dieser Studie knüpft an diese Ergebnisse an, indem er die axiologische Struktur des sinnvollen Lebens ins Zentrum rückt. Wenn es stimmt, dass das sinnvolle Leben

1 Ich möchte die Relevanz des Wohlergehens, der Moral und des kosmischen Sinns an dieser Stelle nicht ausführlich erläutern, da die Betonung der Eigenständigkeit des sinnvollen Lebens für den weiteren Fortgang der Studie wichtiger ist. Ich werde jedoch auf die genaue Bestimmung des Einflusses der Standarddimensionen zurückkommen, wenn die eigene Sinntheorie mit den Ergebnissen des ersten Teils der Studie zusammengeführt wird. Siehe Kap. 7.3.

trotz aller Abhängigkeiten tatsächlich eine eigenständige Dimension des guten Lebens ist, worin besteht es dann eigentlich? Um diese Frage zu beantworten, werde ich in den folgenden Kapiteln mit dem sogenannten deontologischen Objektivismus eine eigene Sinntheorie vorschlagen und verteidigen. Bevor ich dem eigenen Projekt jedoch nachgehe, muss in diesem Kapitel zunächst noch eine alternative und konkurrierende Option geprüft werden, die ebenfalls beansprucht, eine überzeugende und differenzierte Sinntheorie zu präsentieren: der Konsequenzialismus des sinnvollen Lebens. Hierbei handelt es sich vielleicht momentan um die weitverbreitetste Theoriengruppe, die sowohl die Eigenständigkeit des sinnvollen Lebens anerkennt als auch eine inhaltliche Erklärung für diesen Umstand anbietet. Auf den Punkt gebracht besteht die Grundidee der Vertreter darin, dass das Leben einer Person genau dadurch sinnvoll wird, dass bestimmte (inhaltlich noch näher zu bestimmende) Konsequenzen, Handlungsfolgen oder auch: Weltzustände hervorgebracht werden. Ist diese Alternative überzeugend? Ich glaube nicht, dass der Konsequenzialismus sonderlich gute Aussichten auf Erfolg hat. Meine Arbeitshypothese lautet vielmehr, dass dessen Vertreter, um es metaphorisch auszudrücken, auf das falsche Pferd gesetzt haben. Die Konsequenzen einer Handlung, so möchte ich im Weiteren zeigen, sind für das sinnvolle Leben gar nicht so wichtig, wie man meinen könnte. Das bedeutet nicht, dass die Handlungsfolgen überhaupt keine Rolle spielen. Es bedeutet aber, dass diejenigen, die – wie die Konsequenzialisten – den Folgen eine besonders herausgehobene Stellung zubilligen, deren Relevanz überschätzen.

Um diese These zu verteidigen, werde ich wie folgt vorgehen: Zunächst werde ich die Kernidee der konsequenzialistischen Theorie im Allgemeinen und in der Debatte um das sinnvolle Leben im Speziellen darstellen und erläutern, was sie für viele so attraktiv macht. Anschließend werde ich verschiedene Versionen dieses Theorienansatzes diskutieren und herausarbeiten, ob Konsequenzen tatsächlich so relevant sind, wie der Konsequenzialismus behauptet. Das Ergebnis wird, wie schon angedeutet, negativ sein. Gleichwohl muss sich der Konsequenzialist damit noch nicht geschlagen geben. Ihm stehen vielmehr verschiedene Verteidigungsstrategien zur Verfügung, von denen ich drei eingehender diskutieren möchte. Am Ende können jedoch auch diese nicht überzeugen, sondern machen auf das immense »Arbeitspaket« aufmerksam, das ein Konsequenzialist schultern muss. Abschließend werde ich einen Ausblick bezüglich einer alternativen Rolle von Konsequenzen im sinnvollen Leben geben und einige Worte darüber verlieren, wie man in der Debatte weiter verfahren sollte, wenn man den Konsequenzialismus ablehnt.

5.2 Einige methodische und inhaltliche Vorklärungen

Der Konsequenzialismus bildet einen der großen »Blöcke« in der allgemeinen Ethik. Entsprechend vielfältig ist die Auswahl an Ethikern, die diesem Theorieblock zugeordnet werden. Zwar gibt es traditionelle Zuordnungen wie etwa Jeremy Bentham, John Stuart Mill und Henry Sidgwick. Aber diese Auswahl ist nicht erschöpfend. Sie geht mitunter sogar so weit, dass nicht selten Vertreter, die man auf den ersten Blick einem anderen Theorienlager zurechnen würde, zur Gruppe der Konsequenzialisten gezählt werden. So sei etwa Kant – wenn er sich nur selbst richtig verstanden hätte – eigentlich ein Konsequenzialist gewesen.[2] Auch Aristoteles wird des Öfteren dem Konsequenzialismus zugerechnet.[3] Gleiches gilt für Teilaspekte der holistischen Theorie von Hegel.[4]

Das alles deutet darauf hin, dass nicht so leicht zu bestimmen ist, was den Konsequenzialismus eigentlich auszeichnet und wer dieser Theoriengruppe gerechtfertigterweise zugeordnet werden kann. Ich habe sogar die Vermutung, dass man wahrscheinlich gar keine konsensfähige Definition finden kann, da der Terminus je nach

2 Das ist beispielsweise die Ansicht von Derek Parfit, der im normativ-ethischen Teil seines Werkes *On What Matters* (2011) die These vertritt, dass der Konsequenzialismus direkt aus dem formalen Sittengesetz des Kantianismus folge. Das habe Kant (und die meisten seiner Interpreten) schlichtweg übersehen. Vgl. zu Parfits Kantinterpretation den Überblick in Hoesch/Muders/Rüther (2017), Abschnitt 2.4.

3 Bekanntlich bezeichnete bereits John Stuart Mill Aristoteles als »judicious utilitarian«, also als Vertreter einer bestimmten Version des Konsequenzialismus. Auch für viele gegenwärtige Ethiker ist es gar nicht so verwunderlich, Aristoteles als Konsequenzialisten zu deuten. Vgl. für eine konsequenzialistische Tugendethik, die beansprucht, ihren Ausgangspunkt von Aristoteles zu nehmen, Hurka (1993).

4 Die konsequenzialistischen Elemente in Hegels Philosophie des Rechts werden etwa in Moyar (2011) aufgedeckt.

Kontext und Funktion unterschiedlich verwendet wird.[5] In dieser Hinsicht könnte der Terminus anderen Ismen aus der theoretischen und praktischen Philosophie gleichen – z.B. »Naturalismus«, »Realismus«, »Determinismus«, »Objektivismus«, »Liberalismus« usw.

Ich sehe daher keine andere Möglichkeit, als eine Definition einzuführen, die klar und deutlich umreißt, welche Grundidee mit dem »Konsequenzialismus« in der Debatte um das sinnvolle Leben verbunden wird. Um es auf den Punkt zu bringen: Im Folgenden möchte ich den Konsequenzialismus als eine axiologische Theorie verstehen, die Aussagen darüber trifft, welche Inhalte ein Leben sinnvoll machen. In diesem Zusammenhang vertritt der Konsequenzialist die These, dass es bestimmte Weltzustände sind, also die Folgen und Konsequenzen unserer Handlungen, welche eine besonders exponierte Rolle spielen.[6]

Daraus ergeben sich einige bekannte Anschlussfragen.[7] Mit diesen sind zum Teil komplizierte Diskussionen verbunden, die zu zahlreichen Differenzierungen innerhalb des konsequenzialistischen Lagers geführt haben. An diesen internen Auseinanderset-

5 Das wird auch von bekennenden Konsequenzialisten manchmal so gesehen. Siehe etwa den Kommentar von Campbell Brown: »‚[C]onsequentialism' is a term of art used by philosophers to mean different things on different occasions, none of which is most obviously deserving the name.« Brown (2011), 751.

6 Mit dieser Charakterisierung wird offengelassen, zu welchem Zweck die sinnstiftenden Weltzustände hervorgebracht werden. Das ist nicht in allen Definitionen des Konsequenzialismus der Fall. Eine alternative, engere Bestimmung liefert etwa Simon Scheffler. Die Definition wird von ihm als die verführerische Idee bezeichnet und geht davon aus, dass die meisten Konsequenzialisten einem gemeinsamen Grundgedanken verpflichtet sind, »namely, that so far as morality is concerned, what people ought to do is to minimize evil and maximize good, to try, in other words, to make the world as good a place as possible.« Scheffler (1988), 1. Das im Folgenden zugrunde gelegte Verständnis des Konsequenzialismus ist jedoch mit Blick auf die Eingrenzung der Weltzustände offener angelegt als die Definition von Scheffler. Demzufolge kann es sich um solche Weltzustände handeln, die sich – wie bei Scheffler – auf die Verbesserung der Gesamtwirklichkeit beziehen, aber auch um solche, die – mehr anthropozentrisch verstanden – auf die Verbesserung des Menschen gerichtet sind, insbesondere seines Charakters oder seiner Anlagen.

7 Zum Beispiel: i.) Sind es lediglich erwartbare Konsequenzen oder müssen sie tatsächlich vorliegen? ii.) Welche Handlungsfolgen sind relevant? iii.) Sind die Handlungsfolgen immer zu maximieren? iv.) Wie müssen die relevanten Handlungsfolgen, wenn mehrere relevant sind, gegeneinander abgewogen werden? v.) Ist der Handelnde grundsätzlich verpflichtet, selbstbezügliche Handlungsfolgen unparteilich in den Folgenkalkül einzubeziehen?

zungen möchte ich mich allerdings nicht beteiligen. Vielmehr geht es mir im Folgenden nur um den axiologischen Grundgedanken, der beinhaltet, dass den wie auch immer gearteten Handlungsfolgen eine besondere Stellung eingeräumt werden muss. Diese »besondere Stellung« muss nicht implizieren, dass Konsequenzen das einzige sind, worum es im sinnvollen Leben geht. Es bedeutet lediglich, dass die hervorgebrachten Weltzustände mindestens ein besonders grundlegendes, weil notwendiges, Element des sinnvollen Lebens sind.[8]

Der Konsequenzialismus ist mittlerweile eine etablierte Position in der Meaning-in-Life-Debatte. Einige, wie etwa Ben Bramble und Aaron Smuts, liefern eigenständige Überlegungen, die sich explizit auf den Kontext der Debatte beziehen.[9] Andere wiederum, wie Peter Singer und Irving Singer, sind eher »Überläufer«, weil sie das Sinnthema im Kontext einer anderen Fragestellung am

8 Damit weicht meine Definition auch von dem ab, was Julia Driver in ihrer Einführung zum moralischen Konsequenzialismus als ein distinktives Merkmal definiert: »The consequentialist not only holds that effects are morally relevant; the consequentialist also holds that effects are *all* that is morally relevant.« Driver (2012), 1; Hervorhebung der Autorin, M.R. Hierzu zwei kurze Überlegungen: *Zum einen* habe ich oben schon darauf hingewiesen, dass es keine konsensfähige Definition des Begriffs »Konsequenzialismus« gibt. Man muss sich vielmehr entsprechend den eigenen Argumentationszielen stipulativ für eine Definition entscheiden und diese möglichst konstant durchhalten. In diesem Beitrag geht es darum, die Rolle der Konsequenzen für das sinnvolle Leben zu prüfen. Hierfür möchte ich mehrere Optionen untersuchen. Die weite Definition erlaubt genau das. Durch sie können auch solche Möglichkeiten in der Interpretation der Relevanz von Konsequenzen in den Blick kommen, die bei einer engen Fassung außen vor bleiben würden. Ich beanspruche also nicht, die richtige Konsequenzialismusdefinition vorzubringen, sondern nur eine solche, die für mein Beweisziel besonders aussichtsreich ist. *Zum anderen* muss auch darauf hingewiesen werden, dass selbst in dem Fall, wenn sich ein Begriffsmonopol zugunsten Drivers enger Definition argumentativ halten lässt, meine Überlegungen nicht obsolet werden. Nur weil man einige Theorien nicht mehr unter dem Banner des Konsequenzialismus segeln lässt, ist die Frage danach, ob diese Theorien den Konsequenzen eine angemessene Bedeutung zusprechen, nicht aus der Welt. Die relevante Sachfrage wird in diesem Fall nur unter einem anderen, nicht-konsequenzialistischen Etikett verhandelt. Insofern ein Interesse an einer Antwort auf die Sachfrage besteht, können meine Überlegungen daher auch für all diejenigen relevant sein, die eine alternative, engere Definition favorisieren.

9 Siehe etwa Bramble (2015), Smuts (2013) und Smuts (2017), Kap. 5.

Rande (mit)behandeln.[10] Es darf jedoch nicht unerwähnt bleiben, dass diese theoretische Auseinandersetzung im Vergleich zur Debatte um den Konsequenzialismus in der Moralphilosophie (noch) unterentwickelt ist, insbesondere mit Blick auf die Quantität der Debattenteilnehmer und den Differenzierungsgrad der Argumente. So ist es nicht verwunderlich, dass die Debatte nicht selten hinter dem Stand zurückbleibt, der in der Moralphilosophie bereits erreicht wurde – ein Mangel, den gelegentlich auch bekennende Konsequenzialisten in der Debatte anmahnen.[11] Diesem Desiderat müssen auch die folgenden Überlegungen gerecht werden. Ich werde daher zumindest in einem »Seitenblick« immer auch die Dialektik, Positionen und Argumente der Konsequenzialismusdebatte in der Moralphilosophie berücksichtigen.[12] Nur so kann sichergestellt werden, dass ein angemessener Diskussionsstand erreicht wird, der es erlaubt, zu einer belastbaren Einschätzung der Rolle der Konsequenzen im sinnvollen Leben zu kommen.

Angesichts dieser Herausforderung stellt sich die Frage, warum man überhaupt einen Konsequenzialismus des sinnvollen Lebens vertreten sollte. Was motiviert die Vertreter zu ihrer Position? Dafür lassen sich zumindest drei Gründe ausmachen:

Erstens handelt es sich um einen Ansatz, der in der Moralphilosophie bereits als eine gewachsene Größe gelten kann. Insofern man die Überlegungen aus diesem Bereich auf die Sinndebatte überträgt, muss daher kein Neuland betreten werden.[13] Vielmehr kann man aus einem reichhaltigen Arsenal an Überlegungen schöpfen, die aufgrund ihrer Tiefendimension durchaus Hoffnung geben, damit auch ein solides theoretisches Rüstzeug für die Frage nach dem sinnvollen Leben in der Hand zu haben.

Zweitens verspricht der Fokus auf die Konsequenzen eine gewisse Handhabbarkeit, was die Abwägung von normativen Ge-

10 Vgl. Singer (1993), Kap. 2 und Singer (1996), Kap. 4.

11 Vgl. etwa Wells (2015), der versucht, einen Debattenfortschritt zu erreichen, indem der Diskussionsstand in der Meaning-in-Life-Debatte an die Debatte des Konsequenzialismus in der Moralphilosophie angeglichen wird.

12 Dieser »Seitenblick« findet sich insbesondere in der Erläuterung der möglichen Verteidigungsstrategien des Konsequenzialismus. Vgl. Kap. 5.4.

13 Die Debatte um den Konsequenzialismus in der Moralphilosophie füllt mittlerweile einige Regalmeter. Einen ersten Einblick auf die weit verzweigte Forschungslandschaft liefert die Literaturliste am Ende der thematischen Einführung von Julia Driver. Siehe Driver (2012), 166-172.

sichtspunkten angeht, die im sinnvollen Leben relevant sind. Der Konsequenzialismus ist eine Position, die lediglich eine begrenzte Anzahl an »Währungen« kennt und mit den Konsequenzen auch eine solche, die sich vermeintlich gut messen und abwägen lässt. Entsprechend verspricht er uns ein einfaches Verfahren, um praktische Problemfälle treffsicher einer Lösung zuzuführen.[14]

Drittens streichen die Verteidiger immer wieder heraus, dass der konsequenzialistische Hinweis auf die erwartbaren oder faktischen Handlungsfolgen nicht aus der Luft gegriffen ist, wenn wir uns der alltäglichen Bewertungspraxis zuwenden. So schreibt Ronald Dworkin:

> Wir bewundern die Leben von Alexander Fleming und Mozart und Martin Luther King Jr. und wir erklären, warum das so ist, indem wir auf Penicilin verweisen oder Die Hochzeit des Figaro oder darauf, was King für die dunkelhäutige Bevölkerung und sein Land getan hat. Das Modell der Bedeutsamkeit gründet in einer Generalisierung derartiger Beispiele; ihm zufolge ist [...] der Wert eines Lebens [...] parasitär und gemessen am Wert seiner Konsequenzen für den Rest der Welt zu verstehen.[15]

Folgen wir Dworkin, so besitzt der Konsequenzialismus durchaus eine gewisse intuitive Überzeugungskraft. Wenn wir davon ausgehen, dass wissenschaftliche Entdeckungen, künstlerische Exzellenz

14 Der Aspekt der Handhabbarkeit wird etwa von Walter Sinnott-Armstrong in seinem SEP-Artikel zum Konsequenzialismus herausgehoben. Er schreibt über die Motivation des Konsequenzialisten: »Some moral theorists seek a single simple basic principle because they assume that simplicity is needed in order to decide what is right when less basic principles or reasons conflict.« Sinnott-Armstrong (2015). Es bleibt natürlich zu prüfen, ob tatsächlich *nur* der Konsequenzialismus aufgrund der Einfachheit seiner Axiologie eine handhabbare Lösung von Konfliktsituationen ermöglichen kann oder ob nicht auch pluralistische Axiologien dafür theoretische Ressourcen aufbringen können. Dass der Konsequenzialist jedoch im Vergleich zum Pluralisten erst einmal bessere Startbedingungen zu haben scheint, wird – wie die zitierte Textstelle nahelegt – von vielen im Diskurs unterschrieben und begründet daher die *Prima-facie*-Anziehungskraft der Theorie.

15 Dworkin (2000), 251f. (meine Übersetzung, M.R.). Im Original: »We admire the lives of Alexander Fleming and Mozart and Martin Luther King Jr., and we explain why we do by pointing to penicillin and The Marriage of Figaro and what King did for his race and his country. The model of impact generalizes from these examples; it holds that the [...] value of a life [...] is parasitic on and measured by the value of its consequences for the rest of the world.«

und die Hilfe für Minderheiten das Leben des Handelnden sinnvoll machen können, dann machen sie es – so sollen die drei Beispiele von Fleming, Mozart und King Jr. zeigen – genau deshalb, weil sie das Leben von vielen Menschen in verschiedenen Hinsichten bereichert haben. Genau dieser Intuition trägt der Konsequenzialismus mit seinem *model of impact* Rechnung: Es sind die Errungenschaften und Ergebnisse im Leben, also die hervorgebrachten Weltzustände, die ein Leben sinnvoll machen. Unsere praktischen Intuitionen werden damit, so kann man Dworkin verstehen, in der Kernthese des Konsequenzialismus konserviert.

5.3 Die verschiedenen Versionen des Konsequenzialismus

5.3.1 Der harte Konsequenzialismus

Damit wissen wir jetzt, in welcher Weise wir den Konsequenzialismus definieren können und was seine Vertreter zu dieser Position motiviert. Konsequenzialisten sprechen den Folgen einer Handlung ein besonderes axiologisches »Gewicht« für das sinnvolle Leben zu. Sie tun das, weil sie damit auf eine gewachsene und etablierte Theorieoption setzen können, die eine intuitiv nachvollziehbare These theoretisch ausarbeitet und ihnen zugleich eine handhabbare und einfache Theorie der praktischen Deliberation an die Hand gibt.

Was aber ist mit dem »besonderen Gewicht« der Konsequenzen genau gemeint? Eine Antwort auf diese Frage führt uns zu verschiedenen Versionen des Konsequenzialismus, die im Folgenden in ihren dialektischen Verhältnissen dargestellt werden sollen. Eine erste, noch recht einfache Version lässt sich wie folgt wiedergeben:

> K_1: Eine Person führt genau dann ein sinnvolles Leben, wenn ihre Handlungen sinnstiftende Weltzustände hervorbringen.

Sie findet sich im Diskurs etwa bei Irving Singer:

> Ein bedeutsames Leben [...] erfordert den Einsatz für Zwecke, die wir wählen, weil sie das Ziel des persönlichen Wohlbefindens überschreiten. Wir erlangen und fühlen unsere Bedeutsamkeit in der Welt, wenn wir Ideale erschaffen und vertreten, die in Selbstinteresse wurzeln mögen, jedoch

letztendlich anderen zugutekommen. [...] Je größer der Nutzen für die größere Anzahl an Leben, desto größer ist unsere Bedeutsamkeit.[16]

Nun kann man darüber streiten, ob die axiologischen Inhalte der Theorie richtig gewählt sind. Ist die Menge an hervorgebrachtem Nutzen für die größtmögliche Zahl wirklich das entscheidende Kriterium?[17] Ganz unabhängig von diesen inhaltlichen Fragen lässt sich die konsequenzialistische Grundstruktur aber gut erkennen. Es sind ausschließlich die tatsächlich hervorgebrachten Weltzustände, die relevant sind. Und eine solche Theorie hat durchaus ihre Attraktivität. Sie weist im Wesentlichen alle Merkmale auf, die oben als Movens ausgewiesen wurden, um eine konsequenzialistische Theorie zu vertreten. Sie formuliert eine einfache Axiologie, die sogar mit den Folgen einer Handlung nur eine einzige, vermeintlich leicht abzuwägende Variable kennt. Andererseits: Ich glaube nicht, dass diese Version insgesamt sonderlich gute Aussichten auf Erfolg hat. Dagegen spricht folgendes Argument:

(1) Die Mittel, die von einer Person aufgewendet werden, um Weltzustände hervorzubringen, die ihr Leben sinnvoll machen, sind für die Bewertung des Sinngehalts ihres Lebens irrelevant.
(2) Es gibt aber bestimmte Mittel, die von einer Person immer berücksichtigt werden müssen, um ein sinnvolles Leben zu führen.
(3) Daher gilt, dass eine Person neben den sinnstiftenden Konsequenzen auch die Wahl der Mittel im Auge haben muss, um ihr Leben sinnvoll zu machen.

Die These (1) ist eine ausformulierte Version der Grundprämisse von K_1: Es sind die hervorgebrachten Konsequenzen, die das Leben sinnvoll machen, nicht die aufgewendeten Mittel, die dazu geführt haben. Die zweite These (2) bringt den entscheidenden Einwand

16 Singer 1996, 115, 117 (meine Übersetzung, M. R.). Im Original: »A significant life [...] requires dedication to ends that we choose because they exceed the goal of personal well-being. We attain and feel our significance in the world when we create, and act for, ideals that may originate in self-interest but ultimately benefits others [...] The greater the benefit to the greater number of lives, the greater the significance of our own.«

17 Vgl. für eine Kritik in diese Richtung Metz (2013a), Kap. 10.3.2.

vor. Lassen sich nicht Fälle denken, in denen die Wahl der Mittel für das Führen eines sinnvollen Lebens relevant ist?

Ein klassisches Gedankenexperiment, das genau das zeigen kann, stammt ursprünglich von Robert Nozick. In *Anarchy, State, and Utopia* (1974) imaginiert er eine Maschine, die sich dadurch auszeichnet, dass sie auf Knopfdruck jeden beliebigen Weltzustand hervorbringen kann.[18] Sie wäre damit der sprichwörtliche »Traum« jedes harten Konsequenzialismus, der durch eine einfache Tätigkeit seinem Leben Sinn verleihen könnte. Um das zu tun, muss er lediglich die Maschine bedienen, die dann für den Sinn relevante Weltzustände hervorbringt. Für Nozick ist das Leben an der Maschine jedoch alles andere als sinnvoll. Der bloße Knopfdruck erscheint ihm jedenfalls zu trivial, um einem Leben Sinn zu verleihen. Nach ihm muss das Leben auch durch einen gewissen Aufwand und Einsatz gekennzeichnet sein. Diese positive These ist diskutabel. So teilen denn auch viele Kritiker Nozicks Diagnose, führen aber andere konsequenzialistische »Versäumnisse« bei der Wahl der Mittel ins Feld. Prominent sind etwa Überlegungen, die auf die axiologische Kategorie des individuellen Wohlergehens abstellen – z. B. auf bestimmte mentale Zustände, Wünsche, Präferenzen oder Aspekte der eigenen Selbstverwirklichung.[19] Demnach gilt, dass die Konsequenzen zwar ein zentrales Element sind, um das Leben sinnvoll zu machen, gleichzeitig müssen die Weltzustände aber durch Mittel hervorgebracht werden, die dem Subjekt Freude machen, von diesem gewünscht werden, seinem Lebensplan entsprechen, seine Anlagen berücksichtigen usw.

Diese Argumentationslinie ist, obgleich sie häufig anzutreffen ist, aus meiner Sicht nicht überzeugend. So habe ich bereits im ersten Teil der Studie dafür argumentiert, dass das Wohlergehen keine notwendige Bedingung für das sinnvolle Leben ist, wie die Strategie zu unterstellen scheint.[20] Ich möchte daher einen anderen Vorschlag machen, der nicht auf das Wohlergehen, sondern auf den moralischen Aspekt bei der Wahl der Mittel abstellt. Diesen Vorschlag möchte ich anhand eines Gedankenexperiments explizieren.

18 Vgl. Nozick (1974), 42-45.

19 Für einen Überblick über die verschiedenen Möglichkeiten, diese Bedingungen zu formulieren, siehe Metz (2013a), Kap. 9.

20 Das ist eines der zentralen Ergebnisse des zweiten Kapitels. Vgl. dazu die Zusammenfassung in Kap. 2.4.1.

Dieses nimmt seinen Ausgangspunkt von den schon bekannten drei Musterfällen – den Leben von Paul Gauguin, Albert Einstein und Mutter Teresa. Hierbei möchte ich allerdings nicht auf die historischen Leben dieser Personen, sondern auf eine gedankliche Variation eingehen. Diese Variation besteht darin, sich alle drei Leben als maximal erfolgreich vorzustellen:

> Gauguin, Einstein und Mutter Teresa sind jeweils optimale Künstler, Wissenschaftler bzw. Altruisten. Sie haben in ihren Bereichen alles erreicht, was man sich vorstellen kann. Sie haben die bedeutendsten Kunstwerke geschaffen, die jemals ein Mensch gesehen hat, die bahnbrechendsten Entdeckungen aller Zeiten gemacht und tausenden von Menschen das Leben gerettet. Gleichzeitig hatte ihr Erfolg aber einen Preis: Alle drei mussten moralisch gesehen über unzählige Leichen gehen, um ihre Ziele zu erreichen. Sie mussten Menschen Gewalt antun oder sie sogar töten, sie mussten Konkurrenten auf moralisch zweifelhafte Weise aus dem Weg räumen und mehrere ihrer engsten Freunde hintergehen.

Es ist eine zugegebenermaßen schwierige Frage, ob die genannten moralischen Vergehen ausreichen, um die genannten Leben unterhalb der Minimalschwelle des sinnvollen Lebens zu verorten. Sind die Leben von Gauguin, Einstein und Mutter Teresa noch als sinnvoll zu bezeichnen? Glücklicherweise muss diese Frage an dieser Stelle nicht entschieden werden. Entscheidend ist vielmehr, dass a.) nahezu jeder Theoretiker moralische Aspekte in irgendeiner Weise für sinnrelevant hält und dass b.) auch derjenige, der meine Bewertung nicht teilt, zumindest irgendwo einen *Trade-off*-Punkt sehen dürfte, bei dem die moralischen Vergehen so groß werden, dass man kaum noch von einem sinnvollen Leben sprechen kann.[21] Wenn das stimmt, heißt das aber nichts anderes, als dass, wenn vielleicht nicht die oben genannten, so doch zumindest irgendwelche moralischen Mittel ein notwendiger Bestandteil sind, um ein sinnvolles Leben zu führen.

Was bedeutet das für den harten Konsequenzialismus? Seine Vertreter behaupten, dass einzig die hervorgebrachten Weltzustän-

21 Das lässt sich anhand der in der Debatte vertretenen Positionen gut zeigen. Vgl. dazu den Überblick zur Literatur in Kipke/Rüther (2018).

de für die Bewertung des sinnvollen Lebens relevant sind. Die obigen Überlegungen legen jedoch nahe, dass die Wahl der Mittel, die zu diesen Weltzuständen führen, auch relevant ist. Es können nicht irgendwelche Mittel aufgewendet werden, sondern nur solche, die nicht moralisch inakzeptabel sind.[22] Der Konsequenzialist sollte diesen Aspekt in seiner Theorie berücksichtigen. Der harte Konsequenzialist tut das jedoch nicht. Er formuliert eine Version des Konsequenzialismus, die die originären Grundideen des Ansatzes konservieren kann, aber auch eine, die in dieser Hinsicht unterentwickelt bleibt.

5.3.2 Der modifizierte Konsequenzialismus

Diese Überlegungen führen zu einer modifizierten Version des Konsequenzialismus, die den erläuterten Bedenken Rechnung tragen möchte. Sie lässt sich wie folgt formulieren:

> K_2: Eine Person führt genau dann ein sinnvolles Leben, wenn sie sinnstiftende Weltzustände hervorbringt, die nicht durch Mittel herbeigeführt werden, die moralisch illegitim sind.

Diese These implementiert etwa Aaron Smuts in seinem *Good Cause Account of Meaning*. Über die optimal erfolgreichen, aber moralisch fragwürdigen Musterfälle äußert er sich wie folgt:

> Obwohl die Person viel Gutes bewirkt, sind ihre Handlungen moralisch abscheulich, und der moralische Wert ihrer Handlungen ist ein Wert, der zur Sinnhaftigkeit beitragen kann. […] Ich habe keinen Algorithmus, den ich hier anbieten kann, jedoch würde die moralische Entwertung wahrscheinlich den Wert des entstehenden Guten in vielen Fällen aufwiegen, je

22 Diese These sollte angesichts der Überlegungen im Moralkapitel nicht überraschend sein. Dass bei der Wahl der Mittel keine moralischen Verfehlungen auftreten dürfen, bildet nämlich nur eine Konkretisierung der dort verteidigten allgemeinen These, dass es für das sinnvolle Leben einer Person unerlässlich ist, dass sie ein bestimmtes Maß an unmoralischen Handlungen vermeidet. Die Feststellung, dass moralische Aspekte bei der Wahl der Mittel zu berücksichtigen sind, lässt sich also streng genommen bereits aus diesen Ergebnissen ableiten. Vgl. zur These, dass die negative Moral eine notwendige Bedingung des sinnvollen Lebens bildet, Kap. 3.3.2.2.

nachdem, wie viel zufällig Gutes dabei [aus der entsprechenden Handlung, meine Ergänzung, M. R.] entsteht.[23]

Gleichwohl denke ich nicht, dass die modifizierte Version überzeugen kann. Meine Bedenken lassen sich anhand des folgenden Arguments illustrieren:

> (1) Eine Person führt genau dann ein sinnvolles Leben, wenn sie sinnstiftende Weltzustände hervorbringt, die nicht durch Mittel herbeigeführt werden, die moralisch illegitim sind.
> (2) Es gibt Aspekte von Handlungen, die nicht aufgrund ihrer Folgen zum sinnvollen Leben einer Person beitragen.
> (3) Daher gilt, dass neben moralisch akzeptabel hervorgebrachten Weltzuständen noch andere nicht-konsequenzialistische Aspekte von Handlungen für den Sinngehalt des Lebens einer Person relevant sein können.

Man erkennt bereits, dass das Argument grundlegender ist als dasjenige, das gegen die harte Version des Konsequenzialismus angeführt worden ist. Es zielt nämlich nicht auf die Berücksichtigung von Konsequenzen, die auf eine moralisch akzeptable Weise hervorgebracht wurden. Vielmehr geht es in (2) um die Allthese, dass ausschließlich Konsequenzen relevant sind, um ein sinnvolles Leben zu führen – ganz unabhängig davon, ob sie durch moralisch akzeptable Mittel generiert worden sind. Kann es neben den Folgen noch andere Elemente geben? Blicken wir noch einmal auf die maximal erfolgreichen Musterbeispiele des sinnvollen Lebens, muss darauf eine positive Antwort gegeben werden. So mag es durchaus zutreffen, dass die positiven Folgen eine beachtenswerte Variable sind, wenn wir erklären wollen, warum wir die Leben von Gauguin, Einstein und Mutter Teresa als besonders sinnvoll, bedeutsam und bewundernswert auszeichnen. Sie alle haben nachweislich Erfolg mit denjenigen Handlungen, die sie ausführen. Gleichzeitig ist es

23 Smuts (2017), 88 (meine Übersetzung, M. R.) Im Original: »Although the person causes a lot of good, his actions are morally hideous, and the moral value of his actions is one value that might count toward meaningfulness. [...] I do not have any algorithm to offer, but the moral disvalue would plausibly outweigh the value of the resulting good in many cases, depending on the amount of accidental good that results.«

aber auch so, dass die Art der Handlung relevant zu sein scheint. Diesen Aspekt erkennen wir noch besser, wenn wir den Grad des erbrachten Erfolgs fiktiv verringern:

> Gauguin, Einstein und Mutter Teresa sind nun keine optimalen Künstler, Wissenschaftler und Altruisten mehr, sondern »normale« Menschen. Sie alle hatten in ihrem Leben nur durchschnittlichen Erfolg. Gauguin hat keine originellen Kunstwerke geschaffen, sondern sich als einer von vielen einer bestehenden Richtung angeschlossen. Einstein hat nicht die Relativitätstheorie erfunden, sondern Hilfsarbeiten zu bestehender Forschung geleistet. Mutter Teresa hat nicht in Kalkutta Leben gerettet, sondern in einem städtischen Krankenhaus Patienten versorgt.

Nun denke ich nicht, dass das normale Leben der drei Protagonisten unter die Schwelle des Sinns zu fallen droht. Alle drei verkörpern immer noch Instanzen des sinnvollen Lebens. Aber warum? Das liegt möglicherweise einerseits daran, dass sie immer noch genügend sinnvolle Weltzustände hervorzubringen scheinen. Andererseits scheint aber auch relevant, dass sie sinnvolle ästhetische, wissenschaftliche und altruistische Tätigkeiten ausgeübt haben. Was uns an den Musterbeispielen auch bedeutsam und sinnfördernd erscheint, sind die Handlungen selbst und die in ihnen ausgedrückten Werte: Handlungen, mit denen versucht wird, Kunstwerke hervorzubringen, wissenschaftliche Entdeckungen zu fördern oder Menschen zu helfen.

Wenn diese Deutung zutrifft, ergeben sich daraus Folgen für den modifizierten Konsequenzialismus. Seine Vertreter behaupten, dass es bestimmte Konsequenzen sind, nämlich solche, die nicht auf eine inakzeptable Weise hervorgebracht wurden, welche das einzige Kriterium für die Sinnhaftigkeit eines Lebens bilden. Die Beispiele aber zeigen, dass es auch andere Aspekte gibt, z. B. die normative Beschaffenheit der Handlung selbst, die für das sinnvolle Leben relevant sein können. Entsprechend erhärtet sich der Eindruck, dass der modifizierte Konsequenzialismus falsch ist. Sein Kriterium für Sinnhaftigkeit ist zu exklusiv, sodass er den Umstand, dass auch nicht-konsequenzialistische Aspekte von Handlungen relevant sein können, in seiner Theorie nicht berücksichtigen kann.

5.3.3 Der primäre Konsequenzialismus

Damit haben wir den Boden der Konsequenzialismusdebatte des sinnvollen Lebens verlassen. Es lassen sich m. W. in der Literatur keine weiteren Versionen finden, die versuchen, den nicht-konsequenzialistischen Elementen einen Platz in ihrer Theorie einzuräumen. Das muss aber nicht heißen, dass das nicht möglich ist. Wenn wir über den bestehenden Diskurs hinausgehen, ließe sich eine solche Version durchaus antizipieren. Ein primärer Konsequenzialismus könnte etwa folgende These formulieren:

> K_3: Eine Person führt genau dann ein sinnvolles Leben, wenn sie sinnstiftende Weltzustände hervorbringt, die nicht durch Mittel herbeigeführt werden, die moralisch illegitim sind. Gleichzeitig lässt sich der Sinngehalt ihres Lebens noch steigern, wenn sie sich an bestimmten nicht-konsequenzialistischen Aspekten ihrer Handlungen orientiert.

Der Grundgedanke ist der folgende: Im vorigen Abschnitt wurde dafür argumentiert, dass es neben den Handlungsfolgen noch andere Aspekte gibt, die mit Blick auf das sinnvolle Leben relevant sein können. Gleichwohl wurde nichts darüber gesagt, in welcher Weise das der Fall ist. Diese Offenheit kann der primäre Konsequenzialismus zum Ausgangspunkt nehmen, den nicht-konsequenzialistischen Elementen den kleinstmöglichen Raum in der Theorie zu gewähren. Sie sind weder notwendig noch hinreichend für das sinnvolle Leben, sondern allenfalls ein kontributiver Faktor.[24] Was das Leben der Musterfälle tatsächlich bedeutsam macht, sind die erbrachten Leistungen – die bedeutenden Kunstwerke, die publizierte wissenschaftliche Ausnahmetheorie und die vielen geheilten Menschen. So mag es vielleicht sein, dass Gauguin, Einstein und Mutter Teresa sich in ihren Handlungen auch an künstlerischer Brillanz, wissenschaftlicher Exzellenz und an Hilfeleistungen gegenüber anderen orientiert haben. Dass sie das getan haben, ist

24 Die Idee, dass manche Elemente des sinnvollen Lebens ein kontributiver Faktor sind, ist im Diskurs bisher hauptsächlich auf die Kategorien des Wohlergehens bezogen worden. Siehe etwa exemplarisch das Desideratum 2 und 3 in Metz (2013a), Kap. 12.2. Es sollte aber nichts Grundsätzliches dagegensprechen, dass auch Konsequenzialisten diese Strategie erwägen könnten.

aber nur ein zusätzlicher Faktor zu den faktischen Ergebnissen ihrer Handlungen, der ihrem ohnehin schon sinnvollen Leben eine zusätzliche Valenz verleiht.[25]

Ich möchte im Folgenden für die These argumentieren, dass der primäre Konsequenzialismus die Rolle der nichtkonsequenzialistischen Elemente unterschätzt. Das Argument für diese Behauptung lässt sich wie folgt darstellen:

> (1) Eine Person führt genau dann ein sinnvolles Leben, wenn sie sinnstiftenden Weltzustände hervorbringt, die nicht durch Mittel herbeigeführt werden, die moralisch illegitim sind. Gleichzeitig lässt sich die Sinnhaftigkeit ihres Lebens noch steigern, wenn es an bestimmten nicht-konsequenzialistischen Aspekten ihrer Handlungen orientiert.
> (2) Es gibt auch nicht-konsequenzialistische Aspekte von Handlungen, die ein notwendiges Element sind, um das Leben einer Person sinnvoll zu machen.
> (3) Daher gilt, dass es neben den sinnstiftenden Weltzuständen, die nicht auf eine moralisch illegitime Weise hervorgebracht wurden, noch andere nicht-konsequenzialistische Aspekte von Handlungen gibt, die für das sinnvolle Leben einer Person notwendig sind.

Der Grundgedanke der Kritik besteht also darin, dass die nicht-konsequenzialistischen Elemente nicht bloß ein sinnmaximierendes »Anhängsel« sind, sondern für das sinnvolle Leben eine größere Rolle spielen, als der Konsequenzialist glaubt. Um diese Behauptung zu plausibilisieren, blicken wir abermals auf die Musterbeispiele und variieren sie wie folgt:

> Gauguin, Einstein und Mutter Teresa sind optimal erfolgreiche Menschen. Gleichzeitig sind sie jedoch nicht verantwortlich für diese Ergebnisse. Dass die Ergebnisse eingetreten sind, liegt an der Intervention eines gutmütigen Dämons. So orientierte sich Gauguin in seinen Handlungen daran, seine Zeitgenossen zu

25 An dieser Stelle bietet sich die Nachfrage nach dem Theorienstatus der These an. So könnte es für den einen oder anderen durchaus fraglich sein, ob eine solche Version des Konsequenzialismus immer noch den Namen verdient. Vgl. dazu meine Überlegungen zum Verständnis des Konsequenzialismus in Kap. 5, Fn. 8.

schockieren, um die Wertlosigkeit der Kunst aufzuzeigen. Einstein betrachtet die Relativitätstheorie als Realsatire, um dem wissenschaftlichen Establishment den Spiegel vorzuhalten. Mutter Teresa wiederum ist in ihren Handlungen eigentlich bestrebt, den Menschen in Kalkutta zu schaden, indem sie hoffte, dass die vermeintliche Hilfstat (z. B. ein Verbandwechsel oder die Medikamentengabe) das Leiden der todgeweihten Menschen noch verlängert. Doch jedes Mal, wenn sie Tätigkeiten ausüben, um ihr Ziel zu erreichen, verkehren diese sich durch den Eingriff des Dämons in das bekannte Gegenteil. Gauguin erschafft mit einem Mal große Kunst, Einstein entdeckt plötzlich wissenschaftliche Wahrheiten, und Mutter Teresa heilt in kürzester Zeit kranke Menschen.

Nehmen wir diese Beispiele ernst, ist es meiner Ansicht nach schwer, Gauguin, Einstein und Mutter Teresa noch als exemplarische Fälle eines sinnvollen Lebens zu interpretieren. Allen dreien kann sicherlich zugeschrieben werden, normativ relevante Weltzustände hervorgebracht zu haben. Faktisch wurden kreative Kunstwerke geschaffen, bedeutsame Theorien entwickelt und kranke Menschen geheilt. Gleichzeitig waren ihre Handlungen aber an etwas anderem oder sogar dem Gegenteil orientiert. Und genau diese Orientierung scheint es zu sein, was fehlt, um ihr Leben zu einem sinnvollen Leben zu machen. Ein Leben, welches wie von Geisterhand bestimmte Weltzustände realisiert, ist kein sinnvolles Leben. Es mag erfolgreich sein, keine Frage. Aber ein bedeutsames Leben ist es nicht. Hierfür müsste es an den intrinsisch sinnvollen Tätigkeiten orientiert sein (z. B. der ästhetischen Produktion eines Kunstwerks, dem wissenschaftlichen Erkenntnisgewinn oder der Hilfeleistung für andere).

An dieser Stelle kann man sicherlich darüber diskutieren, was die Begriffe »Orientierung« und »intrinsisch sinnvoll« genau beinhalten. Diese Diskussion möchte ich hier aber nicht weiter verfolgen, weil sie nicht entscheidend für den zentralen Punkt ist.[26] Wichtig ist lediglich, dass mit beiden Begriffen nicht-konsequenzialistische

26 Die Ausarbeitung einer eigenen deontologischen Sinntheorie, die auch die Begriffe der Orientierung und der intrinsisch sinnvollen Tätigkeiten genauer erläutert, wird Gegenstand des folgenden sechsten Kapitels sein.

Aspekte in das Blickfeld kommen, die notwendig dafür sind, ein sinnvolles Leben zu führen. Und das ist ein herber Schlag für den primären Konsequenzialismus, der ein solches Element allenfalls als kontributiven Faktor definiert. Das obige Beispiel zeigt aber, dass das zu wenig ist. Der primäre Konsequenzialismus unterschätzt die tatsächliche Rolle von nicht-konsequenzialistischen Elementen.

5.3.4 Der paritätische Konsequenzialismus

Damit sind wir bei der letzten zu verhandelnden Version des Konsequenzialismus angelangt. Diese nimmt die Kritik am primären Konsequenzialismus auf und formuliert die folgende These:

> K_4: Eine Person führt genau dann ein sinnvolles Leben, wenn sie sinnstiftende Weltzustände hervorbringt, die nicht durch Mittel herbeigeführt werden, die moralisch illegitim sind. Gleichzeitig muss die Person immer auch an intrinsisch sinnvollen Handlungen orientiert sein, aus denen sich die Folgen ergeben, damit ihr Leben sinnvoll wird.

Diese Version kann als paritätischer Konsequenzialismus bezeichnet werden. Die These besteht darin, dass es mindestens zwei notwendige Elemente des sinnvollen Lebens gibt: Ein erstes Element, das sinnstiftende Folgen beinhaltet, welche nicht durch moralisch inakzeptable Mittel hervorgebracht wurden; ein zweites Element, welches impliziert, dass das Subjekt auch an intrinsisch sinnvollen Handlungen orientiert sein muss, die bestimmte Folgen hervorbringen.

Ich glaube allerdings nicht, dass die paritätische Version am Ende viel weiter führt als ihre Vorgänger. Das Gegenargument lautet wie folgt:

> (1) Eine Person führt genau dann ein sinnvolles Leben, wenn sie sinnstiftende Weltzustände hervorbringt, die nicht durch Mittel herbeigeführt werden, die moralisch illegitim sind. Gleichzeitig muss die Person immer auch an intrinsisch sinnvollen Handlungen orientiert sein, aus denen sich die Folgen ergeben, damit ihr Leben sinnvoll wird.
> (2) Die konsequenzialistischen Aspekte von Handlungen sind

nicht notwendig, damit eine Person ein sinnvolles Leben führen kann.

(3) Daher gilt, dass die nicht-konsequenzialistischen Aspekte von Handlungen für das sinnvolle Leben einer Person eine größere Rolle spielen als die konsequenzialistischen Aspekte.

Aus dieser Formulierung des Gegenarguments lässt sich ersehen, dass das Problem der Vertreter von K_4 nicht darin liegt, dass die Bedeutung der nicht-konsequenzialistischen Elemente falsch eingeschätzt wird. Die Vertreter akzeptieren vielmehr, dass es sich um ein notwendiges Element handelt. Das Problem besteht darin, dass sie die Wichtigkeit des anderen Elements, der Handlungsfolgen, überschätzen. Um diese These zu plausibilisieren, blicken wir auf eine invertierte Variation der Musterbeispiele. In diesem fiktiven Szenario führen die drei Protagonisten kein zufällig erfolgreiches, sondern ein zufällig erfolgloses Leben:

> Im Leben von Gauguin, Einstein und Mutter Teresa geht alles schief. Sie orientieren sich zwar an Praxen, die in der Regel ästhetische Meisterwerke begünstigen, wissenschaftliche Exzellenz hervorbringen und anderen Menschen helfen. Aber immer, wenn sie dies tun, erscheint ein böser Dämon[27], der ihre Handlungsergebnisse genau in das Gegenteil umschlagen lässt. Gauguin erschafft keine Kunstwerke, sondern bemalt Leinwände

27 An diesem Punkt der Argumentation könnte man argumentieren, dass dieser Fall lediglich hypothetisch ist. Reicht es nicht aus, dass wir uns die Leben der drei Protagonisten als reale Fälle vorstellen, in denen sich die Erfolglosigkeit durch das mangelnde Talent begründet? So könnte man sich Mutter Teresa als jemanden vorstellen, der aufgrund der eigenen Tollpatschigkeit nur in Ausnahmefällen jemandem hilft; Einstein als jemanden, der nur einfache Kritzeleien zu Papier bringt; Gauguin als jemanden, der nur fähig ist, auf mäßigem künstlerischen Niveau seine Strichzeichnungen darzubieten. Diese Fälle sind aus meiner Sicht jedoch in logischer Hinsicht defizitär. Es geht darum zu zeigen, dass selbst im maximal vorstellbaren Fall der Erfolglosigkeit immer noch ein sinnvolles Leben möglich ist. In den ausgeführten realen Beispielen kann das aber nicht gezeigt werden, weil immer noch ein – zugegebenermaßen kleiner – Erfolg bestehen könnte. Entsprechend bleibt die zumindest logische Möglichkeit offen, dass die »kleinen« Erfolge eine notwendige Bedingung des sinnvollen Lebens sind. Damit diese Möglichkeit ausgeschlossen werden kann, muss das Beispiel bewusst als extremes Gedankenexperiment konzipiert werden.

ohne sichtbaren ästhetischen Ertrag. Einstein macht keine wissenschaftlichen Entdeckungen, sondern liefert wissenschaftlich nutzlose Daten. Mutter Teresa hilft keinen Menschen, sondern schadet ihnen.

Wie sind diese Leben zu beurteilen? Die Antwort lautet, dass sie auch im erfolglosen Fall ein sinnvolles Leben führen, weil sie an intrinsisch sinnvollen Tätigkeiten orientiert sind. Dass sich das Ziel, welches mit ihnen verbunden ist, nicht erreichen lässt, ist sicherlich zu bedauern. Das Leben von Gauguin, Einstein und Mutter Teresa ist nicht als besonders erfolgreich zu bewerten. Wenn wir jedoch voraussetzen, dass sie zumindest den Versuch unternehmen, sich an Tätigkeiten zu orientieren, künstlerische Meisterwerke zu erschaffen, wissenschaftliche Wahrheiten zu entdecken oder anderen Menschen zu helfen, erscheint das völlig ausreichend, um ein sinnvolles Leben zu führen. Allen dreien aufgrund von intervenierenden Dämonen die Sinnhaftigkeit ihres Lebens abzusprechen, erscheint mir jedenfalls wenig plausibel. Das muss nicht heißen, dass die Handlungsfolgen grundsätzlich irrelevant sind. Es ist gut möglich, dass es für das sinnvolle Leben wichtig ist, dass die eigenen Ziele auch erreicht werden.[28] Vonseiten des paritätischen Konsequenzialismus wird jedoch überschätzt, in welcher Weise das der Fall ist. Wenn die vorigen Überlegungen zutreffen, bilden die Handlungsfolgen keine notwendige Bedingung für das sinnvolle Leben. Das war allerdings eine zentrale These dieser Version des Konsequenzialismus. Sie muss daher abgelehnt werden.

5.4 Einige Verteidigungsstrategien

Der Konsequenzialismus weist denjenigen Weltzuständen, die durch unsere Handlungen produziert werden, eine besondere Wichtigkeit zu, wenn wir ein Leben hinsichtlich seines Sinngehalts bewerten. Die vorigen Überlegungen zeigten jedoch, dass diese These falsch ist. Nicht jede Handlungsfolge ist in gleicher Weise

28 Auf diesen Punkt werde ich am Ende des Kapitels noch zurückkommen und zwei Möglichkeiten erläutern, in welcher Weise Konsequenzen wichtig sein könnten, ohne dass sie notwendige Bedingungen bilden. Siehe Abschnitt 5.5.

relevant, sondern nur solche, die nicht in moralisch inakzeptabler Weise hervorgebracht wurden. Zudem sind diese weder »alles«, was das Leben sinnvoll macht, noch sind sie ein besonders herausgehobener oder notwendiger Bestandteil. Es scheint uns primär sogar um etwas ganz anderes zu gehen, wenn wir ein sinnvolles Leben führen wollen – nämlich um die normative Orientierung an sinnvollen Tätigkeiten. Der Konsequenzialismus des sinnvollen Lebens scheint daher, selbst in einer weiten Fassung, keine adäquate Theorie zu sein, um unser alltägliches Verständnis des sinnvollen Lebens abzubilden.

Dieses Fazit ist allerdings mit Vorsicht zu genießen. Der Verteidiger des Konsequenzialismus wird sich nämlich keineswegs kampflos ergeben, sondern seinerseits auf die Argumente reagieren, sodass die konsequenzialistische Theorie möglicherweise wieder im besseren Licht erscheint. Drei konsequenzialistische Strategien möchte ich kurz vorstellen und diskutieren.

5.4.1 Der Streit um den Normalfall

Die erste Verteidigungsstrategie bezieht sich auf den Status der Gegenbeispiele. Diese können nämlich von konsequenzialistischer Seite in Frage gestellt werden. Das kann auf mindestens zwei Weisen geschehen: Zum einen kann argumentiert werden, dass die genannten Beispiele marginalisierbare Ausnahmefälle sind, die aufgrund ihres Sonderstatus bei der Prüfung der Theorien nicht sonderlich viel austragen. Dem ist allerdings entgegenzuhalten, dass selbst erklärte Konsequenzialisten gerade *diese* Fälle häufig als Musterbeispiele anführen.[29] Zum anderen kann argumentiert werden, dass die oben vorgeschlagene Deutung der Beispiele nicht deren tatsächlichen Gehalt wiedergibt. Sie seien nämlich genauer besehen in genau umgekehrter Richtung, also im Sinn der Grundidee des Konsequenzialismus, zu interpretieren. Eine solche Strategie erwägt etwa Ben Bramble, wenn er schreibt:

29 Vgl. etwa die diskutierten Argumente in Smuts (2017), 85-97, wo gerade Musterbeispiele als Maßstab aufgeführt werden, die sich – wie die oben verhandelten Biografien – an künstlerischer Exzellenz, wissenschaftlichem Fortschritt und philanthropischen Erfolgen orientieren.

Nehmen wir an, wir fänden heraus, dass Einstein nur über Mathematik nachdachte, um Stimmen in seinem Kopf zum Schweigen zu bringen, welche ihn nachts nicht schlafen ließen, und dass er keine Begeisterung für irgendetwas in seinem Leben hätte, schon gar nicht für das Lösen dieser öden Probleme. Würden wir aufhören, sein Leben als Paradigma von Sinnhaftigkeit anzusehen und es nicht stattdessen als vollkommen sinnlos erachten? Natürlich nicht! Wenn ein derartiger Einstein uns begegnen würde und sich beschwerte, dass sein Leben bedeutungslos sei, dass es keinen Sinn hätte etc., dann würde es vollkommen angebracht erscheinen, darauf zu bestehen, dass er sich irre, und ihm all das Gute aufzuzeigen, das seine Ideen bewirkten.[30]

Ich habe den Eindruck, dass Bramble die Rolle der Handlungsfolgen in seinen Beispielen bestenfalls[31] überbewertet. Das erfolgreiche und das sinnvolle Leben können, wie oben gezeigt, auseinanderfallen. Das gilt im Fall des erfolglosen, aber trotzdem sinnvollen Lebens von Gauguin und Mutter Teresa, aber eben auch im Fall des erfolglosen Einstein. Es mag sein, dass Einsteins Leben noch sinnvoller wird, wenn er bestimmte Dinge in seinem Leben erreicht. Er kann aber auch ein sinnvolles Leben führen, wenn zum Beispiel mögliche Schicksalsschläge verhindern, dass er bestimmte Resultate hervorbringt. Und das ist ein Indiz dafür, dass *contra* Bramble die Folgen für das sinnvolle Leben gar nicht so wichtig sind. Es ist weitaus wichtiger, dass wir uns an den an sich sinnvollen Hand-

30 Bramble (2015), 452 (meine Übersetzung, M. R.). Im Original: »Suppose we discovered that Einstein thought about mathematics only to silence voices in his head that were preventing him from getting to sleep at night, and that he had no passion for anything in his life, let alone solving those blasted math problems. Would we cease to think of his life as a paradigm of meaningfulness, and instead come to regard it as having been completely meaningless? Of course not! If an Einstein like this were to walk up to us and complain that his life was meaningless, that there was no point to it, etc., it would seem perfectly appropriate for us to insist he was mistaken, and to try to show him all the good his ideas were doing.«

31 Schlechtestenfalls, so könnte man etwas bösartiger argumentieren, nimmt Bramble keine Fehleinschätzung der Rolle von Konsequenzen vor, sondern redet schlicht am Thema vorbei. Er untersucht nicht sinnvolle, sondern erfolgreiche Leben. Beides muss, wie in den vorigen Abschnitten gezeigt, unterschieden werden. Ich habe mich jedoch für die positivere Lesart seiner Verteidigung entschieden, da ich ihm im Geiste des hermeneutischen Wohlwollens durchaus zutraue, das Thema zu kennen, über das er redet.

lungen orientieren. Diese Einsicht kann der Konsequenzialismus mit seiner Theorie nicht angemessen konservieren.[32]

5.4.2 Die interne Verteidigungsstrategie

Die zweite Strategie stimmt der Diagnose zu, dass der Konsequenzialismus zumindest eine in Teilen[33] kontrainituitive Theorie darstellt, die die Gehalte der alltäglichen Praxis (hier: die Existenz von nicht-konsequenzialistischen Elementen) als falsch herausstellen muss.[34] Gleichwohl wird dieses Zugeständnis nicht dahingehend gedeutet, dass der Konsequenzialismus abzulehnen sei. Vielmehr kann sein Vertreter argumentieren, dass auch er eine Erklärung der sich seiner Theorie widersetzenden Phänomene anbieten kann. Die Argumentationskette verläuft idealtypisch in vier Schritten: In einem ersten Schritt wird zunächst für eine Differenz von Praxis und Theorie argumentiert. Zwar gingen wir intuitiv in der Praxis davon aus, dass es nicht-konsequenzialistische Elemente gäbe. Auf dem Boden der theoretischen Betrachtung könnten diese aber als konse-

32 Es gibt noch eine alternative Strategie, die nicht auf die Intuitionen hinsichtlich des Einzelfalls setzt, sondern auf Intuitionen, die sich aus den begrifflichen Strukturen der Rationalität oder der Sprache ableiten lassen. Das scheint eine Argumentationslinie zu sein, die etwa Henry Sidgwick und Richard Hare favorisieren. Beide entwickeln den Konsequenzialismus mittels eines deduktiven Schlusses aus einer Rationalitäts- bzw. Sprachanalyse. Auf diese Versuche möchte ich Folgendes replizieren: Zum einen bin ich skeptisch, weil ich nicht sehen kann, wie man aus begrifflichen Analysen etwas Inhaltliches folgern kann. In dieser Hinsicht scheint die konsequenzialistische Strategie die gleichen Probleme zu haben wie kantische Ansätze, die aus dem formalen Sittengesetz inhaltliche Leitlinien ableiten wollen. Vgl. dazu Rüther (2015), Kap. 4.3. Zum anderen wäre selbst im Erfolgsfall nicht unmittelbar einsichtig, dass die aus begrifflichen Analysen gewonnenen Intuitionen schwerer wiegen als diejenigen, die aus den Einzelfällen stammen. Dafür müsste eigens argumentiert werden – und zwar jenseits einer *petitio*, in der begriffliche Strukturen analysiert werden, um begriffliche Strukturen zu privilegieren.

33 Das deutet bereits darauf hin, dass innerhalb des Lagers der Konsequenzialisten differenziert werden muss. Es gibt natürlich Ansätze, die unserer alltäglichen Deutung der Phänomene einen weitreichenderen Irrtum unterstellen als andere. Siehe hierzu auch den nächsten Abschnitt zum globalen Theorienvergleich.

34 Dieses Zugeständnis teilen auch bekannte Konsequenzialisten wie Aaron Smuts. So schreibt er: »Although the good cause account of the meaning of life is compelling, it is not entirely intuitive.« Smuts (2017), 85.

quenzialistisch entlarvt werden. In einem zweiten Schritt wird dann eine konkrete konsequenzialistische De- und Rekonstruktion angeboten, z. B. im Rahmen einer Strategie, die in der Moralphilosophie als *consequentializing* bekannt geworden ist.[35] Warum aber haben wir bisher nicht erkannt, dass es gar keine nicht-konsequenzialistischen Elemente gibt, und warum hat sich dieser Irrtum so lange gehalten? Diese Frage führt zum dritten Schritt, in dem die konsequenzialistische Theorie mit einem explanatorischen Projekt zusammengeführt wird. Das können wahlweise evolutionsbiologische Überlegungen über die adaptive Funktion des Irrtums sein, aber auch solche, die mit der individual- oder sozialpsychologischen Funktion zu tun haben. In einem vierten Schritt wird schließlich auf die revisionären Implikationen eingegangen, die die Erkenntnis des Irrtums faktisch mit sich bringt oder – normativ gewendet – mitbringen sollte. Die Einschätzung der faktischen und normativen Implikationen kann unterschiedlich ausfallen. Prominent ist etwa die Herangehensweise mancher indirekten Konsequenzialisten, die nach der Aufdeckung der konsequenzialistischen Tiefenstruktur eine Veränderung der Praxis für möglich halten, aber gute (natürlich: konsequenzialistische) Gründe anführen, diese nicht herbeizuführen, weil die Beibehaltung der irrigen Praxis bestimmte Vorteile innehabe, z. B. die im dritten Schritt erläuterten individual- und sozialpsychologischen Funktionen.[36]

Zu dieser Strategie möchte ich zwei Bemerkungen machen:

Zum einen muss zunächst festgehalten werden, dass eine solche Verteidigung eine recht komplexe Angelegenheit ist. Immerhin beinhalten die Erklärungen mindestens vier Argumentationsschritte, die zum Teil anspruchsvolle empirische Thesen beinhalten. Dieser Hinweis ist sicherlich kein Totschlagargument, lässt aber deutlich werden, dass der Konsequenzialismus aus theorieökonomischer Sicht keinen Sonderpreis gewinnt. Das gilt umso mehr, wenn man sich die mögliche Alternative vergegenwärtigt. Diese besteht darin,

35 Campbell Brown, einer der führenden Vertreter, beschreibt die Grundidee wie folgt: »To ›consequentialize‹ is to take a putatively nonconsequentialist moral theory and show that it is actually just another form of consequentialism. Some have speculated that every moral theory can be consequentialized.« Brown 2011, 749. Siehe dazu auch Portmore (2009), 330.

36 Für den Aspekt, dass die Internalisierung von theoretisch ungedeckten nicht-konsequenzialistischen Elementen gerechtfertigt sein könnte, siehe Hooker (2011).

die alltägliche Praxis für bare Münze zu nehmen, also nur philosophisch zu explizieren, was wir alle anzunehmen scheinen: dass es nicht-konsequenzialistische Elemente gibt, die wir innerhalb einer Theorie des sinnvollen Lebens berücksichtigen müssen.

Zum anderen ist die Verteidigung im Hinblick auf ihren logischen Status wenig zwingend. Das wird deutlich, wenn die Frage gestellt wird, warum wir mit dem Konsequenzialismus eigentlich einen theorieökonomisch wenig aussichtsreichen Weg beschreiten sollten. Die Antwort kann nur lauten: Weil es nun einmal keine nicht-konsequenzialistischen Elemente gibt! Was aber sind die Gründe für diese Behauptung? Will der Konsequenzialist an dieser Stelle nicht einfach *question-begging* begehen und seine Theorie als wahr voraussetzen, muss er die Ablehnung der nicht-konsequenzialistischen Elemente mit Argumenten motivieren. Um an dieser Stelle ein Missverständnis zu vermeiden: Ich behaupte damit nicht, dass der Konsequenzialist keine Theorie unserer alltäglichen Praxis anbieten kann. Sicherlich kann er, wenn er unbedingt an seiner Theorie festhalten will, vermutlich (fast) alles irgendwie erklären. Mein Memento ist vielmehr, dass ich nicht sehe, warum wir diese Erklärung ernst nehmen sollten. Was spricht dafür, eine kontraintuitive und theorieökonomisch anspruchsvolle Theorie überhaupt zu vertreten?[37] Mit Blick auf eine Antwort klafft in der Verteidigungsstrategie des Konsequenzialisten eine »Lücke«. Er unterstellt die Überlegenheit seiner Theorie, die angesichts ihrer Folgelasten keineswegs selbstverständlich ist.

37 Diese Asymmetrie in der Beweislast wird häufig nicht gesehen. So betonen Konsequenzialisten immer wieder, dass der Kontraintuitivitätsvorwurf ihre Theorie nicht träfe, weil sie unter anderem durch die *Consequentializing*-Strategie immer eine alternative Erklärung anbieten können. So etwa Mark Wells: »The underappreciated upshot of this method is that the general debates between consequentialist and nonconsequentialist theories of meaning in life can only make minimal progress with the use of thought experiments to produce counter-examples. While particular consequentialist theories remain susceptible to such counter-examples, there will always be some consequentialist theory that avoids the counter-example and thereby remains extensionally adequate.« Wells (2015), 176 f. Um es nochmals deutlich zu wiederholen: Natürlich kann der Konsequenzialist *auch* eine Erklärung anbieten, die im besten Fall sogar deontisch äquivalent ist. Der Punkt ist aber, dass das entscheidende Argument fehlt, warum wir die konsequenzialistische Erklärung angesichts ihrer Kontraintuitivität und Komplexität überhaupt in Betracht ziehen sollten.

5.4.3 Der globale Theorienvergleich

Diese Diagnose kann der Konsequenzialist als Ausgangspunkt nehmen, sein Projekt durch einen globalen Theorienvergleich zu plausibilisieren. Im Erfolgsfall hat er dann gezeigt, dass es sich lohnt, sein Projekt zu verfolgen, weil die möglichen Alternativen mit noch schwerwiegenderen Problemen konfrontiert sind. Nun sind die Einwände gegenüber alternativen, z. B. deontologischen, Theorien des sinnvollen Lebens genauso vielgestaltig wie zahlreich. Sie können nicht eigens diskutiert werden. Gleichwohl möchte ich aber trotz dieser Auslassung zumindest darauf hinweisen, dass der globale Theorienvergleich für den Konsequenzialismus nicht einfach zu gewinnen sein wird. Die Beweisführung muss ja immerhin so stark sein, dass sie den Konsequenzialismus als gangbaren Weg wieder attraktiv macht. Dieser geht jedoch, wie gezeigt, mit einigem Ballast in den Theorienvergleich: Der Konsequenzialismus ist eine kontraintuitive Theorie des sinnvollen Lebens, die von seinen Verteidigern einen erheblichen theoretischen Aufwand erfordert. Allerdings muss differenziert werden. Dieser Malus kann nämlich, je nach konsequenzialistischer Theorie, kleiner oder größer ausfallen.

Die intuitiv am wenigsten plausible Theorie ist der harte Konsequenzialismus. Zwar liefern seine Vertreter einen Ansatz, der sehr nahe am ursprünglichen »Geist« des Konsequenzialismus orientiert ist. – Immerhin erlaubt sein exklusiver Fokus auf die Konsequenzen, an einer einfachen und handhabbaren Theorie der praktischen Deliberation festzuhalten. Gleichzeitig ist die Theorie aber am weitesten von den Gehalten der alltäglichen Praxis entfernt, weil sie lediglich die Konsequenzen für relevant hält, um die Sinnhaftigkeit unseres Lebens zu bewerten. Der harte Konsequenzialismus trägt daher im Hinblick auf seine intuitive Überzeugungskraft die größte »Bürde« unter den Versionen des Konsequenzialismus.

Die in dieser Hinsicht überzeugendste Version ist der paritätische Konsequenzialismus, der allenfalls die Rolle der Konsequenzen überschätzt, weil er sie als notwendiges Element des sinnvollen Lebens deutet. Entsprechend dieser nur partiellen Irrtumstheorie könnte man seine Chancen im Theorienvergleich als besonders hoch erachten. Die Überlegungen dieses Abschnitts deuten jedoch an, dass seine Integration der Gegenbeispiele auch einen Preis hat. Was seine Vertreter in der Regel zum Konsequenzialismus treibt, ist das Versprechen, eine einfache Theorie der praktischen Deliberation an die Hand zu bekommen. Es ist aber fraglich, ob der paritätische Konsequenzialismus dieses Versprechen einlösen kann. Das liegt darin begründet, dass er sich mehr als andere Versionen für nicht-konsequenzialistische Elemente öffnet und diese sogar als normativ gleichberechtigt ansieht. Dadurch müssen schwierige Fragen beantwortet werden, etwa, wie a.) die Gewichtung dieser neuen Elemente untereinander ausfällt oder wie b.) diese gegen ihre konsequenzialistischen »Geschwister« aufzuwägen sind. Damit ruft der paritätische Konsequenzialismus allerdings eine komplexe Theorie der praktischen Deliberation auf den Plan. Entsprechend mag er vielleicht diejenige Version des Konsequenzialismus sein, die der alltäglichen Deutung der Phänomene am weitesten entgegenkommt. Allerdings sind seine Vertreter aber auch diejenigen, die sich von der konsequenzialistischen Grundidee am weitesten entfernt haben. Sein Problem ist daher weniger die mangelnde intuitive Überzeugungskraft, sondern die fehlende Ausgangsattraktivität. Mehr als bei den harten Versionen stellt sich die Motivationsfrage, was eigentlich noch für die konsequenzialistische Ausrichtung spricht.

5.5 Fazit und weiterführende Überlegungen

Damit sind wir am Ende der Überlegungen zur Rolle der Konsequenzen angelangt. Ich möchte zwei Ergebnisse festhalten und einen Ausblick wagen.

Erstens ist in der Auseinandersetzung mit den verschiedenen Versionen des Konsequenzialismus deutlich geworden, dass Konsequenzen hinsichtlich der für sie aufgebrachten Mittel differenziert werden müssen. Es sind nur solche relevant, die in einer Art und Weise herbeigeführt werden, die ohne Verstoß gegen bestimmte moralische Regeln auskommt. Darüber hinaus sind sie auch kein sonderlich wichtiges Element: Sie sind weder der einzige noch ein besonders herausgehobener oder gar notwendiger Bestandteil des sinnvollen Lebens. Wichtiger ist vielmehr etwas anderes. Sinnvolle, bewundernswerte und bedeutsame Leben zeichnen sich dadurch aus, dass sie sich an intrinsisch sinnvollen Handlungen orientieren – und sie sind auch dann noch sinnvoll, wenn die mit den Handlungen verbundenen Ziele nicht erreicht werden. Das ist dem Konsequenzialismus natürlich zu wenig. Er wird diese Rollenzuweisung für die Konsequenzen bestreiten und seinerseits Verteidigungsstrategien für seine Position ausarbeiten.

Zweitens lässt sich aus der Diskussion der möglichen Verteidigungen erkennen, dass eine exponierte Rolle der Konsequenzen für das sinnvolle Leben nicht leicht zu rechtfertigen ist. Es wurde deutlich, dass der Konsequenzialismus ein kontraintuitives und theorieökonomisch anspruchsvolles Projekt darstellt. Natürlich bleibt immer die Möglichkeit, dass der Konsequenzialismus im Vergleich mit seinen Kontrahenten das kleinere Übel darstellt. Dem ist jedoch entgegenzuhalten, dass gar nicht so leicht zu sehen ist, was die Schwierigkeiten des Konsequenzialismus aufwiegen sollte. In einer harten Version ist er mit dem ursprünglichen Leitgedanken verbunden, aber intuitiv höchst unplausibel; in einer liberaleren Version ist er zwar phänomenologisch überzeugender, aber enthält kaum noch Motive, die seine Vertreter ursprünglich zum Konsequenzialismus hingezogen haben. Beide Aspekte, sowohl die Kontraintuitivität als auch die fehlende Ausgangsattraktivität, sind theoretischer Ballast, der nicht leicht abzutragen sein wird.

Dieses Ergebnis sollte jedoch nicht zur Annahme verleiten, dass die Handlungsfolgen für das sinnvolle Leben gänzlich irrelevant sind. In den obigen Überlegungen wurde lediglich gegen die These des Konsequenzialisten argumentiert, dass ihnen eine exponierte Rolle zukommt.[38] Sie sind demnach zwar nicht die Hauptsache, auf die wir unsere Aufmerksamkeit richten sollten, aber es könnte dennoch sein, dass ihnen irgendeine Relevanz zukommt. So lassen die vorigen Überlegungen zumindest die folgenden beiden Optionen offen:

Erstens könnten die Konsequenzen ein epistemischer Indikator für Sinn sein. Damit ist gemeint, dass sie selbst in keinerlei Weise

38 Entsprechend gehe ich nicht so weit wie manche Kritiker, die im Konsequenzialismus lediglich eine Theorie der kollektiven Rationalität sehen, also einer solchen, die uns sagt, was aus einer unparteilichen Sicht rationalerweise zu tun ist. Vgl. die klassische Kritik in Rawls 1971. Das würde bedeuten, dass der Fehler des Konsequenzialismus darin bestünde, dass er sein Hoheitsgebiet überschreitet, wenn er sich anmaßt, zu Angelegenheiten des sinnvollen Lebens etwas beitragen zu können. Die vorliegende Argumentation ist bescheidener. Demnach redet der Konsequenzialist nicht einfach am Thema vorbei, sondern leidet an der Überschätzung seiner Wichtigkeit. Die Handlungsfolgen sind nicht irrelevant, sondern nur weniger wichtig, als er meint.

sinntragend sind. Sie fungieren vielmehr als normatives »Thermometer«, um zu erkennen, ob eine Handlung unser Leben sinnvoll macht oder nicht. Wenn eine Handlung beispielsweise positive Weltzustände hervorbringt, können wir diese Auffälligkeit als erstes Indiz verstehen, dass sie auch auf sinnstiftenden Tätigkeiten basiert. Ob diese Korrelation am Ende tatsächlich besteht, ist dann eine empirisch zu klärende Frage.

Zweitens kann behauptet werden, dass die Hervorbringung von bestimmten Weltzuständen einen kontributiven Einfluss auf das sinnvolle Leben hat. Es scheint nämlich für den Sinngehalt eines Lebens nicht gleichgültig zu sein, ob wir bestimmte Dinge erreichen oder nicht. Zwar reicht der Handlungserfolg, wie oben argumentiert, alleine nicht aus, um über die Minimalschwelle des sinnvollen Lebens zu gelangen. Wenn wir jedoch bestimmte Ziele erreichen, scheint auch die Sinnbilanz zu steigen. Denn wer würde nicht sagen, dass ein erfolgreiches Leben bedeutsamer und bewundernswerter ist als ein vergleichbares Leben, das erfolgslos verläuft? Entsprechend kann man das Hervorbringen von bestimmten Weltzuständen gleichsam als »Bonus« begreifen – es ist weder notwendig noch hinreichend für das sinnvolle Leben, sondern trägt dazu bei, dass es seinen Sinngehalt erhöht.

Damit haben wir zwei mögliche Rollen der Handlungsfolgen für eine Theorie des sinnvollen Lebens identifiziert. Darüber hinaus ließen sich durch eine detailliertere Betrachtung vermutlich noch weitere ausmachen. Folgen wir dem Ergebnis dieses Kapitels, sollte diese Auslassung einer Detailanalyse jedoch zu verschmerzen sein. Wenn die vorliegenden Überlegungen nämlich richtig sind, sind Konsequenzen weitaus weniger wichtig, als Konsequenzialisten weithin annehmen. Und das scheint dafür zu sprechen, den theoretischen Blick nicht auf die Konsequenzen, sondern auf etwas anderes zu richten. Wir sollten ihn auf Dinge richten, die jenseits der Konsequenzen liegen – auf solche, die wirklich wichtig sind, um ein sinnvolles Lebens zu führen. Aber was sind diese »wirklich wichtigen Dinge«? Das wurde in dieser Studie bisher nur angedeutet. Im folgenden Kapitel wird diese Frage jedoch ins Zentrum gerückt und im Zuge der Ausarbeitung einer eigenen normativ-inhaltlichen Theorie des sinnvollen Lebens beantwortet.

6. Die eigene Sinntheorie: Der deontologische Objektivismus

6.1 Einleitung

Die bisherigen Überlegungen der Studie legen es nahe, dass das sinnvolle Leben eine eigenständige Dimension des guten Lebens ist. Ein sinnvolles Leben zu führen ist etwas anderes, als eines zu führen, welches durch Wohlergehen, moralische Integrität oder kosmische Harmonie geprägt ist. Zwar gibt es Zusammenhänge zwischen dem Sinn und den drei axiologischen Standarddimensionen, gleichwohl zeigte sich, dass immer ein axiologischer »Rest« bleibt, der nicht vollständig durch die Standarddimensionen eingefangen werden kann. Im letzten Kapitel wurde eine wirkmächtige Interpretation dieses Rests zurückgewiesen: der Konsequenzialismus. Seine Vertreter behaupten, dass den Handlungsfolgen eine besonders exponierte Rolle zukommt, wenn der Sinngehalt eines Lebens ermittelt werden soll. Nach eingehender Betrachtung zeigte sich aber, dass diese These falsch ist. Die Folgen von Handlungen sind für den Lebenssinn weitaus weniger wichtig, als Konsequenzialisten behaupten. Im Gegenteil zeichnete sich sogar ab, dass – wie Thaddeus Metz treffend zusammenfasst – gerade nicht-konsequenzialistische Aspekte von Handlungen dasjenige Kernelement bilden, auf das es beim sinnvollen Leben tatsächlich ankommt:

> Es ist etwas beispielsweise an einer ethischen Errungenschaft, einer tiefen Einsicht über die Wirkungsweisen der Natur und dem Erschaffen eines Meisterwerkes, das ›an sich selbst‹ bedeutungsvoll ist, unabhängig von irgendeiner Beziehung zu einem spirituellen Reich, zu unseren Einstellungen und zum Status des Universums auf lange Sicht.[1]

Worum aber handelt es sich bei diesem nicht-konsequenzialistischen Aspekt? Diese Frage werde ich im folgenden Kapitel beant-

1 Metz (2013a), 200 (meine Übersetzung, M. R.). Im Original: »There is something about, say, making a substantial ethical accomplishment, obtaining deep insight into the workings of nature, and creating a masterpiece that are significant ›in themselves‹, apart from any relation to a spiritual realm, to our attitudes, and to the state of the universe in the long run.«

worten. Das Ziel besteht darin, eine eigene normativ-inhaltliche Theorie des Lebenssinns auszuarbeiten, die dasjenige Kernelement benennt, das distinktiv, also sowohl notwendig als auch hinreichend, für das sinnvolle Leben ist. Methodisch werde ich die eigene Sinntheorie in einer dialektischen Auseinandersetzung mit Vertretern derjenigen Theoriengruppe entwickeln, die in der Debatte als die klassische Opposition zum Konsequenzialismus gesehen wird – der Deontologie des sinnvollen Lebens. Am Ende der Überlegungen wird dann meine eigene Sinntheorie stehen, die ich als »deontologischen Objektivismus« bezeichne und die mit Blick auf ihre Differenziertheit und Überzeugungskraft über die bisher bestehenden Alternativen im Diskurs hinausgeht.

Um dieses Argumentationsziel zu erreichen, werde ich in drei Schritten vorgehen: In einem ersten Schritt wird das zugrunde gelegte Verständnis von Deontologie erläutert, insbesondere auch, um das weitverzweigte und unübersichtliche Theorienlager einzugrenzen. In einem zweiten Schritt werden die verschiedenen Varianten dieser Theoriengruppe in subjektivistische und objektivistische Varianten unterteilt. In Auseinandersetzung mit den verschiedenen Vertretern wird dafür argumentiert, dass alle bisherigen Versuche, den kleinsten gemeinsamen Nenner des sinnvollen Lebens zu bestimmen, nicht erfolgreich waren. In einem dritten Schritt wird meine eigene Lösung vorgestellt und ihre Überlegenheit gegenüber den problembehafteten Konkurrenten aufgezeigt. Dafür werde ich neben der Grundthese der Theorie auch einige kritische Nachfragen formulieren, die dabei helfen, die tatsächliche Leistungsfähigkeit der Theorie hervortreten zu lassen.

6.2 Die Deontologie des sinnvollen Lebens

Die Deontologie ist neben dem Konsequenzialismus eines der großen Paradigmen der normativen Ethik. Gemeinsam ist allen Vertretern, dass sie sich negativ vom Konsequenzialismus abgrenzen. Demnach gilt, dass das entscheidende normative Element der Deontologie gerade *nicht* durch die Handlungsfolgen definiert wird.[2] Fragt man hingegen nach einer *positiven* Bestimmung, wird

2 Der negative Bedeutungskern scheint sich allerdings erst in der jüngeren Vergangenheit herausgebildet zu haben. Die moderne Geschichte des Begriffs beginnt

das Feld recht schnell unübersichtlich. Als klassische Musterfälle werden ganz unterschiedliche Philosophen und Strömungen ins Spiel gebracht. Und je nachdem, welche Fälle für relevant gehalten werden, rücken auch unterschiedliche Aspekte der Deontologie in den Vordergrund.[3] Hierbei hat sich eine nicht zu unterschätzende Vielfalt ergeben, die es nicht leicht macht, eine informative Gemeinsamkeit der Theoriengruppe auszumachen.[4]

Demgegenüber ist eine solche Heterogenität in der Begriffsverwendung in der Meaning-in-Life-Debatte nicht in der gleichen Weise erkennbar. Es lässt sich vielmehr ein sachlicher Minimalkonsens ausmachen, der sowohl negative als auch positive Elemente beinhaltet. Ein Beispiel hierfür stellt die deontologische Selbstcharakterisierung von Thaddeus Metz dar, wie er sie im elften Kapitel seiner Diskursstudie *Meaning in Life. An Analytic Study* (2013) präsentiert. Dort entwickelt Metz seine deontologische Theorie zwar unter der bloß negativen Überschrift »non-consequentialism«, allerdings bleibt er nicht bei dieser negativen Definition der Deontologie stehen, sondern reichert sie mit positiven Aspekten an. Er schreibt:

> Ich fasse den Großteil dieser Erwägungen zusammen, indem ich behaupte, dass sie ›akteurrelative‹ oder ›deontologische‹ Facetten eines Lebenssinns sind, der sich auf zentrale Bestandteile eines Gesamtlebens bezieht.[5]

Wenn wir dieser Definition folgen, besteht eine Gemeinsamkeit von deontologischen Theorien darin, dass sie im Gegensatz zum

nämlich mit dem Kuriosum, dass Jeremy Bentham als Vertreter des Utilitarismus – also einer Version des Konsequenzialismus – für sich in Anspruch genommen hat, eine deontologische Ethik zu verteidigen. Vgl. Werner (2002), 122.

3 Um das zu bestätigen, reicht bereits ein kurzer Blick auf die deontologischen Ethiken, wie sie zu Beginn des 20. Jahrhunderts vertreten wurden. Siehe Schaber/Wolf (1998). Vgl. für die Heterogenität der Anknüpfungspunkte auch den Überblicksartikel Alexander/Moore (2016).

4 Als Folge dieser Heterogenität neigen einige Autoren dazu, eine normative Begriffsbestimmung zu entwickeln, in der nur *bestimmte* Merkmale mit dem Etikett »Deontologie« in Verbindung gebracht werden, obgleich es sich bei ihnen nicht um konsensfähige Merkmale handelt. Vgl. für einige klassische, immer wieder rezipierte Versuche, den Deontologiebegriff normativ einzugrenzen, Rawls (1971), Frankena (1973) und Nida-Rümelin (1993).

5 Metz (2013a), 198 (meine Übersetzung, M. R.). Im Original: »I sum up most of these considerations by saying that there are ›agent-relative‹ or ›deontological‹ facets of part-life meaning.«

Konsequenzialismus bestimmte »akteurrelative« oder »deontologische Facetten« annehmen, die für das sinnvolle Leben ausschlaggebend sind. Wie aber sind diese positiven Aspekte genauer zu verstehen? Eine im Diskurs häufig gegebene Antwort wird exemplarisch von Eric Wielenberg formuliert:

> Tätigkeiten dieser Art nachzugehen ist lohnenswert, selbst wenn nichts von Wert aus ihnen hervorgeht. Sie würden selbst dann lohnenswert sein, wenn sie überhaupt keine Konsequenzen hätten. [...] Es liegt in der Natur derartiger Tätigkeiten, Sinnhaftigkeit in das eigene Leben zu bringen.[6]

Wielenberg ist also der Auffassung, dass es Tätigkeiten gibt, die, obgleich sie keine positiven Weltzustände hervorbringen, trotzdem zum sinnvollen Leben beitragen können. Solche Tätigkeiten sind aufgrund ihrer bloßen Beschaffenheit aus sich heraus sinnstiftend (»Es liegt in der Natur derartiger Tätigkeiten«). Oder etwas technischer ausgedrückt: Sie sind intrinsisch (eben: aus sich heraus) sinnvoll. Hierbei handelt es sich um eine These, die die meisten deontologischen Theorien des sinnvollen Lebens teilen. Sie lässt sich wie folgt auf den Punkt bringen:

> D_1: Das Leben einer Person ist genau dann sinnvoll, wenn sie intrinsisch sinnvolle Tätigkeiten ausübt.

Dieser These geht es allerdings wie vielen anderen, die beanspruchen einen Minimalkonsens abzubilden: Sie sind ohne weitere inhaltliche Anreicherung wenig aussagekräftig und informativ. So stellt sich sofort die Frage, wie sich intrinsisch sinnvolle Tätigkeiten inhaltlich bestimmen lassen: Was ist eigentlich das gemeinsame Merkmal, das allen sinnvollen Tätigkeiten – im Gegensatz zu sinnlosen Tätigkeiten – zugrunde liegt? Die Notwendigkeit, diese Frage zu beantworten, sehen auch Wielenberg und die meisten anderen Vertreter von deontologischen Sinntheorien. Entsprechend finden sich auch im Theorienspektrum einige Versuche, die inhaltlichen Merkmale des sinnvollen Lebens genauer einzugrenzen.[7] Im Zuge

6 Wielenberg (2005), 31 (meine Übersetzung, M.R.). Im Original: »Activities of this sort are worth engaging in even if they lead to nothing of value. They would be worthwhile even if they had no consequences at all. [...] It is part of the very nature of such activities to bring internal meaning to one's life.«

7 So präzisiert Wielenberg: »My list of intrinsically good activities would include

dieses Versuchs hat sich eingebürgert, das Feld systematisch in subjektivistische und objektivistische Theorien einzuteilen. Betrachten wir im Folgenden die verschiedenen Optionen der Reihe nach.

6.3 Subjektivistische Theorien der Deontologie

Eine erste Gruppe von deontologischen Theorien des Lebenssinns lässt sich unter der Kennzeichnung »Subjektivismus« subsumieren. Im Kern behaupten die Vertreter dieser Theorien, dass dasjenige Element, das ein Leben sinnvoll macht, nicht primär mit dem Gegenstand zu tun hat, auf den die Handlung gerichtet ist. Zentral für ein sinnvolles Leben ist vielmehr, dass das Subjekt solche Handlungen ausführt, die für es selbst sinnvoll sind. Die verschiedenen Varianten der subjektivistischen Theorien unterscheiden sich allerdings darin, wie sie die Phrase »für es selbst sinnvoll« genauer charakterisieren. Im Folgenden werde ich drei Varianten von subjektivistischen Theorien näher vorstellen und mit Blick auf ihre Überzeugungskraft prüfen.[8]

falling in love, engaging in intellectually stimulating activity, being creative in various ways, experiencing pleasure of various kinds, and teaching.« Wielenberg (2005), 34. Diejenigen Vertreter, die ähnlich wie Wielenberg an einer Bestimmung von intrinsisch sinnvollen Tätigkeiten arbeiten, werden in den folgenden Abschnitten näher in den Blick genommen.

8 An dieser Stelle könnte man meinen, dass sich die Auseinandersetzung mit den subjektivistischen Theorien der Deontologie erübrigt, weil ich meine zentrale Kritik am Subjektivismus bereits im Kapitel zur Wohlergehenstheorie des Lebenssinns formuliert habe. Vgl. Kap 2.3. Dem ist jedoch entgegenzuhalten, dass subjektivistische Theorien der Deontologie und subjektivistische Theorien des Wohlergehens nicht identisch sind. Eine deontologische Theorie geht von intrinsisch sinnvollen Tätigkeiten aus, die im Rahmen der subjektivistischen Theorien präzisiert werden. Eine Wohlergehenstheorie des sinnvollen Lebens geht davon aus, dass es nur extrinsisch sinnvolle Tätigkeiten gibt, die durch einen oder mehrere Aspekte des Wohlergehens sinnvoll werden. Die Argumentation gegen die subjektivistische Deontologie wird daher nicht obsolet oder redundant, obgleich die allgemeine Stoßrichtung der Kritik ganz ähnlich ausgerichtet sein wird wie im Fall der Wohlergehenstheorien.

6.3.1 Das emotionale Engagement

Eine erste Variante von subjektivistischen Theorien bezieht sich in ihrer Bestimmung des subjektiven Elements auf die emotionale Erlebnisebene des Handelnden. Demnach wird behauptet, dass sinnvolle Tätigkeiten gerade solche sind, zu denen wir uns in besonderer Weise hingezogen fühlen oder zu denen wir eine starke gefühlsmäßige, vielleicht sogar liebende Beziehung haben. In einer These formuliert:

> D_2: Das Leben einer Person ist genau dann sinnvoll, wenn sie intrinsisch sinnvolle Tätigkeiten ausübt, die sich dadurch auszeichnen, dass sie von ihr geliebt werden.

Eine theoretische Ausformulierung dieser These liefert Susan Wolf in vielen ihrer Schriften.[9] Zwar ist ihre Theorie bei genauerem Hinsehen komplexer, als es D_2 vermuten lässt.[10] Es ist jedoch unstrittig, dass sie die sogenannten Gründe der Liebe (*reasons of love*[11]) zumindest als ein notwendiges Element bestimmt, um zu beschreiben, was intrinsisch sinnvolle Tätigkeiten auszeichnet. Was ist darunter zu verstehen? Wolf bestimmt diese Kategorie über ihre phänomenale Qualität. Wenn das Subjekt etwas liebt, dann fühlt es sich in positiver Weise durch das wertvolle Objekt angezogen und bereichert.[12] Für Wolf ist eine solche Haltung allerdings nicht mit dem Erleben eines Lustgefühls zu verwechseln. Gerade besonders herausfordernde oder sogar angsteinflößende Aktivitäten können einen Beitrag zum Sinn des eigenen Lebens liefern.[13] Ebenso ge-

9 Die zentrale Theorie fasst sie in ihren Tanner Lectures zusammen, die in überarbeiteter Form unter dem Titel *Meaning in Life and Why It Matters* (2010) erschienen sind.

10 Wolf vertritt im Kern eine Hybridtheorie, die auch objektive Elemente beinhaltet. Vgl. auch die Charakterisierung und Überlegungen zu Wolf in Kap. 2.3.1 und 3.3.1.4

11 Vgl. Wolf (2014), 255: »My claim then is that reasons of love – whether of people, ideals or other sorts of objects – have a distinctive and important role in our lives, not to be assimilated to reasons of self-interest or to reasons of morality.«

12 Wolf spricht als Beispiele für solche Einstellungen der Liebe von »create it, promote it, honor it, or more generally, to actively affirm it in some way or other.« Wolf (2010), 10.

13 Vgl. Wolf (2010), 112.

hört dazu, dass die Einstellung der Liebe an eine aktive Auseinandersetzung mit dem Objekt gekoppelt ist.[14] Demnach wird das Leben nur dann sinnvoll, wenn das liebende Subjekt sich um das sinnhafte Objekt auch bemüht und es aktiv anstrebt. Das passive »Schmachten« oder bloße Bewundern reichen für sie nicht aus, um sinnstiftend zu sein.

Eine solche Theorie, die auf das emotionale Engagement als Kriterium abzielt, ist im Diskurs durchaus einflussreich.[15] Ich glaube allerdings nicht, dass sie bei näherer Betrachtung überzeugen kann. Die damit verbundenen Schwierigkeiten lassen sich erkennen, wenn wir ein Leben antizipieren, welches von Wolf selbst als Musterbeispiel des sinnvollen Lebens angeführt wird – das Leben von Mutter Teresa.[16] Diese hat, so wissen wir aus ihren Aufzeichnungen, zumindest periodenweise unter Depressionen und Zuständen der emotionalen Apathie gelitten.[17] Diese Diagnose aber lässt es als zweifelhaft erscheinen, dass sie primär aus Gründen der Liebe zu ihren Mitmenschen gehandelt hat. Spricht dieser Umstand gegen die Sinnhaftigkeit ihres Lebens? Nimmt man Wolf ernst, müsste das so sein. Mutter Teresa hat zwar anderen Menschen geholfen, aber nicht aus denjenigen Gründen, die Wolf als notwendig erachtet, um ein sinnvolles Leben zu führen. Eine solche Einschätzung wirkt jedoch vor dem Hintergrund der Phänomene bestenfalls *ad hoc*: Auch eine depressive Mutter Teresa orientiert sich mit ihren Handlungen immerhin daran, das Leiden von Menschen zu lindern und ihnen mit ihrer Pflege das Leben zu retten. Und das scheint intuitiv vollkommen ausreichend zu sein, um ihr Leben weiterhin oberhalb der Minimalschwelle des Sinns zu verorten. Zugegebenermaßen hat eine depressive Mutter Teresa vielleicht kein glückliches Leben geführt, vielleicht sogar ein emotional leeres und psychologisch instabiles Leben. Ihr angesichts ihrer herausragenden Handlungen je-

14 Vgl. Wolf (2010), 9: »[…] [T]he relationship between the subject and the object of her attraction must be an active one […]. Mere passive recognition and a positive attitude toward an object's or activity's value is not sufficient for a meaningful life.«

15 Vgl. für eine vergleichbare These, in der insbesondere die liebende Beziehung zu den Mitmenschen betont wird, Eagleton (2008), bes. Kap. 4.

16 Als Beispiel für ein sinnvoll gelebtes Leben taucht sie bei Wolf beispielsweise in Wolf (2010), 11 und Wolf (2016), 257 auf.

17 Vgl. für eine Erläuterung dieses Befundes und die daraus zu ziehende Konsequenz analog Muders (2018), 88 f.

doch den Lebenssinn abzusprechen, erscheint nur nachvollziehbar, wenn man die eigene Theorie bereits *ex ante* als wahr voraussetzt, also eine *petitio* begeht. Das glückliche und das sinnvolle Leben treten häufig gemeinsam auf. Manchmal, wie im Falle der depressiven Mutter Teresa, können sie jedoch auseinandertreten. Diesem Umstand kann Wolf mit ihrer Theorie nicht Rechnung tragen.

6.3.2 Die rationale Zustimmung

Um dieser Schwierigkeit zu entgehen, erwägen einige Theoretiker einen anderen Weg, um das subjektive Element zu bestimmen. Er besteht darin, nicht die emotionale, sondern die kognitive Ebene als Basis von intrinsisch sinnvollen Tätigkeiten zu charakterisieren. Die These lautet dann:

> D_3: Das Leben einer Person ist genau dann sinnvoll, wenn sie intrinsisch sinnvolle Tätigkeiten ausübt, die sich dadurch auszeichnen, dass sie diese als sinnvoll anerkennt.

Eine solche These wird etwa von Thaddeus Metz vertreten. Er schreibt mit Blick auf die Erklärung von altruistischen Handlungen:

> Je intensiver und weitreichender man die eigene Vernunft nutzt, die Vernunft anderer Personen zu fördern und sie ansonsten zu respektieren (zusätzlich zu subjektiven Faktoren, wie aus den richtigen Beweggründen zu handeln und stolz auf das zu sein, was man getan hat), je mehr Sinn wird dadurch im eigenen Leben in Hinblick auf das Gute entstehen. Dies ist eine nachvollziehbare Erklärung der Errungenschaften von Mandela und Mutter Teresa.[18]

Es kann bezweifelt werden, dass die Förderung der rationalen Fähigkeiten von anderen die einzige Quelle von Sinnhaftigkeit ist.

18 Metz (2013a), 227 (meine Übersetzung, M. R.). Im Original: »The more intensely and widely one uses one's reason to foster and otherwise respect people's reason (along with exhibiting subjective factors such as being moved for the right reasons and taking pride in what one has done), the more meaning that will accrue to one's life with regard to the good. Such is a plausible explanation of the accomplishments of Mandela and Mother Teresa.« Vgl. für eine ähnliche Überlegung auch Muders (2018).

Diese monistische These werde ich unten noch diskutieren.[19] An dieser Stelle kommt es mir nur auf die Wendung »die eigene Vernunft nutzen« an. Damit scheint Metz den Gedanken im Auge zu haben, dass ein rationaler Akt der eigenen Zustimmung hinzutreten muss, um ein Leben sinnvoll zu machen. Die Bedingungen dieses Gebrauchs definiert er denkbar inklusiv. Darunter können rein kognitive, aber auch emotionale und affektive Wertungen fallen. Wichtig ist lediglich, dass es sich bei den Wertungen um solche handelt, die mit den ›höheren‹ mentalen Fähigkeiten des Menschen zusammenhängen.[20]

Durch eine solche Modifikation des subjektiven Elements kann Metz der Kontraintuitivität von Wolf entgehen. Wolf musste, wie gesehen, das Leben einer depressiven Mutter Teresa als sinnlos bestimmen, obgleich wir es intuitiv für sinnvoll halten. Für Metz hingegen kann auch eine depressive Mutter Teresa ein sinnvolles Leben führen, nämlich aus dem einfachen Grund, weil sie rational akzeptiert hat, dass sie intrinsisch sinnvolle Handlungen ausführt. Die Affektion, Hingabe oder – in Wolfs Worten – Liebe zu den Tätigkeiten kann zwar auch hinzukommen, notwendig ist sie jedoch für Metz nicht, um ihr Leben sinnvoll zu machen. Es ist vielmehr ausreichend, dass Mutter Teresa die Handlungen als rational anerkennt. Wenn sie das getan hat, ist eine notwendige Bedingung für Sinnhaftigkeit erfüllt.

Aber wie überzeugend ist diese Modifikation? Aus meiner Sicht sprechen gleich mehrere Gründe gegen diesen Vorschlag:

Erstens wird in der obigen Textpassage streng genommen nicht gezeigt, was gezeigt werden soll. Der Anspruch von Metz besteht darin, die These zu verteidigen, dass die rationale Zustimmung eine notwendige Bedingung des sinnvollen Lebens ist. In der kurzen Textpassage wird jedoch nur dafür argumentiert, dass das subjektive Element die Sinnbilanz erhöht (»je intensiver […] desto mehr Sinn«). Das lässt aber offen, ob es sich bei diesem Element um einen hinreichenden, notwendigen oder lediglich superlativischen Faktor handelt.

19 Vgl. für eine Kritik an monistischen Axiologien des sinnvollen Lebens Kap. 6.4.2.

20 Er schreibt: »By ›reason‹ and cognate terms such as ›rational nature‹ I mean something broad, namely, all intuitive facets of intelligence of which human beings are characteristically capable and animals, even higher ones such as chimpanzees, are not.« Metz (2013a), 222.

Zweitens scheint auch dann, wenn wir diese logische Ungenauigkeit einmal beiseitelassen, noch fragwürdig, ob ein rationaler Bewertungsakt tatsächlich ein wesentliches Element des sinnvollen Lebens ist. Was wäre von Fällen zu halten, in denen das Subjekt tatsächlich nichts von seiner Handlung »mitbekommen« würde, also weder affektiv, emotional noch kognitiv involviert wäre? Ein solcher Fall wäre beispielsweise einer, in dem Mutter Teresa von externer Seite gezwungen würde, den Menschen in Kalkutta zu helfen. Der Zwang könnte aus mehreren Gründen ausgeübt werden, im Extremfall sogar deshalb, weil sie die Notwendigkeit der Hilfsakte nicht anerkennt und sich daher ständig gegen die Befehle der Obrigkeit auflehnt. Zweifellos ist ein solches Leben von Mutter Teresa eines, das die meisten von uns sich nicht wünschen würden. Sie führt kein sonderlich autonomes Leben. Darüber hinaus hat sie hohe Einbußen mit Blick auf ihr Wohlergehen. So würde kaum jemand von einem besonders glücklichen Leben sprechen oder einem, in dem alle Wünsche erfolgreich umgesetzt werden konnten. Vielleicht wäre es sogar zweifelhaft, ob es im Rahmen einer *All-things-considered*-Abwägung noch über der Minimalschwelle eines guten Lebens liegt. Das alles lässt aber genau einen Umstand unbeschadet: Die faktischen Handlungen, die sie ausführt, sind dem Ziel gewidmet, Menschen das Leiden zu erleichtern und ihnen ggf. das Leben zu retten. Das alleine scheint ausreichend, um zumindest die Sinndimension des guten Lebens mit einer positiven Valenz erscheinen zu lassen. Manchmal können Leben auch sinnvoll sein, ohne dass sie sonderlich autonom geführt werden oder eine besondere Menge an Wohlergehen enthalten. Diese Möglichkeit kann durch Metz' Kriterium der rationalen Zustimmung nicht berücksichtigt werden.

6.3.3 Die Verbesserung des eigenen Charakters

Es gibt allerdings noch einen weiteren Weg, der eingeschlagen werden kann, um eine subjektivistische Theorie zu verteidigen. Er besteht darin, die obige Kritik ernst zu nehmen und diejenige Voraussetzung aufzugeben, die zu den Schwierigkeiten der subjektivistischen Theorien von Wolf und Metz geführt hat. Die Gemeinsamkeit beider Varianten besteht darin, dass sie davon ausgehen, dass die intrinsisch sinnvollen Tätigkeiten einen sinnstiftenden mentalen Bezug – affektiv, emotional oder kognitiv – zu einem Gegenstand haben müssen. Diese These muss jedoch nicht notwendigerweise von allen subjektivistischen Theorien vertreten werden. Ihre Vertreter können auch behaupten, dass das sinngenerierende Element nicht in der *mentalen Bezugnahme*, sondern im subjektiven *Gegenstand* der Bezugnahme besteht. Eine mögliche These wäre dann die folgende:

> D_4: Das Leben einer Person ist genau dann sinnvoll, wenn sie intrinsisch sinnvolle Tätigkeiten ausübt, die sich dadurch auszeichnen, dass sie einen subjektiven Gegenstand fördern.

Was ist ein »subjektiver Gegenstand«? Die Möglichkeiten der Bestimmung sind vielfältig. Klar ist jedoch, dass ein subjektiver Gegenstand in irgendeiner Weise etwas mit dem Subjekt des Handelns zu tun haben muss. Andernfalls wäre er ja kein *subjektiver* Gegenstand! Ein oft unternommener Bestimmungsversuch besteht darin, auf die Charaktermerkmale oder Fähigkeiten des Handelnden abzustellen. So verstanden besagt die Theorie dann, dass ein Leben genau dann sinnvoll wird, wenn das Subjekt in einer Weise handelt, dass es seinen eigenen Charakter oder seine eigenen Fähigkeiten in noch zu bestimmender Weise verbessert. Ein prominenter Vertreter dieser These ist Alan Gewirth. Seine eigene Variante von D_4 formuliert er in der folgenden Textpassage:

> [...] [G]eistige Werte bestehen in Idealen moralischer, intellektueller und ästhetischer Exzellenz. [...] Diese Forderungen werden als objektiv erfahren, da sie Exzellenzkriterien verkörpern, die nicht konstruiert oder erfunden, sondern eher entdeckt werden. [...] Man mag annehmen, dass die Realisierung seiner eigenen lobenswertesten Fähigkeiten als angemessene und sogar als endgültige Antwort auf die Frage nach den letzten Werten des menschlichen Lebens gelten kann.[21]

21 Gewirth (1998), 177, 183 (meine Übersetzung, M. R.). Im Original: »[...] [S]piritual values consist in ideals of moral, intellectual and aesthetic excellence. [...] These demands are experienced as objective because they embody criteria of excellence that one does not make or invent but rather discovers. [...] It may be thought that such bringing to fruition of one's worthiest capacities can serve as an adequate and even final answer to the question of the ultimate values of human life.«

Es ist wichtig zu bemerken, dass Gewirth im Unterschied zu D_2 und D_3 nicht behauptet, dass der Handelnde in irgendeiner Weise mental involviert sein muss, um seinem Leben Sinn zu verleihen. Es besteht vielmehr die Möglichkeit, dass das Subjekt in diesen Hinsichten unberücksichtigt bleibt, aber trotzdem ein sinnvolles Leben führt. Der Grund für dieses Auseinanderfallen besteht darin, dass das entscheidende subjektive Element nicht in der mentalen Bezugnahme, sondern im subjektiven Gegenstand gesehen wird. Diesen charakterisiert Gewirth als eine wertvolle Fähigkeit (»seiner eigenen lobenswertesten Fähigkeiten«), die es in den eigenen Handlungen zu fördern gelte (»Realisierung«). Wenn diese Förderung schlussendlich gelingt, führen wir ein sinnvolles Leben.

Der Fokus auf den subjektiven Gegenstand ist auch der Grund dafür, dass Gewirth nicht mit den Schwierigkeiten von Wolf und Metz konfrontiert ist. Letztere mussten dadurch, dass sie die mentale Bezugnahme als notwendige Bedingung von Sinn verstanden, einer depressiven oder aus Zwang handelnden Mutter Teresa die Möglichkeit eines sinnvollen Lebens absprechen. Diesem kontraintuitiven Urteil muss Gewirth nicht zustimmen. Seine Begründung könnte wie folgt lauten: Mutter Teresa hat im Laufe ihres Lebens in höchstem Maße eine besondere Fähigkeit entwickelt – die Fähigkeit, anderen Menschen trotz schwieriger Umstände in sehr effektiver Weise zu helfen. Zwar mag sie an Depressionen gelitten haben und vielleicht wurden ihre Handlungen sogar erzwungen. Dennoch hat sie die Fähigkeit zur Hilfeleistung in einer Weise perfektioniert, die ihrem Leben trotz allem Sinn gibt.

Solche Sinntheorien, die – wie die von Gewirth – die subjektiven Gegenstände als Fähigkeiten des Handelnden deuten, sind im gegenwärtigen Diskurs keine Seltenheit. Varianten dieser Theorien werden insbesondere von Vertretern bevorzugt, die eine Nähe zur traditionellen Tugendethik aufweisen.[22] In der Konsequenz lassen sich aber auch gegen diese Version gute Einwände anführen. Zwei von ihnen möchte ich näher ausführen:

Zum einen hat sich im Diskurs bisher noch keine belastbare normative Theorie herauskristallisiert, welche darüber Auskunft gibt, wie die sinnhaften von den weniger sinnhaften Fähigkeiten unterschieden werden könnten. So scheint etwa die Fähigkeit, einen Ro-

22 So z. B. Bond (1983), Taylor (1985) und Thomas (2005).

man der Weltliteratur möglichst schnell abtippen zu können, kein guter Kandidat zu sein, um ein sinnhaftes Leben zu gewährleisten.[23] Aber warum eigentlich nicht? Was genau ist daran defizitär? Eine Antwort darauf müsste die Art der sinngenerierenden Fähigkeiten genauer spezifizieren. Das ist bisher allenfalls ausschnittartig geleistet worden.[24]

Zum anderen ist fraglich, ob der Rekurs auf subjektive Elemente wie eigene Anlagen, Charaktermerkmale, Fähigkeiten usw. tatsächlich dasjenige trifft, was die Leben der Musterbeispiele zu besonders sinnvollen Leben macht. Selbstverständlich ist es bewundernswert, dass Mutter Teresa eine gewisse Expertise in ihrer Fähigkeit zur Hilfeleistung erlangt hat. Und natürlich mag es sogar sein, dass sie damit ihre eigene Persönlichkeit im besten Sinne vervollkommnet, zum Beispiel, weil sie immer schon zu dieser Art von Handlung geneigt hat. Gleichzeitig ist der primäre Gegenstand unserer Bewunderung jedoch nicht die Förderung dieser subjektiven Aspekte, sondern die Art der Handlung. Das sehen wir, wenn wir uns Mutter Teresa als eine Person vorstellen, die gegen ihre eigenen Anlagen und Charaktermerkmale handelt. Kann nicht auch eine solche Mutter Teresa ein sinnvolles Leben führen? Die intuitive Antwort scheint zu sein: Ja, natürlich! Auch in dem Fall, wenn Mutter Teresa in ihren altruistischen Handlungen furchtbar untalentiert ist und sie ihr aufgrund ihrer Persönlichkeitsstruktur besonders schwerfallen, sprechen wir ihr nicht die bloße Möglichkeit eines sinnvollen Lebens ab. Und das lässt sich so interpretierten, dass für das sinnvolle Leben nicht die Förderung der eigenen subjektiven Leistungen entscheidend ist, sondern die Art der Handlung, soll heißen: der Versuch, das Leben von kranken und leidenden Menschen zu verbessern. Wir bewundern Mutter Teresa nicht primär deshalb, weil sie sich um sich selbst, sondern um andere sorgt. Das ist aber ein Unterschied, den eine Theorie wie diejenige von Gewirth, die

23 Vgl. für dieses Beispiel Metz (2013a), 211.

24 Es lassen sich lediglich Andeutungen finden. Vgl. dazu mit Blick auf die kreativen Fähigkeiten des Künstlers die Bemerkungen von Richard Taylor: »A meaningful life is a creative one, and what falls short of this lacks meaning, to whatever extent. What redeems humanity is not its kings, military generals and builders of personal wealth, however much these may be celebrated and envied. It is instead the painters, composers, poets, philosophers, writers – all who, by their creative power alone, bring about things of great value, things which, but for them, would never have existed at all […].« Taylor (1999), 14.

für die Bestimmung des Lebenssinns stets auf Aspekte des Handelnden blickt, nicht berücksichtigen kann.

6.4 Objektivistische Theorien der Deontologie

Die genannten Einwände geben Anlass, eine alternative Version der Deontologie in Betracht zu ziehen. Eine solche Alternative basiert nicht auf subjektiven, sondern auf objektiven Kriterien. Das bedeutet, dass das Kernelement des sinnvollen Lebens weder in mentalen Zuständen gesehen wird, noch in einer anderen Weise auf den Handelnden abstellt – etwa auf seine Anlagen, Charaktermerkmale, Fähigkeiten usw. Im Folgenden werde ich die verschiedenen Varianten der objektiven Theorien erläutern und davon ausgehend Schritt für Schritt die aus meiner Sicht überzeugendste Version dieser Theoriengruppe herausarbeiten.

6.4.1 Negative Bestimmung: Jenseits des handelnden Subjekts

Was besagt eine objektivistische Theorie der Deontologie? Eine erste Definition ergibt sich bereits aus der Kritik an subjektivistischen Theorien. Die Gemeinsamkeit aller Vertreter der subjektivistischen Theorien bestand darin, dass bei der Charakterisierung des Lebenssinns in irgendeiner Weise auf den Handelnden verwiesen wurde. Gerade die Gegenbeispiele zeigten aber, dass das Führen eines sinnvollen Lebens sich insbesondere dadurch auszeichnet, dass die Bezugnahme auf den Handelnden keine notwendige Bedingung für das sinnvolle Leben darstellt. Diese Einsicht wird in besonders pointierter Weise von Robert Nozick formuliert:

> Die bestimmten Dinge oder Ursachen, von denen Menschen meinen, dass sie ihr Leben sinnvoll machen, führen sie alle über ihre engen Grenzen hinaus und verbinden sie mit etwas anderem. Kinder, Beziehungen mit anderen Personen, anderen zu helfen, Gerechtigkeit voranzubringen, eine Tradition weiterzuführen und zu überliefern, Wahrheit, Schönheit und die Verbesserung der Welt anzustreben – dies und Ähnliches verbindet uns mit etwas Größerem als uns selbst [...].[25]

25 Nozick (1981), 595 (meine Übersetzung, M.R.). Im Original: »The particular things or causes people find make their life feel meaningful all take them beyond their own narrow limits and connect them up with something else. Children,

Eine solche Selbsttranszendenzthese bildet den Kulminationspunkt der bisherigen Überlegungen. In einer These zusammengefasst besagt sie in etwa Folgendes:

> D_5: Das Leben einer Person ist genau dann sinnvoll, wenn sie intrinsisch sinnvolle Tätigkeiten ausübt, die sich dadurch auszeichnen, dass sie auf Gegenstände ausgerichtet sind, die jenseits dieser Person liegen.

Es liegt auf der Hand, dass mit D_5 eine ziemlich plausible, aber noch wenig informative Bestimmung verbunden ist. Mit ihr wird lediglich eine negative Abgrenzung zur Seite der subjektivistischen Theorien geleistet. Ein positiver Vorschlag, der deutlich macht, was die Wendung »jenseits der Person« genau beinhaltet, ist mit der Selbsttranszendenzthese nicht verbunden. Das aber führt dazu, dass D_5 maximal liberal wird: Ihre Vertreter müssen schlicht *alle* Gegenstände für sinnstiftend halten, die jenseits des Handelnden liegen. Wie aber beurteilen wir einen Sisyphos, dem es nicht um sich, sondern um die Tätigkeit des Steinerollens geht? Wenn wir der Selbsttranszendenzthese folgen, muss ein solches Leben als sinnvoll bezeichnet werden. Nun gibt es aber im Diskurs so gut wie niemanden, der diese Schlussfolgerung tatsächlich teilt.[26] Und das aus gutem Grund: Das Leben von Sisyphos ist intuitiv immer noch das, was es bisher immer war: ein paradigmatischer Fall eines sinnlosen Lebens. Es auf eine Sinnstufe mit den Leben von Picasso, Einstein und Mutter Teresa zu heben, erscheint vor dem Hintergrund der alltäglichen Phänomendeutung dieser Fälle wenig überzeugend. Kurzum: Die Selbsttranszendenzthese führt aufgrund ihrer inhaltlichen Offenheit dazu, dass paradigmatische Fälle von sinnlosen Leben – wie das des Sisyphos – zu sinnvollen Leben erklärt werden müssen. Wenn diese kontraintuitive Konsequenz vermieden werden soll, bietet sich daher an, die Selbsttranszendenzthese inhaltlich enger zu fassen und zu bestimmen, was die Wendung »jenseits des Subjekts« genau beinhaltet und was von ihr ausgeschlossen wird.

relationships with other persons, helping others, advancing justice, continuing and transmitting a tradition, pursuing truth, beauty, world betterment – these and the rest link you to something wider than yourself […].«

26 Die berühmte Ausnahme von der Regel bildet der frühe Richard Taylor. Vgl. hierzu die Überlegungen in Kap. 2.3.1.

6.4.2 Positive Bestimmung: Das Schöne, Wahre und Gute

Es gibt verschiedene Vorschläge, die im Diskurs berücksichtigt werden, um die Gegenstände der Selbsttranszendenzthese positiv zu charakterisieren. Viele davon zeichnen sich jedoch dadurch aus, dass sie eine zu enge Vorstellung davon vermitteln, was einem Leben Sinn verleihen kann und was nicht. Drei Beispiele für eine solche Engführung finden sich in den Sinntheorien von Terry Eagleton, Richard Taylor und Joseph Mintoff. Blicken wir auf die jeweils zentrale axiologische These der drei Vertreter:

> Ein sinnvolles Leben ist ein kreatives, und was in dieser Hinsicht zurückbleibt, dem fehlt es an Bedeutung, in welchem Ausmaß auch immer. Was die Menschheit erlöst, sind nicht Könige, Kriegsgeneräle und Unternehmer, die ein hohes Privatvermögen erarbeiten, sosehr diese auch gefeiert und beneidet werden mögen. Stattdessen sind es Maler, Komponisten, Dichter, Philosophen, Schriftsteller – alle diejenigen, die durch ihre bloße Schöpfungskraft Dinge von großem Wert hervorbringen, Dinge die ohne sie nie existiert hätten [...].[27]

> Obwohl wir nur einen kleinen Teil der Welt beeinflussen können, haben wir (durch Wissenschaft) die Fähigkeit, das Universum als Ganzes zu verstehen und wie es funktioniert. [...] Zusätzlich sind die Prinzipien, die unser wissenschaftliches Denken bestimmen, und vielleicht sogar die Wahrheiten über die menschliche Natur, die wir in der Literatur erkennen können, von größerer Stabilität und Beständigkeit als alles, was wir voraussichtlich erreichen können.[28]

27 Taylor (1999), 14 (meine Übersetzung, M. R.). Im Original: »A meaningful life is a creative one, and what falls short of this lacks meaning, to whatever extent. What redeems humanity is not its kings, military generals and builders of personal wealth, however much these may be celebrated and envied. It is instead the painters, composers, poets, philosophers, writers – all who, by their creative power alone, bring about things of great value, things which, but for them, would never have existed at all [...].«

28 Mintoff (2008), 79 (meine Übersetzung, M. R.). Im Original: »Though we can influence only a small part of the world, we have the ability (through science) to understand the universe as a whole and how it works [...] Further, the principles which occupy our scientific thoughts, and perhaps even the truths about human nature we may discern from literature, are of greater stability and permanence than anything we are likely to achieve.«

Diese Art von Tätigkeit ist bekannt als agape, oder Liebe, und hat nichts mit erotischen oder selbst liebevollen Gefühlen zu tun. Das Gebot zu lieben ist gänzlich entpersonalisiert: Der Prototyp dieses Gebots ist die Liebe zu Fremden, nicht jenen, die man begehrt oder bewundert. Es ist eine Praxis oder eine Lebensweise, kein geistiger Zustand. Es besteht keine Verbindung zu warmen Gefühlen oder persönlichen Intimitäten. Ist Liebe also der Sinn des Lebens? Sie ist sicherlich der Favorit einiger kluger Beobachter, nicht zuletzt von Künstlern.[29]

Jeder der drei Vertreter scheint einen axiologischen Monismus zu favorisieren, wenngleich von einer jeweils anderen Sorte. Taylor ist fasziniert von den sinnvollen Leben großer Künstler; Mintoff betont den überragenden Sinnwert wissenschaftlicher Entdeckungen; Eagleton hält Dinge für sinngenerierend, die auf persönliche Nahbeziehungen zurückzuführen sind. Nun spricht nichts Prinzipielles gegen diese Theorien. Sie alle erläutern wichtige Instanziierungen des sinnvollen Lebens. Ein Problem entsteht jedoch in dem Moment, wenn *eine* Instanziierung verabsolutiert wird. Und genau das scheinen die drei Theorien zu tun. Es sind *nur* kreative Kunstproduktion (Taylor), *nur* wissenschaftliche Entdeckungen (Mintoff) oder *nur* persönliche Nahbeziehungen (Eagleton), die ein Leben sinnvoll machen können. Das aber scheint eine wenig überzeugende Verengung der tatsächlichen Sinnoptionen zu sein. Das sinnvolle Leben zeichnet sich vielmehr dadurch aus, dass es verschiedene Möglichkeiten der Realisierung gibt. Um Eagletons Monismus einmal herauszugreifen: Dieser beinhaltet, dass ausschließlich die Orientierung am Guten einen sinngenerierenden Charakter haben kann. Nun stellen wir uns Einstein vor, der sich als Wissenschaftler primär um seine wissenschaftlichen Forschungen bemüht. Ihm ging es vielleicht *auch* darum, anderen Menschen zu helfen, etwa seinen Newton'schen Kollegen, die er von ihrer unzureichenden Theorie befreien wollte. Im Kern bestand sein Anliegen aber darin, eine wissenschaftliche Theorie zu entwickeln, die wahre Aus-

29 Eagleton (2008), 97 (meine Übersetzung, M. R.). Im Original: »This kind of activity is known as agape, or love, and has nothing to do with erotic or even affectionate feelings. The command to love is purely impersonal: the prototype of it is loving strangers, not those you desire or admire. It is a practice or way of life, not a state of mind. It has no connection with warm glows or personal intimacies. Is love, then, the meaning of life? It has certainly been the favourite candidate of a number of astute observers, not least of artists.«

sagen über die Struktur der Wirklichkeit macht. Ihm ging es, so könnte man pointiert formulieren, um das Wahre und nicht um das Gute. Ist es einem solchen Einstein, wie Eagleton unterstellen muss, aufgrund seiner wissenschaftlichen Orientierung tatsächlich prinzipiell unmöglich, ein sinnvolles Leben zu führen? Darauf eine positive Antwort zu geben, erscheint nach all den Beispielen aus der Wissenschaft, die in dieser Studie als Paradebeispiele des sinnvollen Lebens angeführt wurden, ein kaum gangbarer Weg. Und diese Einschätzung gilt nicht nur für diese Studie: Auch im Gesamtdiskurs scheint ein axiologischer Monismus auf wenig Gegenliebe zu stoßen. Dort hat sich, wie in der Einleitung schon betont, die pluralistische Rede von den *drei* Wertdimensionen des Schönen, Wahren und Guten eingebürgert, die jeweils durch eigene Musterbeispiele des sinnvollen Lebens expliziert werden.[30] Ein Monismus, der nur eine einzige Sinndimension kennt, ist damit nicht nur phänomenologisch wenig überzeugend, sondern auch eine ziemlich extravagante These. Ich plädiere daher für eine pluralistische Variante der Deontologie. Sie lautet:

> D_6: Das Leben einer Person ist genau dann sinnvoll, wenn sie intrinsisch sinnvolle Tätigkeiten ausübt, die darauf ausgerichtet sind, Kunstwerke zu erschaffen, wissenschaftliche Wahrheiten zu entdecken und hilfsbedürftige Menschen zu unterstützen.

An dieser Stelle ist noch eine weitere formale Ergänzung angebracht, da die obige Formulierung noch keine Einschränkung hinsichtlich des Maßes an sinnvollen Tätigkeiten enthält. Fraglos gibt es einzelne Handlungen, die am Schönen, Wahren und Guten orientiert sind und die dieses Leben dennoch nicht über die Schwelle eines sinnvollen Lebens heben. Und sicherlich gibt es kleinere »Sinnverbrechen«, die allein einem Leben nicht den Sinn rauben. Damit die sinnhaften Tätigkeiten einen Einfluss auf den Lebenssinn haben, muss das quantitative Maß an Sinnhaftigkeit groß genug sein. Wie hoch dieses Maß genau ist, kann hier nicht entschieden werden, sondern muss im Rahmen einer substanziellen normativen Theorie beantwortet werden. Wichtig ist lediglich, diese Variable transparent zu machen. Eine modifizierte Version kann daher wie folgt lauten:

30 Vgl. Kap. 1.

D_7: Das Leben einer Person ist genau dann sinnvoll, wenn sie in ausreichendem Maße intrinsisch sinnvolle Tätigkeiten ausübt, die darauf ausgerichtet sind, Kunstwerke zu erschaffen, wissenschaftliche Wahrheiten zu entdecken und hilfsbedürftige Menschen zu unterstützen.

Diese Variante D_7 ist aus meiner Sicht die bestmögliche Variante einer deontologischen Theorie, wie sie sich aus der bestehenden Literatur zum sinnvollen Leben herausarbeiten lässt. Allerdings ist sie in der vorliegenden objektivistischen Formulierung immer noch wenig konkret mit Blick auf die *qualitativen* Grade innerhalb des sinnvollen Lebens.[31] Nicht jede künstlerische, wissenschaftliche und altruistische Tätigkeit ist in der gleichen Weise sinnvoll. Manche von ihnen scheinen sinnvoller als andere zu sein. Und manchmal sind sie sogar in einer herausragenden Weise sinnvoll. Es handelt sich dann um ein superlativisch sinnvolles Leben – eines wie das von Picasso, Einstein oder Mutter Teresa. Was ist es aber, was diese aus der Masse der sinnvollen Leben herausstechen lässt? Dieser Frage werde ich im Folgenden weiter nachgehen.

6.5 Auf der Suche nach dem superlativischen Sinn

6.5.1 Das Kriterium der Reichweite

Ein mögliches Kriterium für den superlativischen Sinn findet sich in der Sinntheorie von Quentin Smith, welche er in seinem Werk *Ethical and Religious Thought in Analytic Philosophy of Language* (1997) entwickelt. Smith erläutert darin sein Kriterium am Beispiel der wissenschaftlichen Tätigkeit. Den Ausgangspunkt seiner Überlegungen bildet eine allgemeine These über den Zweck der Wissenschaft. Dieser bestehe darin,

31 Darüber hinaus muss die objektivistische Theorie der Deontologie nicht nur durch qualitative Abstufungen ergänzt werden, sondern auch zahlreiche weitere Variablen integrieren, damit sie als eine Minimaltheorie des sinnvollen Lebens gelten kann. Vgl. für die finale Formulierung einer solchen Minimaltheorie die zusammenfassenden und ergänzenden Überlegungen in Kap. 7.

> […] zu erklären, warum Dinge sind und warum sie so sind, wie sie sind. Die höchste Entwicklung theoretischer Vernunft besteht darin, zu erkennen, warum alles existiert und warum alles die Eigenschaften besitzt, die es tatsächlich besitzt.[32]

Smith formuliert in dieser Textpassage ein Kriterium der Reichweite. Demnach gilt, dass genau diejenigen wissenschaftlichen Tätigkeiten den größtmöglichen Sinn generieren, welche als Basis möglichst vieler weiterer Erklärungen dienen können. Die bestmögliche Basis für viele Erklärungen sind genau diejenigen, die etwas darüber aussagen, welche Tiefenstruktur die Gesamtwirklichkeit hat und warum sie genau diese Struktur hat.

Obwohl Smith das Kriterium der Reichweite nicht auf die anderen beiden Bereiche des sinnvollen Lebens überträgt, lässt es sich mit etwas Interpretation auch für ästhetische und altruistische Tätigkeiten umformulieren. Demnach gilt: Wenn wir künstlerisch tätig werden, sollten wir uns für solche Themen interessieren, die für besonders viele Menschen relevant sind. Wenn wir jemandem helfen, sollten wir genau solche Handlungen wählen, die möglichst vielen Menschen helfen. Oder zusammengefasst als These formuliert:

> D_8: Das Leben einer Person ist genau dann superlativisch sinnvoll, wenn sie in ausreichendem Maße intrinsisch sinnvolle Tätigkeiten ausübt, die darauf ausgerichtet sind, Kunstwerke zu erschaffen, die besonders viele Menschen inspirieren, wissenschaftliche Wahrheiten zu entdecken, die für viele besonders grundlegend sind, und Hilfeleistungen anzubieten, die einer besonders großen Menge an Menschen zugutekommt.

Das ist auf den ersten Blick eine recht stichhaltige Erklärung dafür, warum wir die Tätigkeiten von Picasso, Einstein und Mutter Teresa für herausragend und bedeutsam halten. Picasso kreierte seine Kunstwerke in einer Weise, die für Generationen von Künstlern stilbildend war; Einstein entwickelte eine physikalische Theorie, die die Grundlage für viele weitere wissenschaftliche Forschungen

32 Smith (1997), 212 (meine Übersetzung, M. R.). Im Original: »[…] to explain why things are and why things are the way they are. The maximal development of theoretical reason is to know the reason why everything exists and why everything possesses the properties that are in fact possessed.«

darstellte; und Mutter Teresas humanitäre Hilfeleistungen haben dazu geführt, dass das Leiden einer großen Anzahl an Menschen gelindert wurde.

Auf den zweiten Blick ist die These jedoch weitaus weniger plausibel. Bleiben wir zunächst bei der wissenschaftlichen Tätigkeit: Diese soll in herausragender Weise sinnvoll werden, wenn der explanatorische Umfang der Theorie besonders groß wird. Im bestmöglichen Fall enthält die Theorie also eine metaphysische Erklärung, was die Welt im Innersten zusammenhält und warum die Welt so und nicht anders strukturiert ist. Das bedeutet im Ergebnis jedoch eine enorme Abwertung aller lokalen wissenschaftlichen Tätigkeiten, die gar nicht oder nur indirekt diesem Ziel verpflichtet sind. Hierzu ein Beispiel: Charles Darwin und Sigmund Freud haben sich zeitlebens mit einem gut eingegrenzten Bereich beschäftigt: der Entwicklung und Entstehung der biologischen Spezies bzw. der Struktur und Funktionsweise der menschlichen Psyche. Insofern das obige Kriterium der Reichweite zuträfe, hätten beide kein superlativisch sinnvolles Leben geführt. Mehr noch: Ihre Leben würden weit hinter die Sinnhaftigkeit von bekennenden Metaphysikern wie Platon, Aristoteles oder Thomas von Aquin zurückfallen. Das weicht allerdings nicht nur von der Standardansicht im traditionellen Diskurs ab, nach der gerade Darwin und Freud als Paradebeispiele für besonders herausragende Leben angeführt werden. Vielmehr deckt sich diese Abwertung auch nicht mit unserer alltäglichen Intuition, dass alle genannten Beispiele *in gleicher Weise* besonders herausragende Fälle von sinnvollen Leben instanziieren.

Eine analoge Argumentation lässt sich auch für die anderen Sinnbereiche führen. So kann durchaus zugegeben werden, dass Menschen ein herausragend sinnvolles Leben führen, wenn sie daran orientiert sind, mit ihren Kunstwerken möglichst viele Menschen zu inspirieren oder besonders vielen Menschen zu helfen. Gleichzeitig muss aber auch festgehalten werden, dass ein Mensch ein herausragend sinnvolles Leben führen kann, wenn er nur einem einzigen Menschen oder einer kleinen Gruppe von Menschen hilft. Man denke etwa an Eltern, die sich der Pflege eines behinderten Kindes verschrieben haben und davon ausgehend Stiftungen gründen, um andere Menschen mit ähnlichen Lebenssituationen zu unterstützen. Ebenso kann die künstlerische Produktion nur auf eine enge Klasse von Menschen gerichtet sein. Als Beispiel wären hier Künstlergruppen zu nennen, die ihre Werke nur auf eine begrenzte Rezipientengruppe zuschneiden – wie etwa die verschiedenen Spielarten der Lokalkunst.

Es scheint daher zu gelten, dass das Kriterium der Reichweite für das sinnvolle Leben zwar eine Rolle spielt, aber nicht diejenige, die ihr Smith zuspricht. Es bleibt für die Sinnhaftigkeit eines Lebens sicherlich nicht folgenlos, wenn sich die eigenen Tätigkeiten am explanatorischen Umfang oder der quantitativen Menge orientieren. Wenn sie das aber nicht tun, kann das Leben immer noch in herausragender Weise sinnvoll werden. Das aber impliziert, dass das Kriterium der Reichweite nicht das gemeinsame Band sein kann, das alle besonders herausragenden Leben zusammenhält. Es liefert einen zu engen Rahmen, um alle Fälle zu berücksichtigen.

6.5.2 Das Kriterium der Relevanz

Ein weiteres viel beachtetes Kriterium lässt sich aus den Überlegungen von Alan Gewirth herausarbeiten. Gewirth entwickelt in seinem Werk *Self-Fulfillment* (1998) die These, dass es nicht die Orientierung an der Reichweite der eigenen Tätigkeiten ist, die ein Leben besonders sinnvoll macht, sondern die Ausrichtung an der Relevanz der Tätigkeiten für die Betroffenen. Er schreibt:

> […] [W]ir haben Kriterien der Naturregulierung, Erklärungs- und Prognosefähigkeit und Allgemeingültigkeit, die uns befähigen, zwischen verschiedenen Graden kognitiver Exzellenz zu unterscheiden und somit die Grenzen zu überschreiten, die durch den beschränkten Geltungsbereich gewöhnlicher Sinneserfahrung vorgegeben werden. […] Ein besonders bedeutender Bereich der Selbstüberschreitung kann in den universalistischen moralischen Heiligen und Helden vorgefunden werden, die in Zeiten tödlicher Gefahr ihr Leben riskieren, um unschuldige Personen zu retten […].[33]

33 Gewirth (1998), 178 (meine Übersetzung, M. R.). Im Original: »[…] [T]here are criteria of control of nature, explanatory and predictive power, and generality that enable us to differentiate degrees of cognitive excellence and thereby to transcend the limits set by the restrictive purview of ordinary sense experience […] An especially eminent area of self-transcendence is found in the universalist moral saints and heroes who risk their lives in times of mortal danger to rescue innocent persons […].«

Man kann die Überlegungen von Gewirth so verstehen, dass er die Ausrichtung an einer nicht-partikularen Perspektive für ein Kennzeichen von besonders sinnvollen Leben hält.[34] »Nicht-partikular« meint an dieser Stelle, dass die Handlungen solche sind, die nicht für den Handelnden selbst, sondern für die Betroffenen besonders relevant sind. Er führt diese These, wie gesehen, am Beispiel des Guten aus. Die grundsätzliche Überlegung lässt sich aber auch auf die Bereiche des Schönen und Wahren übertragen. In diesem Fall können wir Gewirth die folgende These zuschreiben:

> D_9: Das Leben einer Person ist genau dann superlativisch sinnvoll, wenn sie in ausreichendem Maße intrinsisch sinnvolle Tätigkeiten ausübt, die darauf ausgerichtet sind, Kunstwerke zu erschaffen, die für die Rezipienten von besonderer Bedeutung sind, wissenschaftliche Wahrheiten zu entdecken, die für die wissenschaftliche Gemeinschaft besonders relevant sind, und Menschen zu unterstützen, für die Hilfeleistungen besondere Wichtigkeit haben.

Eine solche These können wir als Kriterium der Relevanz bezeichnen. Im Vergleich zum Kriterium der Reichweite hat es den folgenden Vorteil: Es kann diejenigen Leben, wie die von Darwin und Freud, die wir intuitiv für besonders herausragende Exemplare von sinnvollen Leben halten, auch theoretisch als solche ausweisen. Die Leben von Darwin und Freud sind in vergleichbarer Weise bewundernswert wie die von Metaphysikern wie Platon, Aristoteles und Thomas von Aquin, und zwar deshalb, weil ihre Leben in gleicher Weise an Entdeckungen ausgerichtet waren, die für ihren Gegenstand (in diesem Fall: die *scientific community*) relevant waren. Beide haben Theorien entwickelt, die sowohl einen explanatorischen als auch einen prognostischen Wert haben, etwa für Evolutionsbiologen, Pädagogen, Psychotherapeuten, Philosophen oder den interessierten Goetheleser. Anders als das Kriterium der Reichweite kann das Kriterium der Relevanz damit die Leben von Darwin und Freud zur Klasse der herausragend sinnvollen Leben rechnen.

Darüber hinaus scheint das Kriterium auch gut zu unserem alltäglichen Verständnis vom superlativischen Sinn zu passen. Das se-

34 Für eine ähnliche Deutung von Gewirth siehe auch Metz (2013a), Kap. 11.3.8.

hen wir etwa, wenn wir die Relevanz für die Betroffenen verringern. Wie sinnvoll wären etwa Leben, in denen Personen keinerlei Dinge hervorbringen, die für die Betroffenen in irgendeiner Weise von Bedeutung sind? Die Antwort scheint klar zu sein: Sie sind im Gegensatz zu denjenigen, die das tun, keine herausragenden Exemplare des sinnvollen Lebens. Wenn wir daher ein besonders sinnvolles Leben führen wollen, sollten wir darauf achten, dass die Relevanz unserer Handlungen für die davon Betroffenen gegeben ist. Damit haben wir eine notwendige Bedingung für herausragend sinnvolle Leben identifiziert. So weit die gute Nachricht.

Die schlechte Nachricht lautet jedoch, dass auch dieses Kriterium nicht vollends überzeugen kann. Und das liegt daran, dass es inhaltlich noch hochgradig unterbestimmt ist. Betrachten wir einige Beispiele: Nehmen wir an, dass sich jemand das Lebensziel setzt, die verschiedenen Facetten von Staub und Exkrement auf einer Leinwand zu porträtieren; oder denken wir an jemanden, der dem Ideal folgt, eine wissenschaftliche Theorie über das Paarungsverhalten einer bisher unerforschten Wurmart aufzustellen; oder stellen wir uns jemanden vor, der sein Leben damit verbringt, alle Menschen auf diesem Planeten mit Kaugummis für frischen Atem zu versorgen. Sind diese Leben tatsächlich auf derselben Sinnstufe wie diejenigen von Picasso, Einstein oder Mutter Teresa? Das lässt sich stark bezweifeln. Zwar kann man vielleicht (mit etwas Wohlwollen) zugestehen, dass diese Menschen sich für Dinge einsetzen, die ihr Leben über die Minimalschwelle des sinnvollen Lebens heben. Immerhin führen sie ein Leben, in dem nach dem ästhetisch Schönen gesucht wird; eines, welches sich dem wissenschaftlichen Fortschritt verpflichtet fühlt; oder eines, welches an den Bedürfnissen von anderen Menschen orientiert ist. Genauso muss aber auch zugestanden werden, dass die Art dieser Tätigkeiten nicht ausreichend ist, um diese Leben mit superlativischem Sinn auszustatten. Bei den Leben von Picasso, Einstein und Mutter Teresa scheint vielmehr noch ein zusätzlicher Aspekt hinzuzukommen, der im Rahmen der Sorge um die sachgetreue Abbildung von Staub und Exkrementen, der Erforschung des Paarungsverhaltens von Würmern und der Verbesserung der Mundhygiene nicht anzutreffen ist. Kurzum: Das Kriterium der Relevanz mag eine notwendige Bedingung sein, um den superlativischen Sinn zu bestimmen, aber alleine scheint es nicht hinreichend zu sein. Wenn daher an ihm festgehalten werden soll, muss es noch weiter angereichert und präzisiert werden.

6.5.3 Die Spezifika der Relevanz: fundamentale Bedingungen

Den wohl ausgefeiltesten Versuch, das Kriterium der Relevanz weiter zu schärfen, stellt die *fundamentality theory* von Thaddeus Metz dar. Metz entwickelt die Theorie in zahlreichen Aufsätzen und Überblicksartikeln, deren Kernaussagen inhaltlich in seinem Werk *Meaning in Life. An Analytic Study* (2013) zusammengefasst und auf den Punkt gebracht werden. In der einfachsten Formulierung umfasst seine Sinntheorie die folgende These:

> Das Leben einer menschlichen Person ist umso sinnvoller, je mehr sie ihre Vernunft gebraucht, und das auf eine Art, die Rationalität positiv an grundlegenden Bedingungen menschlicher Existenz ausrichtet.[35]

Die *fundamentality theory* enthält im ersten Teil der Formel mit der Formulierung »je mehr sie ihre Vernunft gebraucht« unverkennbar ein subjektives Element, welches im Wesentlichen die kognitive Zustimmung oder Einsicht des Agenten charakterisiert. Dass es sich hierbei um eine notwendige Bedingung von Sinn handelt, wurde oben bereits bestritten.[36] An dieser Stelle konzentriere ich mich daher lediglich auf den zweiten Teil der Formel, der die fundamentalen Bedingungen der menschlichen Existenz als relevantes objektives Element enthält. So verstanden können wir die Sinntheorie von Metz wie folgt zusammenfassen:

> D_{10}: Das Leben einer Person ist genau dann superlativisch sinnvoll, wenn sie in ausreichendem Maße intrinsisch sinnvolle Tätigkeiten ausübt, die darauf ausgerichtet sind, Kunstwerke zu erschaffen, die für die Rezipienten von besonderer Bedeutung sind, wissenschaftliche Wahrheiten zu entdecken, die für die wissenschaftliche Gemeinschaft besonders relevant sind, und Menschen zu unterstützen, für die Hilfeleistungen besondere

35 Metz (2013a), 222 (meine Übersetzung, M. R.). Im Original: »A human person's life is more meaningful, the more that she employs her reason and in ways that positively orient rationality towards fundamental conditions of human existence.«

36 Vgl. Kap. 6.3.2.

Wichtigkeit haben. Für die Betroffenen besonders »bedeutsam«, »relevant« und »wichtig« sind die Handlungen der Person genau dann, wenn diese auf fundamentale Bedingungen der menschlichen Existenz gerichtet sind.

Der Begriff der »fundamentalen Bedingung« ist erklärungsbedürftig. Metz erläutert ihn in Abgrenzung zur notwendigen Bedingung.[37] Eine notwendige Bedingung ist eine solche, die immer vorhanden sein muss, damit eine andere Bedingung des menschlichen Lebens auftrifft. Demgegenüber ist eine fundamentale Bedingung eine solche, die für die Ausbildung von vielen anderen Bedingungen kausal verantwortlich ist.[38] Beides kann auseinanderfallen. So ist nicht jede notwendige auch eine fundamentale Bedingung. Eine notwendige Bedingung der menschlichen Existenz ist etwa der Umstand, dass die menschliche Gattung noch nicht ausgelöscht wurde (z. B. durch ein Naturereignis). Allerdings handelt es sich hierbei nicht um eine fundamentale Bedingung, weil die bloße Existenz nicht dafür verantwortlich ist, dass Dinge hervorgebracht werden, die für uns von Wichtigkeit sind (z. B. die Ausübung unserer rationalen Fähigkeiten). Eine fundamentale Bedingung ist aber auch nicht immer eine notwendige Bedingung: So ist es durchaus vorstellbar, dass es nicht nur einen Weg gibt, um etwas von normativer Wichtigkeit hervorzubringen.

Was sind aber nun ganz konkrete Beispiele für fundamentale Bedingungen und wie kann dieses objektive Kriterium helfen, eine Differenzierung zwischen sinnvollen und superlativisch sinnvollen Leben zu rechtfertigen? Metz erläutert seine Antwort auf beide Fragen an den schon bekannten Musterbeispielen des sinnvollen Lebens im Bereich des Schönen, Wahren und Guten. Im Folgenden möchte ich diese Beispiele ausführlicher erläutern, um davon ausgehend die Stärken und Schwächen der Theorie genauer in den Blick nehmen zu können:

37 Vgl. Metz (2013a), 226.

38 Mit der kausalen Verantwortlichkeit wird nicht nur ein epistemisches Phänomen angesprochen, also der Umstand, dass fundamentale Bedingungen das Vorkommen von nicht-fundamentalen Bedingungen kausal erklären können. Vielmehr hat Metz auch ein metaphysisches Phänomen im Blick, welches darin besteht, dass fundamentale Bedingungen die nicht-fundamentalen Bedingungen ontologisch hervorbringen. Vgl. Metz (2013a), 226.

Das Schöne: Dostojewski und Picasso

Im Bereich der künstlerischen Tätigkeit bezieht Metz sich bei seiner Charakterisierung der fundamentalen Bedingung auf die Leben von Dostojewski und Picasso. Beide Leben interpretiert er als herausragend sinnvoll, weil sie sich in ihren künstlerischen Handlungen auf zentrale Themen der menschlichen Existenz beziehen, die kausal verantwortlich für viele andere Erfahrungen sind. Er erläutert:

> Ein fesselndes Kunstwerk kann nicht bloß eine Facette menschlichen Lebens verarbeiten, die wir alle (geneigt sind zu) erfahren, sondern handelt stattdessen, wie ich behaupten möchte, von jenen [grundlegenden, M. R.] Facetten menschlicher Erfahrung, die für viele weitere Aspekte menschlicher Erfahrung verantwortlich sind.[39]

Für Metz haben demnach Dostojewski und Picasso aus folgendem Grund ein besonders herausragend sinnvolles Leben geführt: Beide haben mit ihren Kunstwerken allgemeine Themen der menschlichen Existenz angesprochen – z. B. Leid, Unterdrückung, Liebe, Schicksal, Tod und Vergänglichkeit –, die für viele andere Erfahrungen in unserem Leben kausal relevant sind.

Im Vergleich zum Kriterium der Relevanz ist eine solche Charakterisierung aussichtsreich: So wurde oben bereits erläutert, dass dessen Vertreter sich der kontraintuitiven These anschließen mussten, dass künstlerische Tätigkeiten, die dazu dienen, möglichst detailliert alle Facetten von Dreck und Staub abzubilden, in einer herausragenden Weise sinnstiftend sind. Metz hingegen kann solche Tätigkeiten aus dem Bereich des superlativischen Sinns ausschließen, weil sie nicht auf fundamentale Bedingungen unseres Lebens gerichtet sind. Zwar ist für ihn nicht prinzipiell ausgeschlossen, dass diese Art von künstlerischen Tätigkeiten ein Leben sinnvoll machen können. In einer herausragenden Weise sinnstiftend werden sie aber nur in dem Moment, wenn sie dem Ziel verpflichtet sind, »mehr« als nur Dreck oder Staub zu porträtieren – nämlich: Erfahrungen hervorzubringen, die für viele andere Erfahrungen kausal relevant sind.

39 Metz (2013a), 230 (meine Übersetzung, M. R.). Im Original: »A compelling artwork cannot be about just any facet of human life that all of us (are disposed to) experience, but, instead, I submit, is about those facets of the human experience responsible for much else about the human experience.«

Das Wahre: Darwin und Einstein

Für den Bereich der wissenschaftlichen Tätigkeit erläutert Metz die fundamentale Bedingung am Beispiel der Leben von Darwin und Einstein. Beide haben sich in ihrer wissenschaftlichen Suche auf Aspekte gerichtet, die kausal für die menschliche Existenz im Speziellen und der Gesamtwirklichkeit im Allgemeinen verantwortlich sind. Er erläutert diesen Punkt wie folgt:

> [...] Kenntnis unserer selbst ist unmittelbar interessant oder besonders wert, verfolgt zu werden, insofern sie jene Merkmale offenlegt, die viele andere Aspekte von uns als Spezies oder Art begründen. [...] Reflexion ist ebenfalls besonders wichtig (aus anderen Gründen als durch ihre Resultate), wenn und weil sie Facetten unserer Welt offenlegt, die größtenteils verantwortlich für vieles weitere in ihr sind.[40]

Die sinnstiftende Kraft der Arbeit von Darwin besteht also darin, dass die in der Evolutionstheorie beschriebenen Prozesse kausal für viele zentrale Bedingungen der menschlichen Existenz relevant sind – zumindest, wenn man davon ausgeht, dass Menschen ihre Existenz der natürlichen Selektion verdanken. Gleiches gilt auch für die Forschungen von Einstein. Dieser hat laut Metz mit seiner allgemeinen und speziellen Relativitätstheorie wichtige Aspekte der raumzeitlichen Welt aufgedeckt. Damit aber habe Einstein fundamentale Bedingungen der Wirklichkeit identifiziert, d.h., solche Aspekte, die für viele weitere Prozesse im Universum ursächlich sind.

Mit dieser Charakterisierung der fundamentalen Bedingung hat Metz nun das Rüstzeug in der Hand, um die kritischen Fälle, die gegen das Kriterium der Relevanz sprachen, auszuschließen. Demzufolge können die Forschungen von jemandem, der das Paarungsverhalten einer noch unbekannten Wurmart zum Gegenstand hat, zwar durchaus sinngenerierend sein. Sie sind jedoch nicht in einer herausragenden Weise sinnfördernd wie die Forschungen von Darwin und Einstein. Das liegt daran, dass die Gegenstände von Ersteren im Gegensatz zu Letzteren nicht für viele andere Dinge kausal

40 Metz (2013a), 229 (meine Übersetzung, M.R.). Im Original: »[...] Knowledge of ourselves is intuitively interesting or particularly worth pursuing insofar as it discloses those features that account for many other aspects of us as a species or kind. [...] [C]ontemplation is also particularly important (for reasons other than its results) when and because it reveals facets of our world that are largely responsible for much else about it.«

relevant sind, die für die menschliche Existenzweise wichtig sind. Zwar können manchmal auch Forschungen über das Paarungsverhalten einer neuen Wurmart kausal relevant sein, zum Beispiel, wenn sie uns speziesübergreifende Erkenntnisse liefern, die für viele andere Aspekte der menschlichen Existenz relevant sind. In der Regel tun sie das aber nicht, weshalb wir diese Forschungen nach Metz nicht als superlativisch sinnstiftend auffassen sollten.

Das Gute: Nelson Mandela und Mutter Teresa

Für Metz handelt es sich bei den Leben von Nelson Mandela und Mutter Teresa um zwei Musterexemplare eines herausragend sinnvollen Lebens. Das liegt ihm zufolge an zwei fundamentalen Bedingungen, die durch sie gefördert wurden:

Zum einen begründet sich die besondere Sinnhaftigkeit darin, dass sie sich an der rationalen Natur von anderen Menschen orientiert haben. Oder in seinen eigenen Worten:

> Die rationale Natur, insbesondere insofern sie in autonomen Entscheidungen zu tage tritt, ist verantwortlich für vieles im Verlauf eines menschlichen Lebens.[41]

Gemeinsam ist Mandela und Mutter Teresa damit Folgendes: Beide haben sich im Kampf gegen die Apartheid und mit der Hilfe für kranke und hilfsbedürftige Menschen dem Ziel verschrieben, eine menschliche Fähigkeit zu fördern, die für viele werthafte Aspekte des menschlichen Lebens verantwortlich ist – die menschliche Vernunft. Und genau diese Orientierung an der fundamentalen Bedingung der Vernunft macht ihr Leben herausragend sinnvoll.

Zum anderen waren beide Leben aber auch in besonderer Weise sinnvoll, weil sie neben der Vernunft auch noch eine andere fundamentale Bedingung im Blick hatten, die Metz als menschliche Beziehungsfähigkeit charakterisiert.[42] Beide haben mit ihren altruistischen Handlungen dafür gesorgt, dass Menschen wieder zwischenmenschliche Beziehungen aufnehmen konnten, die vorher aufgrund eines ungleichen Gesellschaftssystems oder aufgrund von Krankheit unmöglich gemacht wurden.

41 Metz (2013a), 227 (meine Übersetzung, M. R.). Im Original: »Rational nature, particularly as it is manifested in autonomous decision-making, is largely responsible for much about the course of a normal human's life.«

42 Metz (2013a), 227.

Für Metz hat der Fokus auf die beiden fundamentalen Bedingungen eine enorme systematische Attraktivität: Er kann nun auch theoretisch ausschließen, was das Kriterium der Relevanz nicht ausschließen konnte, nämlich das intuitive Urteil, dass die Sorge um den frischen Atem der Mitmenschen das Leben in einer superlativischen Weise sinnvoll macht. Das begründet sich dadurch, dass die Orientierung an der Mundhygiene nicht auf die Förderung von fundamentalen Bedingungen gerichtet ist, wie etwa die Förderung von Vernunft oder Beziehungsfähigkeit. Sie richtet sich vielleicht auf nützliche und gesundheitsförderliche Aspekte. Aber sie richtet sich nicht auf die Förderung von Fähigkeiten, die wir für grundlegend halten, weil sie viele andere Dinge, die für unsere Existenz wichtig sind, kausal hervorbringen. Und das ist der Grund, warum ein solches Leben nicht auf der gleichen Stufe mit dem von Nelson Mandela und Mutter Teresa steht.

Wie ist die Überzeugungskraft der *fundamentality theory* einzuschätzen? Zunächst einmal sollte deutlich geworden sein, dass die Theorie die Schwierigkeiten des Kriteriums der Relevanz vermeiden kann, weil sie ein deutlich engeres Korsett für den superlativischen Sinn bereitstellt. Durch die Einführung der fundamentalen Bedingung können diejenigen Leben, die wir intuitiv für nicht-superlativisch sinnvoll halten, theoretisch ausgeschlossen werden. Handlungen wie das Porträtieren von Dreck, die Erforschung des Paarungsverhaltens einer neuen Wurmart oder die Förderung der menschlichen Mundhygiene machen ein Leben nicht superlativisch sinnvoll, weil ihnen – wie oben erläutert – die Ausrichtung auf fundamentale Bedingungen fehlt. In dieser Hinsicht ist Metz' *fundamentality theory* dem Kriterium der Relevanz überlegen. Gleichwohl muss man konstatieren, dass sich in einigen anderen Hinsichten zumindest ein weiterer Präzisierungsbedarf ergibt. Drei Diskussionspunkte, die uns helfen können, die Theorie in ihrer konkreten Ausformulierung noch zu schärfen, sollen kurz ausgeführt werden.

Erstens ist augenscheinlich, dass Metz keinen wertneutralen Begriff von »menschlicher Existenz« verwendet, sondern einen solchen, der ethische Konnotationen beinhaltet. Sein Gedankengang scheint in etwa der Folgende zu sein: Wenn wir wissen wollen, ob jemand ein superlativisch sinnvolles Leben führt, müssen wir schauen, ob er sich an fundamentalen Bedingungen orientiert. Wie können wir solche Bedingungen identifizieren? Seine Antwort: Wir erkennen sie daran, dass sie für die menschliche Existenz kausal relevant sind. Zu diesen kausal relevanten Faktoren gehören für Metz, wie oben ausgeführt, bestimmte Fähigkeiten, Prozesse und Erfahrungen, die in den Bereichen des Schönen, Wahren und Guten verortet werden können. Warum aber sind genau *diese* Fähigkeiten, Prozesse und Erfahrungen relevant und keine anderen? Darauf gibt Metz keine explizite Antwort. Es ist aber zu vermuten, dass er die Frage nach den »richtigen« Fähigkeiten, Prozessen und Erfahrungen nicht als empirische Frage versteht, die beispielsweise mittels einer Meinungsumfrage beantwortet werden kann. Vielmehr deutet einiges darauf hin, dass er sie als praktische Orientierungsfrage versteht, deren angemessene Bearbeitung eine Theorie der ethischen Wichtigkeit voraussetzt.[43] Metz möchte in seinen Überlegungen mithin nicht ermitteln, was wir faktisch für unsere Existenzweise als kausal relevant einstufen, sondern was wir als kausal relevant einstufen sollten. Nun ist seine ethische Deutung des Existenzbegriffs zwar kein grundsätzliches Problem. Sie sollte aber wenigstens in der Formulierung der Sinntheorie transparent gemacht werden, um Missverständnisse über die systematische Ausrichtung der *fundamentality theory* zu vermeiden. Ich schlage daher vor, Metz' Sinntheorie wie folgt zu modifizieren:

> D_{11}: Das Leben einer Person ist genau dann superlativisch sinnvoll, wenn sie in ausreichendem Maße intrinsisch sinnvolle Tätigkeiten ausübt, die darauf ausgerichtet sind, Kunstwerke zu erschaffen, die für die Rezipienten von besonderer Bedeutung sind, wissenschaftliche Wahrheiten zu entdecken, die für die wissenschaftliche Gemeinschaft besonders relevant sind, und Menschen zu unterstützen, für die Hilfeleistungen besondere Wichtigkeit haben. Für die Betroffenen besonders »bedeutsam«, »relevant« und »wichtig« sind die Handlungen der Person genau dann, wenn diese auf solche fundamentalen Bedingungen gerichtet sind, die für uns Menschen von ethischer Wichtigkeit sind.

43 Die von ihm gewählte ethische Perspektive lässt sich bereits aus seinem Verständnis des Sinnbegriffs ableiten. So versteht etwa Metz Sinn als »something that would be intrinsically good to have in one's life (or of something that provides a basic reason for action)«. Metz (2001a), 140.

Zweitens ist Metz' Theorie der ethischen Wichtigkeit in axiologischer Hinsicht keineswegs neutral. Das lässt sich an der Liste von Beispielen für fundamentale Bedingungen ablesen: Im Bereich des Schönen sind es Erfahrungen wie Leid, Unterdrückung, Liebe, Schicksal, Tod und Vergänglichkeit; im Bereich des Wahren sind es bestimmte kausale Prozesse und Weltzustände, welche die menschliche Existenz und die Gesamtwirklichkeit hervorbringen; im Bereich des Guten sind es Fähigkeiten wie vernünftiges Überlegen und soziale Bindungsfähigkeit. Metz scheint also konkrete inhaltliche Vorstellungen darüber zu haben, was im Bereich des Schönen, Wahren und Guten relevant ist und was nicht. Diese inhaltlichen Annahmen sind jedoch nicht nur fragwürdig, sondern auch aus methodischen Gründen unnötig. Das erkennen wir, wenn wir uns vor Augen führen, dass die Zielperspektive von Metz eigentlich gar nicht darin besteht, eine inhaltlich substanzielle, sondern eine formale Theorie des sinnvollen Lebens zu entwickeln. Sein Anspruch besteht nicht darin, eine Theorie über die Inhalte der fundamentalen Bedingungen zu präsentieren, sondern lediglich die These zu verteidigen, dass sich alle Menschen an fundamentalen Bedingungen ausrichten müssen, um ein herausragend sinnvolles Leben zu führen. Um diesem Projekt nachzugehen, muss er jedoch – anders, als er es tut – gar keine Auskunft darüber geben, um welche Bedingungen es sich konkret handelt. Aus diesem Grund möchte ich vorschlagen, die Sinntheorie von Metz durch den Zusatz »in noch näher zu bestimmender Weise« zu entschärfen, insbesondere auch um Missverständnisse hinsichtlich seiner inhaltlichen Voraussetzungen zu vermeiden. Die neue Formulierung der Theorie lautet dann:

> D_{12}: Das Leben einer Person ist genau dann superlativisch sinnvoll, wenn sie in ausreichendem Maße intrinsisch sinnvolle Tätigkeiten ausübt, die darauf ausgerichtet sind, Kunstwerke zu erschaffen, die für die Rezipienten von besonderer Bedeutung sind, wissenschaftliche Wahrheiten zu entdecken, die für die wissenschaftliche Gemeinschaft besonders relevant sind, und Menschen zu unterstützen, für die Hilfeleistungen besondere Wichtigkeit haben. Für die Betroffenen besonders »bedeutsam«, »relevant« und »wichtig« sind die Handlungen der Person genau dann, wenn diese auf solche fundamentalen Bedingungen ge-

richtet sind, die für uns Menschen in einer noch näher zu bestimmenden Weise von ethischer Wichtigkeit sind.

Drittens enthält die Theorie eine erstaunliche Engführung mit Blick auf die menschliche Existenz als Gegenstandsbereich der fundamentalen Bedingung. Diese Engführung ist aus zwei Gründen erstaunlich. Zum einen, weil Metz selbst mindestens für den Bereich der wissenschaftlichen Forschung bereit ist, auch fundamentale Bedingungen für die Gesamtwirklichkeit einzuführen, die selbst nicht auf ihren Wert für die menschliche Existenz zurückgeführt werden.[44] Zum anderen, weil er selbst den Fall diskutiert, dass es auch fundamentale Bedingungen geben könnte, die auf die Förderung von tierischem Leben ausgerichtet sind. Er erwägt sogar, den Gegenstandsbereich im Rahmen einer Theorie der organischen Einheit à la Nozick auszuweiten.[45] Und es erscheint darüber hinaus auch plausibel, diesen systematischen Weg zu gehen: Eine solche Ausweitung scheint der Intuition Rechnung zu tragen, dass wir auch dann ein herausragend sinnvolles Leben führen, wenn wir uns Dingen widmen, die nichts mit Menschen und ihrer Existenzweise zu tun haben. Um diese Einsicht in die Theorie aufzunehmen, können wir die Sinntheorie ein letztes Mal modifizieren:

> D_{13}: Das Leben einer Person ist genau dann superlativisch sinnvoll, wenn sie in ausreichendem Maße intrinsisch sinnvolle Tätigkeiten ausübt, die darauf ausgerichtet sind, Kunstwerke zu erschaffen, wissenschaftliche Wahrheiten zu entdecken oder hilfsbedürftige Entitäten (Menschen, Tiere, Pflanzen, unbelebte

44 So nennt er das Beispiel von wissenschaftlichen Entdeckungen, die ein menschliches Leben besonders sinnvoll machen, aber gerade nicht die menschliche Existenz betreffen: »[Scientific, meine Ergänzung, M.R] contemplation is also particularly important (for reasons other than its results) when and because it reveals facets of our world that are largely responsible for much else about it; for example, space-time, energy, light, waves, gravity, atomic structure, and other concepts central to the natural sciences, as well as causation, necessity, properties, and other core notions of metaphysics.« Metz (2013a), 229.

45 Siehe Metz (2013a), 239: »One might consider fundamentality with respect to human and animal existence, or with respect to the life of organisms, or perhaps with regard to organic unities, where there are hierarchies of complexity among beings in the natural world that would ground differential amounts of meaning upon positive orientation towards their fundamental condition.«

Natur usw.) zu unterstützen. Darüber hinaus müssen die Handlungen der Person auf fundamentale Bedingungen gerichtet sein, die für die verschiedenen Bestandteile der Gesamtwirklichkeit (Menschen, Tiere, Pflanzen, unbelebte Natur usw.) in einer noch näher zu bestimmenden Weise von ethischer Wichtigkeit sind.

6.5.3.1 Die Kritik an der modifizierten ›fundamentality theory‹

Eine so präzisierte *fundamentality theory* scheint derzeit die überzeugendste Theorie des superlativischen Sinns zu sein, die sich auf der Basis der verfügbaren Literatur ermitteln lässt. Sie ist, wenn wir den dialektischen Überlegungen des Kapitels folgen, sowohl denjenigen Theorien überlegen, die ein Kriterium der Reichweite vertreten, als auch denjenigen, die das Relevanzkriterium bevorzugen. Dennoch, so möchte ich argumentieren, steht auch die modifizierte *fundamentality theory* am Ende auf tönernen Füßen. Was ist ihr zentrales Problem? Dieses besteht meiner Ansicht nach darin, dass sie eine zu enge Auffassung davon hat, was das Leben in superlativischer Weise sinnvoll macht, und damit einige paradigmatische Fälle von sinnvollen Leben ausschließen muss. Ein Beispiel, an dem sich diese Vermutung belegen lässt, wird von Iddo Landau erläutert[46]: Stellen wir uns das Leben eines Wissenschaftlers vor, der dazu beiträgt, ein Armageddon abzuwenden – zum Beispiel, indem er ein finales Rettungsszenario entwirft und dieses auch mithilfe eines Teams erfolgreich umsetzt. Ist eine solche Handlung eine, die das Leben des Lebensretters mit Sinn erfüllt? Unsere Intuitionen scheinen in diese Richtung zu deuten. Es scheint sogar ein Kandidat für superlativischen Sinn zu sein, denn was sollte noch bedeutsamer und bewundernswerter sein, als Handlungen auszuführen, die die Menschheit vor ihrer Auslöschung retten? Die Schwierigkeit für Metz besteht jedoch darin, dass er diese Intuition auf dem Boden seiner Theorie nicht berücksichtigen kann. Das liegt daran, dass er die kausale Verantwortlichkeit als ein Kriterium für superlativischen Sinn charakterisiert. Es müsste daher gelten, dass die Rettung der Menschenleben kausal verantwortlich für viele andere relevante

46 Vgl. Landau (2013).

Dinge ist. Das trifft aber offensichtlich nicht zu. Die bloße Existenz (oder in diesem Fall: Weiterexistenz) ist keine direkte Ursache dafür, dass Menschen andere Dinge, die für sie wichtig sind, ausüben. Sie ist notwendig, keine Frage. Aber die anderen Dinge werden nicht bereits durch das eigene Weiterleben verursacht. Entsprechend muss Metz die kontraintuitive These vertreten, dass diese Fälle keine Instanziierungen von superlativischem Sinn darstellen.

Allerdings muss auch Metz sich gegenüber dieser Kritik nicht kampflos ergeben. Ihm stehen zumindest zwei ernstzunehmende Verteidigungsstrategien zur Verfügung.

Option 1: Die Marginalisierung des Gegenbeispiels

Eine erste Möglichkeit, auf die Kritik zu reagieren, besteht darin, das Gegenbeispiel als Einzelfall zu marginalisieren. Demnach ist das Lebensretterbeispiel möglicherweise von der Theorie nicht zu integrieren, aber es bildet eher die berühmte Ausnahme von der Regel, die theoretisch durchaus zu verkraften ist. Dem ist Folgendes zu entgegnen: Zwar ist es richtig, dass es Fälle geben kann, die der Theorie widersprechen können, ohne gleich die Theorie als Ganze in Frage zu stellen. Beim Lebensretterbeispiel handelt es sich aber nicht um einen Sonderfall, sondern um ein Beispiel, das durch viele andere ergänzt werden kann: Denken wir etwa an Künstler wie Caravaggio, die mit ihren Kunstwerken auf grundlegende menschliche Erfahrungen wie Vergänglichkeit und Tod aufmerksam machen; oder an Wissenschaftler wie Max Planck, der mit seinen grundlagentheoretischen Forschungen zur Quantenphysik die Entstehung und Entwicklungen der Gesamtwirklichkeit beschrieben hat; oder an Altruisten wie Florence Nightingale, die mit ihrer Pflege vielen Menschen über eine schwere Krankheit hinweggeholfen haben. Die Liste ließe sich endlos fortsetzen. Gemeinsam ist allen Beispielen, dass in ihnen fundamentale Bedingungen keine Rolle spielen. Caravaggio, Planck und Nightingale richten sich mit ihren Handlungen nicht auf Erfahrungen, Prozesse oder Fähigkeiten, die die Ursache dafür sind, dass etwas von normativer Wichtigkeit entstehen kann. Vielmehr ist die schwächere Behauptung angemessener, dass sie sich auf solche Handlungen richten, die die Voraussetzung dafür bilden, um etwas von normativer Wichtigkeit zu realisieren. Caravaggio richtet seine Aufmerksamkeit auf grundlegende Erfahrungen (z. B. Vergänglichkeit und Tod), die es ermöglichen, viele konkrete Erfahrungen zu machen, die für Menschen wichtig sein können. Planck richtet seine Forschung auf die Bedingungen (z. B. die Struktur von Quanten), die die Entstehung und Entwicklung des Universums ermöglicht haben. Nightingale richtet ihre Hilfe auf Bedingungen (z. B. das Überleben der Menschen), die die Voraussetzungen dafür bilden, dass Menschen ein gutes Leben führen können.

Insofern man daher tatsächlich an einer phänomengerechten Theorie des Lebenssinns interessiert ist, sollte man diese Beispiele ernst nehmen. Es sollte anerkannt werden, dass es Instanziierungen von superlativisch sinnvollen Leben zu geben scheint, die nicht auf fundamentale Bedingungen gerichtet sind. Diese können nicht, wie die Verteidigungsstrategie es nahelegt, verharmlost oder gar ignoriert werden.

Option 2: Die theoretische Neudeutung der Phänomene

Eine zweite Möglichkeit besteht darin, die gerade formulierten Arbeitslasten zu akzeptieren und eine alternative Interpretation der Gegenbeispiele anzubieten. Diese Strategie scheint auch Metz zu vertreten.[47] Er formuliert sie im Rahmen einer Entlarvungsargumentation: Demnach ist es zwar dem ersten Anschein nach so, dass die Beispiele gegen die Theorie sprächen, bei Lichte besehen ließen sie sich aber als Scheinfälle entlarven. Um das zu zeigen, bezieht er sich auf das schon besprochene Lebensretterbeispiel. Dessen Pointe bestand darin, dass wir mit dem Lebensretter ein Beispiel für ein superlativisch sinnvolles Leben vor Augen haben, ohne dass ein Bezug auf eine fundamentale Bedingung vorliegt. Das ist jedoch nach Metz eine Fehldeutung. Für ihn handelt es sich beim Lebensretter überhaupt nicht um eine Instanziierung von superlativischem Sinn. Um diese These zu verdeutlichen, stellt er eine Variation des Lebensretter-Gedankenexperiments vor. Sein Beispiel basiert darauf, dass die Rettung der Menschen auf der Erde zwar erfolgreich war, die Geretteten aber nach der Tat ein Leben hätten, das noch schlimmer als der Tod wäre – z. B. ein Leben in unendlichen Leiden und Qualen. Nehmen wir weiterhin an, dass der Lebensretter diese Konsequenz vorhersehen konnte und daher mit seiner Rettung mitverursacht hat. Handelt es sich in diesem Fall um ein herausra-

47 Er erläutert diese Strategie explizit als Entgegnung auf das Lebensretterbeispiel von Iddo Landau, siehe Metz (2013a), 236f.

gend sinnvolles Leben? Metz verneint diese Frage. Ihm zufolge würde kaum jemand das Leben des leidverursachenden Lebensretters noch für herausragend sinnvoll halten. Das aber zeigt nach Metz Folgendes: Anders, als die obige Kritik unterstellt, ist das bloße Faktum der Lebensrettung kein Kriterium für superlativischen Sinn. Es kann somit nicht als Ausgangspunkt einer Argumentation gegen seine Theorie des superlativischen Sinns ins Feld geführt werden.

Darauf möchte ich drei Dinge entgegnen:

Erstens reicht es nicht aus, die Überzeugungskraft der eigenen Theorie zu behaupten, wenn nur auf ein einziges Gegenbeispiel eingegangen wird. Es müssten stattdessen alle der obigen Einzelfälle geprüft werden. Insofern das nicht geschehen ist, bleibt die tatsächliche Leistungsfähigkeit der Verteidigung offen. Man kann allerdings an dieser Stelle vielleicht etwas Wohlwollen walten lassen. Es ist ja nicht auszuschließen, dass sich in den anderen Fällen eine analoge Argumentation vorbringen ließe. Wenn das zugestanden wird, ergibt sich jedoch ein weitaus schwerwiegenderes Problem.

Zweitens zeigt die Verteidigung nämlich streng genommen nicht, was sie zeigen soll. Nach Metz soll gezeigt werden, dass die Förderung des Überlebens kein Kriterium ist, um superlativischen Sinn zu stiften. Dafür führt er das Beispiel des Lebensretters an, der durch seine Tat qualvolle Leben hervorbringt. Nun ist Metz zuzustimmen, dass es sich hierbei nicht um ein herausragend sinnvolles Leben handelt. Seine Erklärung hierfür, dass das am fehlenden superlativischen Sinn der Förderung der Weiterexistenz liege, ist jedoch nicht logisch zwingend. So könnte man sich auch eine alternative Erklärung des Falles vorstellen. Diese könnte beinhalten, dass die Förderung des Überlebens zwar superlativisch sinngenerierend ist, aber durch andere Aspekte überwogen wird, sodass das Leben der Lebensretter *all things considered* nicht superlativisch sinnvoll wird. Das negative Urteil über den Lebenssinn des Retters muss also nicht notwendigerweise am fehlenden superlativischen Sinn der Förderung des Überlebens liegen. Diese alternative Deutung wird jedoch von Metz nicht argumentativ ausgeschlossen. Entsprechend kann er auch nicht behaupten, ein zwingendes Argument geliefert zu haben. Es bleibt vielmehr eine offene Frage, ob die Förderung des Überlebens einen superlativischen Lebenssinn generieren kann oder nicht. Gleichwohl kann Metz natürlich versuchen, diese argumentative »Lücke« zu schließen. Das kann er tun, indem er die phänomenologische Überlegenheit seines Vorschlages betont, dass der Lebensretter kein Beispiel für superlativischen Sinn darstellt. Wenn er diese Richtung einschlägt, stoßen wir auf die meiner Meinung nach entscheidende Schwierigkeit für seine Theorie.

Drittens ist nämlich fraglich, ob diese Deutung tatsächlich einer näheren Betrachtung standhält. Wer der Menschheit das Überleben sichert oder entscheidend dazu beiträgt, scheint sich in besonderer Weise für ein sinnvolles Leben zu qualifizieren. Es wäre sogar die ernsthafte Frage zu stellen, was eigentlich einen höheren Wert haben sollte, als 7,5 Milliarden Menschen auf diesem Planeten vor der Ausrottung zu bewahren. Zwar kann es sein, dass es – wie oben angedeutet – Faktoren gibt, die den Sinn schmälern, zum Beispiel, wenn die menschliche Weiterexistenz besonders qualvoll ist. Was jedoch kaum bezweifelt werden kann, ist der Umstand, dass eine Lebensrettung in diesem Umfang einen herausragenden Einfluss auf den Lebenssinn hat. Dass Metz diese Annahme zurückweist, hat daher vielleicht eher mit internen Theorienzwängen zu tun als mit dem Interesse an einer sachgerechten Auslegung der Phänomene.

Fassen wir die Diskussion zusammen: Am Ende scheint es Gegenbeispiele zu geben, die zeigen, dass ein herausragend sinnvolles Leben nicht immer auf fundamentale Bedingungen gerichtet ist. Das ist für die *fundamentality theory* folgenreich, weil es zeigt, dass ihr Kriterium nicht den kleinsten gemeinsamen Nenner für superlativischen Sinn darstellt. Sie liefert ein zu enges Kriterium, weil es einige Fälle von herausragend sinnvollen Leben – wie das Lebensretterbeispiel – nicht erfassen kann.

6.5.4 Ein neuer Vorschlag: Die Ermöglichungstheorie

Die Diagnose zur Theorie von Metz möchte ich zum Ausgangspunkt für einen eigenen Vorschlag nehmen. Dieser basiert darauf, die Schwierigkeiten der *fundamentality theory* zu vermeiden, indem ein offeneres und weniger spezifisches Relevanzkriterium angeboten wird, um »normal« sinnvolle von superlativisch sinnvollen Leben zu unterscheiden. Als Vorschlag möchte ich die Ermöglichungsbedingung als Kriterium diskutieren. Was ist eine ermöglichende

Bedingung? Das können wir sehen, wenn wir sie von der schon bekannten fundamentalen Bedingung abgrenzen. Eine fundamentale Bedingung war eine solche, die die kausale Verantwortung dafür trägt, dass etwas hervorgebracht wird, das für die Bestandteile der Gesamtwirklichkeit von ethischer Wichtigkeit ist. Demgegenüber ist eine ermöglichende Bedingung eine solche, die die Voraussetzungen schafft, damit etwas von ethischer Wichtigkeit auftreten kann. Sie ist nicht verantwortlich, sondern – so könnte man metaphorisch sagen – bereitet lediglich den Boden dafür, dass etwas Werthaftes möglich wird. So verstanden könnte die neue Theorie des superlativischen Sinns wie folgt formuliert werden:

> D_{14}: Das Leben einer Person ist genau dann superlativisch sinnvoll, wenn sie in ausreichendem Maße intrinsisch sinnvolle Tätigkeiten ausübt, die darauf ausgerichtet sind, Kunstwerke zu erschaffen, wissenschaftliche Wahrheiten zu entdecken oder hilfsbedürftige Entitäten (Menschen, Tiere, Pflanzen, unbelebte Natur usw.) zu unterstützen. Darüber hinaus müssen die Handlungen der Person auf ermöglichende Bedingungen gerichtet sein, die für die verschiedenen Bestandteile der Gesamtwirklichkeit (Menschen, Tiere, Pflanzen, unbelebte Natur usw.) in einer noch näher zu bestimmenden Weise von ethischer Wichtigkeit sind.

Eine Theorie, die eine solche These beinhaltet, können wir als Ermöglichungstheorie bezeichnen. Ihre Attraktivität liegt auf der Hand: Dadurch, dass sie ein besonders liberales Bedingungsverständnis etabliert, verspricht sie, die Schwierigkeiten der *fundamentality theory* zu vermeiden. Diese hatte das Problem, dass sie mit Beispielen von superlativisch sinnvollen Leben konfrontiert wurde, die sie nicht in ihre Theorie integrieren konnte. Ihr zufolge handelt es sich bei Handlungen von Lebensrettern, etwa im Fall eines abgewendeten Armageddons, nicht um superlativisch sinnstiftende Handlungen. Das liegt darin begründet, dass das Retten von Leben keine fundamentale Bedingung ist, also eine solche, die kausal dafür verantwortlich ist, dass die geretteten Menschen etwas von Wert hervorbringen können. Diese Schlussfolgerung kann die Ermöglichungstheorie vermeiden. Sie kann die Intuition konservieren, dass die Lebensretter tatsächlich eine maximal sinnvolle Handlung ausgeführt haben, die ihr Leben als besonders herausragend sinnvoll erscheinen lässt. Der Grund dafür ist, dass der Lebensretter mit seiner Tat den Geretteten ermöglicht, am Leben zu bleiben und damit weiterhin die Chance zu haben, in ihrem Leben Dinge zu tun, die normative Wichtigkeit haben. Diese Ermöglichungsbedingung ist das entscheidende Kriterium, um dem Leben des Lebensretters einen besonders hohen Sinngehalt zu verleihen.

Nun ist die Diskussion damit natürlich noch nicht beendet. Auch gegenüber der von mir favorisierten Ermöglichungstheorie lassen sich einige Bedenken formulieren. Drei von ihnen möchte ich diskutieren, insbesondere um die Konturen der Theorie weiter zu schärfen und ihre Leistungsfähigkeit herauszuarbeiten.

Der erste Einwand nimmt seinen Ausgangspunkt von der entwickelten Dialektik meiner Überlegungen. Diese, so könnte argumentiert werden, zeige nämlich nicht, dass die Ermöglichungstheorie die beste aller bisher erläuterten Theorien in der Forschungsliteratur darstellt, sondern nur, dass sie der *fundamentality theory* überlegen ist. Um sie als aussichtsreichste Theorie zu etablieren, müsste noch nachgewiesen werden, dass sie auch gegenüber den anderen Alternativen im Vorteil ist. Nun kann ich nicht auf *alle* möglichen Alternativen zur Ermöglichungstheorie eingehen. Das ist aber auch gar nicht nötig. Es reicht vielmehr, wenn die Überlegenheit gegenüber den ernstzunehmenden Konkurrenten nachgewiesen wird. Neben der *fundamentality theory* sind in den vorigen Abschnitten dieser Untersuchung zwei solcher Theorien genannt worden.
Die *erste Theorie* basiert auf dem Kriterium der Reichweite, welches besagt, dass der Wirkungsradius der künstlerischen Tätigkeit, der wissenschaftlichen Theorie oder der Hilfeleistungen maximiert werden muss. Je mehr Menschen durch künstlerische Tätigkeiten inspiriert werden, je umfassender die wissenschaftliche Erklärung ist oder je mehr Menschen geholfen wird, umso superlativisch sinnvoller wird das Leben desjenigen, der die künstlerischen, wissenschaftlichen und altruistischen Handlungen ausübt. Das Problem besteht jedoch darin, dass ein solches Kriterium zu eng gefasst ist, weil es Leben mit weniger umfassenden Tätigkeiten, die wir intuitiv für maximal bedeutsam halten, die superlativische Sinnhaftigkeit abspricht. Das galt etwa

für künstlerische Leben, die kreative Produktion mit Blick auf einen eingeschränkten Gegenstandsbereich betreiben, aber auch für Wissenschaftler und Altruisten, die nicht an allumfassender Wissenschaft und Hilfe interessiert sind, sondern an partikularen Entdeckungen (z. B. bezüglich der menschlichen Entwicklung oder Psyche) und der Pflege eines ausgewählten Personenkreises (z. B. von erkrankten Kindern). Demgegenüber kann die Ermöglichungstheorie an der Intuition festhalten, dass auch diese Menschen ein besonders herausragendes Leben führen können. Das liegt daran, dass auch sie sich mit ihren Handlungen an Ermöglichungsbedingungen ausrichten: Der dem Feminismus zugewandte Künstler richtet seine Aufmerksamkeit auf Erfahrungen wie soziale Gerechtigkeit – auf Erfahrungen, die die Ermöglichungsbedingungen dafür bilden, dass auf Gleichberechtigung basierende soziale Systeme entstehen können. Der Evolutionsbiologe versucht Tatsachen zu ermitteln, die für das Leben auf der Erde bzw. des Menschen relevant sind – solche Tatsachen, die die Ermöglichungsbedingungen dafür bilden, dass es Leben auf der Erde gibt. Die aufopferungsvolle Pflegerin versucht die Autonomie des gepflegten Menschen zu bewahren bzw. wiederherzustellen – eine Fähigkeit, die für diesen Menschen die Ermöglichungsbedingung bildet, ein gutes Leben zu führen. Mit Blick auf diese Integrationsleistung ist die Ermöglichungstheorie damit derjenigen Theorie überlegen, die auf das Kriterium der Reichweite setzt.

Die *zweite Theorie* präsentiert mit dem Kriterium der universellen Relevanz ein weniger enges Kriterium. Das Kriterium besagt, dass das Leben umso sinnvoller wird, je mehr die künstlerische Produktion an Themen orientiert ist, die für die Rezipienten Wichtigkeit besitzen, je mehr der erstrebte wissenschaftliche Fortschritt für die davon Betroffenen bedeutsam ist und je mehr die altruistischen Handlungen auf Dinge gerichtet sind, die für die Betroffenen wichtig sind. Das diagnostizierte Problem besteht jedoch darin, dass das Kriterium zu weit gefasst ist, da so denkbar viele Fälle für sinnvoll gehalten werden müssen, die intuitiv nicht in diesen Bereich fallen. Das gilt etwa für jemanden, der sein Leben damit verbringt, die verschiedenen Facetten von Staub und Exkrement auf einer Leinwand zu

porträtieren; oder für jemanden, der dem Ideal folgt, eine wissenschaftliche Theorie über das Paarungsverhalten einer bisher unerforschten Wurmart aufzustellen; oder für jemanden, der sich zum Lebensziel setzt, alle Menschen auf diesem Planeten mit Kaugummis für frischen Atem zu versorgen. Alle diese Fälle müssen gemäß dem Kriterium der universellen Relevanz zum Bereich der superlativisch sinnvollen Leben gerechnet werden. Diese unplausible Konklusion kann die Ermöglichungstheorie hingegen vermeiden. Der Ausschluss dieser Leben begründet sich dadurch, dass ihr zufolge all diese Leben gerade nicht auf das entscheidende Merkmal von superlativischem Sinn gerichtet sind: auf die Ermöglichungsbedingung. Dem Künstler geht es um die naturgetreue Abbildung von Staub und Exkrement, dem Wissenschaftler geht es um die Fortpflanzung von Würmern und dem Weltverbesserer geht es um frischen Atem. All diese Dinge sind jedoch keine Erfahrungen, Prozesse oder Fähigkeiten, die es ermöglichen, etwas von Wert zu realisieren. Entsprechend mögen sie (vielleicht) das Leben dieser Menschen sinnvoll machen. Mit den Leben von Picasso, Einstein und Mutter Teresa stehen sie jedoch qualitativ nicht auf derselben Stufe. Diese Intuition kann die Ermöglichungstheorie theoretisch bewahren.
Anders, als die kritische Argumentation nahelegt, besteht also kein Desiderat in der Verteidigung der Ermöglichungstheorie gegenüber ihren Konkurrenten. Es sollte vielmehr deutlich geworden sein, dass sie viele der Intuitionen berücksichtigt, die von den konkurrierenden Ansätzen unberücksichtigt geblieben sind. Sie ist, wie aufgezeigt, in dieser Hinsicht nicht nur der *fundamentality theory* überlegen, sondern auch denjenigen Ansätzen, die auf Kriterien der Reichweite oder der universellen Relevanz setzen. Entsprechend ist es gerechtfertigt zu behaupten, dass sie den aussichtsreichsten Kandidaten in der bisherigen Forschungsliteratur darstellt, den superlativischen Sinn eines Lebens zu charakterisieren.

Ein zweiter Einwand bezieht sich auf die inhaltliche Überzeugungskraft der Theorie. Demnach könnte es zwar sein, dass sie die beste der bisher in der Literatur verhandelten Theorien darstellt. Aber vielleicht lassen sich auch gegen diese Theorie einige Gegenbeispiele formulieren, die die Suche nach einer weiteren, bisher noch unentwickelten Alternative motivieren könnten. Besonders aussichtsreich erscheinen Beispiele, die sich auf die Zielperspektive der Theorie richten. Diese bestand darin, sich von der *fundamentality theory* abzugrenzen, indem ein offeneres Kriterium formuliert wurde. Handelt es sich hierbei möglicherweise um ein solches, welches zu viele Fälle inkludiert, die intuitiv gar nicht zum superlativischen Sinn gehören? Eine solche Frage scheint etwa Iddo Landau im Blick zu haben, wenn er das Beispiel eines Technikers ausführt, der mit Kleinstarbeiten eine Messstation für ein physikalisches Experiment repariert.[48] Die Argumentation verläuft wie folgt: Nach Landau scheint es so zu sein, dass die Handlungen des Technikers eine ermöglichende Bedingung für das physikalische Projekt sind. Ohne funktionierende Messstation gibt es keine wissenschaftliche Forschung! Demnach müsste gemäß der Theorie gelten, dass der Techniker ein superlativisch sinnvolles Leben führt. Gleichzeitig sind wir aber in der Regel nicht bereit, solch marginale Handlungen mit denjenigen von Picasso, Einstein und Mutter Teresa auf eine Stufe zu stellen. Es scheint daher zu gelten, dass das vorgeschlagene Kriterium zu weit gefasst ist. Es lässt zu viele Fälle als besonders sinnvoll erscheinen, die intuitiv nicht zu diesem Bereich gehören. Allerdings: Ich habe Zweifel, ob es sich hierbei überhaupt um ein triftiges Gegenbeispiel handelt. Warum sollte nicht auch der Techniker, welcher mit seinen Handlungen an der Unterstützung des Wissenschaftlers orientiert ist und diesem seine Forschung ermöglicht, ein besonders sinnvolles Leben führen? Landau selbst scheint die Skepsis bezüglich seines Technikerbeispiels zumindest zu antizipieren, da er noch einen weiteren Fall ins Spiel bringt. Darin geht es nicht mehr um den Techniker, sondern um die Buchhalter der Technikerfirma, die dafür sorgen, dass die Firma wirtschaftlich existieren kann. Nach Landau sind die Tätigkeiten der Buchhalter die Ermöglichungsbedingung für den Techniker und damit indirekt auch für das wissenschaftliche Experiment. Entsprechend müsste nach der Ermöglichungstheorie ein solches Leben maximal bedeutsam und lebenswert sein. Intuitiv ist es das aber gerade nicht. Vielmehr neigen wir dazu, das Leben eines solchen Buchhalters in

48 Vgl. Landau (2013), 510.

qualitativer Hinsicht niedriger zu bewerten. Und das zeigt nach Landau, dass der Hinweis auf die ermöglichende Bedingung nicht hinreichend ist, sondern noch durch andere Kriterien ergänzt werden muss. Nun habe ich allerdings Bedenken, ob die Argumentation bei Lichte besehen sehr weit trägt. Das wird deutlich, wenn man sich vor Augen führt, dass das Gegenbeispiel auch erklärt werden kann, *ohne* die These aufzugeben, dass die Ermöglichungsbedingung eine hinreichende Bedingung ist. So könnte etwa darauf hingewiesen werden, dass nicht alle, sondern nur *bestimmte* Ermöglichungsbedingungen einen superlativischen Sinn generieren können. Im Fall des Buchhalters könnte etwa die Direktheit der Ermöglichungsbedingung eine Rolle spielen. Der Ausschluss des Buchhalters aus dem Bereich des superlativisch sinnvollen Lebens ließe sich dann so begründen: Die Beziehung zwischen Ermöglichungsbedingung (hier: der funktionierenden physikalischen Apparatur) und der Handlung (hier: der Kontrolle der Finanzen) des Buchhalters sind nicht direkt genug, sondern nur über viele Zwischenschritte vermittelt (z. B. das Einstellen von Personal, die Sichtung der Auftragslage, die Auftragserteilung für den Techniker usw.). Es liegt daher in diesem Fall zwar eine Ermöglichungsbedingung vor, aber keine solche, die hinreichend direkt ist, damit sie superlativisch sinngenerierend ist. Dementsprechend kann die Ermöglichungstheorie dem intuitiven Urteil, dass diese Leben aus diesem Bereich auszuschließen sind, auch auf der theoretischen Ebene Rechnung tragen. Zugegeben: Es können neben der Direktheit der Beziehung von Handlung und Ermöglichungsbedingung auch noch andere Präzisierungen der Ermöglichungsbedingungen angeführt werden. Und natürlich ist es eine notorisch schwierige Frage, wie eine vollständige disjunktive Liste aussieht und wie die unterschiedlichen Elemente im Konfliktfall zu bewerten sind. Bevor allerdings die Flinte ins Korn geworfen wird, erinnere ich nochmals an die argumentative Ausgangssituation: Die Argumentation gegen die Ermöglichungstheorie sollte zeigen, dass die Theorie bestimmte Leben für besonders sinnvoll erklären muss, die es nicht sind. Dieser Pauschaleinwand kann jedoch an dieser Stelle zurückgewiesen werden. Wir sehen, dass die Ermöglichungstheorie auch vermeintliche Gegenbeispiele – das Buchhalterbeispiel – durch eine Differenzierungsleistung theoretisch integrieren kann. Bestenfalls, so könnte man sagen, generiert die kritische Argumentation einen gewissen theoretischen Druck, der es notwendig macht, zwischen verschiedenen Arten von Ermöglichungsbedingungen zu unterscheiden. Zwischen einer schlagenden Argumentation gegen die Ermöglichungstheorie und der Erzeugung eines Drucks zur Differenzierung besteht jedoch ein feiner, aber entscheidender Unterschied: Im letzteren Fall kann nicht behauptet werden, dass ein schlagender Einwand gegen die Theorie formuliert wurde.

Ein nunmehr dritter Einwand könnte sich auf den systematischen Kern der Theorie beziehen, den kleinsten gemeinsamen Nenner des herausragend sinnvollen Lebens zu formulieren. Ist die Ermöglichungsbedingung wirklich notwendig für superlativischen Sinn? Der Kritiker meiner Theorie müsste diese Frage verneinen und seine Haltung begründen. Er müsste Beispiele entwickeln, in denen jemand ein superlativisch sinnvolles Leben führt, aber seine Tätigkeiten nicht auf Ermöglichungsbedingungen gerichtet sind, also auf bestimmte Fähigkeiten, Tatsachen und Erfahrungen, die die Realisierung von Wert ermöglichen. Ein erster Anhaltspunkt könnten etwa Fälle im Bereich des Guten sein: Stellen wir uns eine Mutter vor, die ganz in ihrer Rolle als Erzieherin und Unterstützerin ihrer Kinder aufgeht. Die Person begleitet sie auf ihrem Weg durch die Institutionen – erst durch den Kindergarten, später in der Schule. Hierbei hilft sie ihnen, so gut sie nur kann: kümmert sich um ihre Ernährung, unterstützt sie bei den Hausaufgaben, nimmt sich Zeit für schwierige Gespräche, organisiert gemeinsame Aktivitäten, behält ihren sozialen Umgang im Blick usw. Kann dieser Fall als Gegenbeispiel für superlativischen Sinn ohne Ermöglichungsbedingung herhalten? Ich habe grundsätzliche Bedenken. Diese lassen sich am besten in Form eines Dilemmas plausibilisieren. Zunächst zum ersten Horn. Darauf stoßen wir, wenn wir fragen, welchen Sinnstatus das Leben der Person hat. So scheint mir der erläuterte Fall möglicherweise eine Instanziierung eines sinnvollen Lebens zu sein. Ob er jedoch auch in die qualitativ höhere Klasse der superlativisch sinnvollen Leben gehört, kann hinterfragt werden. Natürlich ist es sehr bewundernswert, den Alltag der eigenen Kinder zu organisieren. Steht ein solches Leben aber auf einer vergleichbaren Sinnstufe wie dasjenige von Mutter Teresa, die die physische Existenz von Menschen erhalten und befördert hat? Ich habe die Vermutung, dass viele einen intuitiven Unterschied sehen, dem auch theoretisch Rechnung getragen werden muss. Ein solches Leben ist sinnvoll, aber nicht in einer herausragenden Weise. Das heißt aber nichts anderes, als dass der erläuterte Fall bei näherem Hinsehen gar kein Gegenbeispiel zu sein scheint. Nun hängt eine solche Einordnung immer auch vom Einzelfall und dem Kontext ab. Ich möchte daher nicht prinzipiell ausschließen, dass sich der Fall so konstruieren lässt, dass auch das Umsorgen der eigenen Kinder unter bestimmten Umständen eine Instanziierung eines herausragend sinnvollen Lebens sein kann. Diese Überlegung bringt uns zum zweiten Horn des Dilemmas. Wenn wir diese superlativische Interpretation nämlich einmal annehmen, stellt sich sofort die Frage, worin das distinktive Merkmal liegt. Was könnte den Fall zu einem superlativisch sinnvollen Leben machen? Die intuitive Antwort lautet, dass im Einzelfall genau dann ein besonders sinnvolles Leben vorliegt, wenn die Person sich um Aspekte der Kinder kümmert (z. B. um bestimmte Fähigkeiten), die andere Aspekte von Wert ermöglichen. Wenn die Person beispielsweise dem Kind hilft, eine schwere Krankheit zu überstehen, oder es dazu befähigt, einen kohärenten Lebensplan zu entwickeln. Beide Aspekte, sowohl physische Integrität als auch Authentizität, machen es dem Kind möglich, im Kontext seines Alltags wertvolle Dinge zu realisieren. Der Haken für den Kritiker ist jedoch: Wenn die Intuition stichhaltig ist, sind diese (und ähnliche) Fälle keine Gegenbeispiele gegen die Ermöglichungstheorie. Sie spielen ihr vielmehr in die Karten, da die Theorie die gerade erläuterte Intuition zum essentiellen Bestandteil ihrer Theorie macht. Ihr zufolge ist es ja gerade die Ermöglichungsbedingung, die sinnvolle von superlativisch sinnvollen Leben unterscheidet. Und auf genau diese Ermöglichungsbedingung sind die Tätigkeiten der Person gerichtet. Die vermeintlichen Gegenbeispiele sprechen daher nicht *gegen*, sondern sogar *für* die Ermöglichungstheorie.

Zusammengefasst changiert die Argumentation des Kritikers also zwischen zwei gleichsam unbefriedigenden Polen:

Entweder wird fraglich, ob die vorgebrachten Beispiele tatsächlich Instanziierungen von superlativischem Sinn sind. In diesem Fall können sie nicht als Gegenbeispiele gegen die Ermöglichungstheorie angeführt werden.

Oder die angeführten Beispiele sind Fälle von herausragenden und bedeutsamen Leben. Dann scheint es jedoch so zu sein, dass sie Wasser auf die Mühlen der Ermöglichungstheorie sind, weil sie diese Fälle auf eine intuitiv nachvollziehbare Weise rekonstruieren kann.

Es ist aus meiner Sicht zweifelhaft, ob der Kritiker eine überzeugende Mittelstellung zwischen den Extremen einnehmen kann. Dafür müsste er ein Set an Gegenbeispielen aufführen, welches den beiden Hörnern des Dilemmas entgeht. Und das scheint, wie an den vorausgehenden Überlegungen deutlich wurde, kein einfaches Unterfangen zu sein. Insgesamt ist damit auch aus dieser Richtung kein entscheidender Einwand gegen die Ermöglichungstheorie zu erwarten.

6.6 Zusammenfassung der bisherigen Ergebnisse

Die zurückliegenden Überlegungen hatten das Ziel, eine eigene deontologische Theorie des sinnvollen Lebens zu entwickeln. Im Rahmen einer *ex-negativo*-Argumentation wurden hierfür zunächst die konkurrierenden Varianten der Deontologie einer kritischen Prüfung unterzogen, um so einerseits die Notwendigkeit einer neuartigen Alternative zu begründen, andererseits aber auch schrittweise die Konturen dieser Sinntheorie hervortreten zu lassen. Mit Blick auf die axiologische Basis der eigenen deontologischen Theorie wurde eine subjektive Fassung zurückgewiesen. Das sinnvolle Leben ist primär weder durch Tätigkeiten konstituiert, in die wir affektiv, emotional oder kognitiv involviert sind, noch durch solche, die unsere Fähigkeiten, Talente oder, ganz allgemein formuliert, den eigenen Charakter fördern. Vielmehr müssen wir der deontologischen Theorie eine objektivistische Fassung geben, die beinhaltet, dass die sinngenerierenden Gegenstände der Handlung jenseits der handelnden Person liegen. Diese Transzendenzthese wurde in mehreren Hinsichten präzisiert. Es wurde erläutert, dass die Gegenstände der sinnstiftenden Handlungen drei axiologische Dimensionen umfassen: die Produktion von Kunstwerken (das Schöne), den wissenschaftlichen Fortschritt (das Wahre) und die Hilfe für andere (das Gute). Ebenso wurde präzisiert, dass sich bessere und schlechtere Handlungen in ihrem quantitativen Maß unterscheiden. Ein Leben wird sinnvoller, wenn wir in einem besonderen Maße die genannten Handlungen ausführen, wobei die genaue inhaltliche Fassung dieser Variable offengelassen wurde. Was aber macht unser Leben nicht nur sinnvoll, sondern in herausragender Weise sinnvoll? Um eine Antwort zu erhalten, wurden drei Theorien des superlativischen Sinns untersucht und zurückgewiesen. Der kleinste gemeinsame Nenner eines besonders herausragenden Lebens besteht nicht darin, dass unsere Handlungen eine besondere Reichweite erzielen, eine besondere Relevanz aufweisen oder auf Gegenstände gerichtet sind, die kausal verantwortlich sind für viele Dinge, die für uns oder die anderen Bestandteile der Gesamtwirklichkeit wichtig sind. All diese Ansichten sind mit Schwierigkeiten konfrontiert, die darauf hinweisen, dass sie entweder ein zu enges oder ein zu weites Kriterium formulieren. Im Anschluss wurde mit der Ermöglichungstheorie ein alternativer Vorschlag präsentiert, der einerseits die Schwierigkeiten der alternativen Theorien vermeiden kann, ohne andererseits selbst schwerwiegenden Einwänden ausgesetzt zu sein, die diese Vorteile aufwiegen. Die Ermöglichungstheorie besagt im Kern, dass das Leben einer Person genau dann herausragend sinnvoll ist, wenn sich diese an Handlungen orientiert, die etwas ermöglichen, was für die verschiedenen Bestandteile der Wirklichkeit von ethischer Wichtigkeit ist.

Damit haben wir nun alle Bestandteile meiner eigenen deontologischen Sinntheorie beisammen. Da diese der Einfachheit halber bisher immer nur ausschnittartig, nämlich je nach dem Bedarf des Präzisierungsgrades, dargestellt wurde, lohnt sich ein Blick auf die vollumfängliche Formulierung ihrer Kernelemente. Sie lautet:

> DT: Das Leben einer Person ist genau dann sinnvoll, wenn sie Tätigkeiten ausübt, die auf Gegenstände ausgerichtet sind, die jenseits dieser Person liegen (= Transzendenzthese). Diese Gegenstände können in drei axiologischen Dimensionen beheimatet sein: des Schönen, Wahren oder Guten (= Pluralismusthese).

> In diesen Bereichen kommt es darauf an, in einem bestimmten Maße intrinsisch sinnvolle Tätigkeiten auszuüben (= Quantitätsthese), die daran orientiert sind, Kunstwerke zu produzieren, wissenschaftlichen Fortschritt zu erzielen oder hilfsbedürftige Entitäten (Menschen, Tiere, Pflanzen, unbelebte Natur usw.) zu unterstützen. Das Leben einer Person kann zudem zu einem superlativisch sinnvollen Leben werden, wenn die künstlerischen, wissenschaftlichen oder altruistischen Tätigkeiten auf Bedingungen gerichtet sind, die etwas ermöglichen, das für die verschiedenen Bestandteile der Gesamtwirklichkeit (Menschen, Tiere, Pflanzen, unbelebte Natur usw.) in einer noch näher zu bestimmenden Weise von ethischer Wichtigkeit ist (= Ermöglichungsthese).

Eine solche Sinntheorie möchte ich aufgrund ihrer deontologischen Grundausrichtung und ihrer objektivistischen Prägung im Folgenden als »deontologischer Objektivismus« bezeichnen. Sie besteht aus mindestens vier Teilthesen, für die in den jeweiligen Abschnitten argumentiert wurde: der Transzendenz-, der Pluralismus-, der Quantitäts- und der Ermöglichungsthese.

Gleichwohl muss betont werden, dass die Arbeit an einer deontologischen Gesamttheorie damit noch nicht abgeschlossen ist. Das ergibt sich allein schon daraus, dass der deontologische Objektivismus mit den bisher ermittelten vier Elementen allenfalls ein normatives Grundgerüst bereitstellt. Er erlaubt allgemeine Einordnungen, ist aber immer noch recht uninformativ, wenn es um die konkrete Bewertung des Sinngehalts eines Lebens geht. Um diesem Anspruch gerecht zu werden, muss der deontologische Objektivismus daher noch präzisiert und ergänzt werden. Das betrifft zum einen die Integration von weiteren normativen Gesichtspunkten, die im Diskurs als mögliche Bestandteile des sinnvollen Lebens diskutiert werden; zum anderen aber auch die Ergänzung der Theorie um diejenigen Sinnaspekte, die gleichsam »unterwegs« in den vorausgegangenen Kapiteln dieser Studie ermittelt wurden. Beide Präzisierungsleistungen werden den Gegenstand des nun folgenden Kapitels bilden.

7. Auf dem Weg zur finalen Gesamttheorie

7.1 Einleitung

Im letzten Kapitel wurde mit dem deontologischen Objektivismus eine eigene Theorie des sinnvollen Lebens präsentiert und gegenüber Kritik verteidigt. In diesem Kapitel soll nun die eigene Sinntheorie weiter ausgearbeitet werden. Hierfür werde ich der Einfachheit halber nicht auf die ausformulierte Version (DT) des deontologischen Objektivismus zurückgreifen, sondern nur auf diejenigen Elemente, die für die Zwecke des Kapitels relevant sind. Eine so vereinfachte Version lässt sich wie folgt wiedergeben:

> $DT_{einfach}$: Das Leben einer Person ist genau dann sinnvoll, wenn sie Tätigkeiten ausübt, die daran orientiert sind, Kunstwerke zu produzieren, wissenschaftlichen Fortschritt zu erzielen oder hilfsbedürftige Entitäten (Menschen, Tiere, Pflanzen, unbelebte Natur usw.) zu unterstützen. Das Leben einer Person kann zudem zu einem superlativisch sinnvollen Leben werden, wenn diese Tätigkeiten auf Ermöglichungsbedingungen ausgerichtet sind.

Die weitere Ausarbeitung des deontologischen Objektivismus soll in zweifacher Weise erfolgen: In einem ersten Schritt werden einige ergänzende Gesichtspunkte diskutiert, die bisher noch keine Berücksichtigung gefunden haben, zu denen aber jede Theorie des sinnvollen Lebens Stellung beziehen muss: zur Bedeutung von sinnminimierenden Tätigkeiten, zur Relevanz des individuellen Fortschritts und zur Rolle von Entstehungsbedingungen für das sinnvolle Leben. In einem zweiten Schritt werden dann die losen Enden aufgenommen, die im bisherigen Verlauf der Studie entstanden sind. Es wird erläutert, in welchem Zusammenhang die Wertdimension des Wohlergehens, der Moral, des kosmischen Sinns und der Handlungsfolgen zum sinnvollen Leben stehen. Ausgehend von beiden Präzisierungsschritten wird es schließlich möglich sein, eine finale Gesamttheorie des deontologischen Objektivismus zu formulieren.

7.2 Ergänzende Elemente

7.2.1 Anti-Sinn

In den bisherigen Überlegungen spielten vornehmlich die positiven Aspekte des sinnvollen Lebens eine Rolle. Es wurde untersucht, was einem Leben Sinn verleiht und was es zu einem herausragend sinnvollen Leben macht. Gerade im jüngeren Diskurs ist jedoch darauf hingewiesen worden, dass eine vollständige Theorie auch die negative Seite des Sinns einbeziehen muss. Thaddeus Metz macht diesen zusätzlichen Aspekt an einem Beispiel deutlich:

> Wenn Sinn lediglich eine positive Dimension hätte, dann wären verschlafen und die Sphinx in die Luft zu jagen wohl beide mit einer Punktzahl von 0 auf der Sinnskala vertreten. Trotzdem erscheint es in Bezug auf Sinn wesentlich schlechter, Letzteres zu tun. Eine Person, die die Sphinx für den Nervenkitzel sprengt, hat nicht bloß eine Gelegenheit verfehlt, Sinn zu erlangen, sondern hat stattdessen etwas getan, was sich negativ auf ihre Sinnbilanz auswirkt.[1]

Damit macht Metz auf einen wichtigen Umstand aufmerksam.[2] Er hebt richtigerweise hervor, dass es nicht nur Handlungen gibt, die ohne irgendeinen Sinn sind, sondern auch solche, die sinnminimierend wirken. Entsprechend ist Sinnlosigkeit, also die Abwesenheit von Sinn, nicht das Schlimmste, was einem Leben passieren kann. Es kann, wenn sich in ausreichendem Maße sinnminimierende Tätigkeiten in ihm finden, sogar anti-sinnvoll werden.[3] Diese Einsicht

1 Metz (2013a), 64 (meine Übersetzung, M.R.). Im Original: »If meaning had only a positive dimension, then oversleeping and blowing up the Sphinx for fun would both be well represented with a score of zero on the meaning scale. However, it appears much worse in terms of meaning to do the latter. A person who blasts the Sphinx for the thrill of it has not merely lost an opportunity to acquire some meaning, but rather has done something to weigh against whatever meaning he might have had in his life.«

2 Neben den Ausführungen von Metz sind insbesondere die Überlegungen von Iddo Landau zu nennen, der das Phänomen als »the inverse of meaningfulness« (Landau 2011, 316f.) bezeichnet. Siehe für einen Überblick über die Diskurslage und den Versuch, die Relevanz von anti-sinnvollen Tätigkeiten für die Sinndebatte herauszuarbeiten, Campbell/Nyholm (2015).

3 Im Englischen scheint es ähnlich wie im Deutschen keine gebräuchliche sprachliche Entsprechung für das Phänomen zu geben. Die Autoren behelfen sich daher

sollte auch im deontologischen Objektivismus berücksichtigt werden. Ich möchte daher die folgende Ergänzung vorschlagen:

> $DT_{einfach1}$: Das Leben einer Person ist genau dann sinnvoll, wenn die sinnstiftenden die anti-sinnvollen Tätigkeiten *all things considered* aufwiegen. Die sinnstiftenden Tätigkeiten zeichnen sich dadurch aus, dass sie daran orientiert sind, Kunstwerke zu produzieren, wissenschaftlichen Fortschritt zu erzielen oder hilfsbedürftige Entitäten (Menschen, Tiere, Pflanzen, unbelebte Natur usw.) zu unterstützen. Das Leben einer Person kann zudem zu einem superlativisch sinnvollen Leben werden, wenn diese sinnstiftenden Tätigkeiten auf Ermöglichungsbedingungen ausgerichtet sind.

Um Missverständnisse zu vermeiden, möchte ich auf drei Gesichtspunkte der Ergänzung genauer eingehen:

Erstens könnte der Eindruck entstehen, dass durch die Einführung der anti-sinnvollen Tätigkeit impliziert wird, dass ein Leben, welches sich lediglich durch sinnlose Tätigkeiten auszeichnet, ein sinnneutrales Leben darstellt. Ist das sinnlose Leben nicht gleichsam ein normativer Nullpunkt, der zwischen den beiden neuen Polen des sinnvollen und anti-sinnvollen Lebens anzusiedeln ist? Diese Ansicht muss verneint werden. Zwar ist das sinnlose Leben in seiner Sinnbilanz höher zu bewerten als das anti-sinnvolle Leben. Es ist aber trotz allem nicht normativ ausgeglichen, sondern defizitär. Das zeigt sich bereits daran, dass wir der Aussicht auf ein sinnloses Leben in der Regel nicht achselzuckend gegenüberstehen, sondern es vermeiden wollen. Wer ein sinnloses Leben führt, erfährt einen normativen Mangel. Es fehlt etwas, was nicht fehlen sollte.

Zweitens könnte eingewendet werden, dass der Gegensatz zwischen sinnlosen und anti-sinnvollen Tätigkeiten lediglich ein terminologischer ist, aber in der Sache nichts austrägt. Immerhin, so könnte man meinen, gleichen sich sinnlose und anti-sinnvolle Leben darin, dass beide ein Sinndefizit aufweisen. Warum also die begriffliche Unterscheidung? Um nochmals zu wiederholen, was ich oben schon ausgeführt habe[4]: Es scheint intuitiv einen Unterschied

meistens mit dem Neologismus »anti-matter« oder »anti-meaning«. Dieser Verwendungsweise schließe ich mich im Folgenden an.

4 Vgl. die Überlegungen zum Anti-Sinn in Kap. 3.3.2.2.

zu machen, ob uns im Leben lediglich Sinn fehlt oder unser Leben sogar eine negative Sinnbilanz aufweist. Wer sein Leben nicht am Schönen, Wahren und Guten orientiert, führt nach der von mir vorgeschlagenen Sinntheorie ein sinnloses Leben. Wer sich hingegen in seinem Handeln sogar am Gegenteil orientiert, etwa – um beim Beispiel von Metz zu bleiben – Kunstwerke wie die Sphinx zerstört, führt nicht nur ein Leben, das einen Mangel an Sinn hat, sondern auch negativen Sinn instanziiert. Es ist nicht nur sinnlos, sondern anti-sinnvoll. Diesen phänomenologischen Unterschied gilt es auch terminologisch zu reflektieren.

Drittens scheint die Gesamttheorie durch die Ergänzung »all things considered« in ihrer Komplexität deutlich zuzunehmen. Während zuvor lediglich die positiven Aspekte des sinnvollen Lebens berücksichtigt werden mussten, sind nun auch anti-sinnvolle Tätigkeiten relevant, die gegen die sinnvollen Tätigkeiten abgewogen werden müssen. Das aber, so mag eingewendet werden, führt zu einer unnötigen Verkomplizierung der Sachlage. Dem möchte ich Folgendes entgegnen: Es ist aus meiner Sicht schlicht zu einseitig, nur auf die positiven Aspekte des Sinns zu blicken, wenn wir ein sinnvolles Leben führen wollen. Wie Metz in seinem Beispiel deutlich macht, gibt es Situationen, in denen die Sinnhaftigkeit im eigenen Leben geschmälert werden kann, weil wir Tätigkeiten ausüben, die sinnminimierend wirken. Wenn wir jedoch diese Tätigkeiten ausblenden und nur auf die positiven Aspekte blicken, werden wir diesem Umstand nicht gerecht und kommen am Ende vielleicht sogar zu einer falschen Gesamtwertung über den Sinngehalt eines Lebens. Entsprechend ist es ganz und gar nicht unnötig, die Wendung »all things considered« einzuführen, sondern durch die Sachlage sogar geboten.

7.2.2 Die Rolle des individuellen Fortschrittsprozesses

Eine weitere Variable, die gelegentlich diskutiert wird, wenn es um die Kernbestandteile eines sinnvollen Lebens geht, ist der Beitrag des Fortschritts oder, wie man manchmal auch sagt, der individuellen Selbstverbesserung oder des Besserwerdens.[5] Demnach gilt,

5 Meistens steht der Aspekt des individuellen Fortschritts jedoch nicht im Zentrum der Überlegungen, sondern wird im Rahmen einer anderen Fragestellung mitbe-

dass ein Leben dann einen Zuwachs an Sinn erhält, wenn es im Zuge eines Fortschrittsprozesses als ein Anwachsen von Sinn gedeutet werden kann. Das scheint auf den ersten Blick durchaus plausibel, wenn wir uns Musterbeispiele des sinnlosen Lebens anschauen, denen dieses Element abhandengekommen ist. Ein klassisches Beispiel hierfür ist die Figur des Sisyphos, dessen Leben durch eine bestimmte Art der sich ständig wiederholenden Tätigkeiten gekennzeichnet ist, nämlich solche, in denen kein Fortschritt im Sinne eines Ergebnisses erzielt wird. Zwar erreicht Sisyphos einen partiellen Fortschritt, weil er den Stein in Richtung des Gipfels rollt, aber er muss sogleich wieder von vorne anfangen, wenn sich sein Erfolg abzeichnet. Der fehlende Fortschritt im Ergebnis, so könnte argumentiert werden, ist daher ein mögliches Element, das die Sinnlosigkeit des Lebens von Sisyphos begründet.

Hier möchte ich noch einige klärende Worte zum Fortschrittsgedanken anbringen. Das ist insbesondere deshalb nötig, weil er nicht selten – wie auch im Sisyphos-Beispiel angedeutet – als ein Prozess verstanden wird, in dem es um das Erreichen von Ergebnissen geht, also um das Hervorbringen von bestimmten Weltzuständen. Diesem Verständnis werde ich nicht folgen, weil es sich hierbei um eine konsequenzialistische Interpretation des Fortschritts handelt. Wenn die bisherigen Überlegungen dieser Studie richtig sind, muss der Theorierahmen des sinnvollen Lebens deontologisch geprägt sein. Entsprechend müssen wir auch den Fortschrittsgedanken anders verstehen. Im deontologischen Theorierahmen beinhaltet er dann nicht, dass im Kontext eines zeitlichen Prozesses bestimmte Ziele erreicht werden, sondern, dass die Qualität der sinngenerierenden Tätigkeit verbessert wird. Wenn also das Leben von Sisyphos durch ein angemessenes Mindestmaß[6] an solchen Verbesserungen

handelt. Vgl. z. B. für eine Auseinandersetzung im Kontext der Konsequenzialismusdiskussion Wiggins (1998), 98, Cottingham (2003), 67 und Levy (2005), 182.

6 Es ist eine schwierige Frage, worin genau das angemessene Mindestmaß an Fortschritt besteht und wie er im Gesamtleben verteilt sein muss, um einen Einfluss auf die Sinndimension des Lebens haben zu können. An dieser Diskussion möchte ich mich aus zwei Gründen nicht beteiligen: Zum einen ist es die Aufgabe einer substanziellen normativen Theorie des Sinns, die jenseits meiner Überlegungen liegt. Zum anderen ist es – auch wenn das genaue Maß und die Verteilung des Fortschritts ermittelt werden – nicht sonderlich relevant, weil ich im Folgenden einige skeptische Gründe anführen werde, die die besondere Rolle des Fortschritts

gekennzeichnet wäre, könnten wir sagen, dass er individuelle Fortschritte macht. Und wenn er Fortschritte macht, so könnte man die These verstehen, wird dieser Prozess des Besserwerdens in jedem Fall einen Beitrag zu seinem sinnvollen Leben leisten.

Nun kann man an verschiedenen Gelenkstellen ansetzen, um diese These zu diskutieren. Eine Möglichkeit bestünde etwa darin, zwischen den verschiedenen Beiträgen zu differenzieren und herauszuarbeiten, welche Art von Relevanz der Prozess des Fortschritts liefern kann, also ob er ein notwendiger, hinreichender oder kontributiver Faktor ist. Das wird in den obigen Erläuterungen der Position noch offengelassen. Im Ergebnis könnte ein solches Vorgehen dann in einer weiteren Modifikation der deontologischen Basisformel münden. An dieser Differenzierungsarbeit möchte ich mich im Folgenden jedoch nicht beteiligen, sondern grundsätzlicher ansetzen. Das liegt daran, dass ich bereits Zweifel an der Ausgangsprämisse habe, die die gesamte Argumentation trägt. Diese besteht nämlich darin, dass der Prozess des Fortschritts ein Sinnstifter ist, der einen Beitrag zum sinnvollen Leben liefern kann. Ich habe hingegen die Vermutung, dass der Prozess des Fortschritts in der Qualität der Tätigkeit *überhaupt* gar kein Sinnträger ist, sondern bestenfalls mit denjenigen Elementen einhergeht, die wirklich relevant sind. Es geht vielleicht vordergründig im sinnvollen Leben um das individuelle Besserwerden, wenn wir aber genau hinschauen, ist dieser Prozess nur ein Stellvertreter für etwas anderes, was wirklich Sinn im Leben generiert.

Um diese Behauptung zu erläutern, blicken wir auf eine variierte Version des Sisyphos-Beispiels. Stellen wir uns sein Leben so vor, dass es alle notwendigen Ingredienzien des herausragend sinnvollen Lebens enthält, wie sie im Rahmen der vorgelegten deontologischen Theorie formuliert wurden. Sein Leben wäre dann vielleicht eines, in dem er sich zeitlebens bemüht hat, mit seinen Steinen etwas zu bauen, das anderen Menschen ermöglicht, etwas von normativer Wichtigkeit zu realisieren. Vielleicht unternimmt er einen Versuch, ein Krankenhaus, eine Schule oder ein Museum zu bauen. Weiterhin reichern wir sein Leben durch eine famose Fortschrittsgeschichte an, die mit diesen Projekten einherging. Demnach hat

grundsätzlich in Zweifel ziehen. Diese kritischen Überlegungen sind jedoch unabhängig davon gültig, welche substanzielle Vorstellung von Fortschritt entwickelt wird.

er sich in seinen Tätigkeiten im Laufe seines Lebens kontinuierlich verbessert. Er konnte das Steinerollen immer effektiver gestalten, er brauchte immer weniger Zeit und Anstrengung, und vielleicht erlangte er sogar eine immer bessere Expertise darin, wie er die Gebäude bauen konnte – sei es, weil er darüber nachdachte oder, wenn die Steine nicht gleich herunterrollten, es einfach ausprobierte. Intuitiv scheint also sein herausragend sinnvolles Leben an Sinn noch zugenommen zu haben. Jetzt die entscheidende Frage: Liegt dieser Zuwachs daran, dass diese Abschnitte im Leben von Sisyphos zusammengenommen als eine Fortschrittsgeschichte gedeutet werden müssen? Ich möchte behaupten, dass die Antwort darauf »nein« lauten muss. Vielmehr habe ich den Eindruck, dass der Umstand, dass Sisyphos einen jahrelangen Prozess der eigenen individuellen Verbesserung und des Fortschritts durchlaufen hat, eher ein normativer Stellvertreter ist, welcher verdeckt, worum es wirklich geht. Der wahre Grund, warum das Leben von Sisyphos sinnvoller wird, besteht nämlich darin, dass er neue Tätigkeiten ausübt, die in ihrem Sinngehalt höher zu bewerten sind. Wir bewundern Sisyphos nicht für den Prozess der Verbesserung, sondern dafür, wofür dieser eigentlich steht: die sich immer weiter verbessernden Handlungen. Das bedeutet natürlich nicht, dass es keine Zusammenhänge zwischen dem Prozess des Besserwerdens und dem sinnvollen Leben gibt. Gerade das Sisyphos-Beispiel zu Beginn zeigt, dass es eine gewisse Kovarianz zwischen beiden Elementen zu geben scheint. Meine These ist vielmehr, dass diese Zusammenhänge, selbst wenn wir einmal ihre Wahrheit annehmen, nicht am besten dadurch erklärt werden, dass der Prozess des individuellen Fortschritts einen normativen Beitrag zum sinnvollen Leben liefert. Der Fortschritt ist allenfalls ein Übermittler, aber nicht der Träger der Sinnhaftigkeit eines Lebens.

Diese Einsicht können wir auch in der vereinfachten Grundformel des deontologischen Objektivismus berücksichtigen. Das können wir tun, indem wir die Theorie um ein graduelles Element ergänzen, welches die sinnvoller werdenden Tätigkeiten in die Formulierung aufnimmt. Die zusätzliche These besagt dann, dass die entscheidende Schaltstelle zur Erhöhung des Sinngehalts darin besteht, die Art der Tätigkeit zu verbessern. Ein Vorschlag, der sowohl das sinnvolle als auch das herausragend sinnvolle Leben umfasst, ist der folgende:

$DT_{einfach2}$: Das Leben einer Person ist genau dann sinnvoll, wenn die sinnstiftenden die anti-sinnvollen Tätigkeiten *all things considered* aufwiegen. Die sinnstiftenden Tätigkeiten zeichnen sich dadurch aus, dass sie daran orientiert sind, Kunstwerke zu produzieren, wissenschaftlichen Fortschritt zu erzielen oder hilfsbedürftige Entitäten (Menschen, Tiere, Pflanzen, unbelebte Natur usw.) zu unterstützen. Das sinnvolle Leben kann in seinem Sinngehalt noch weiter erhöht werden, wenn die Sinnqualität derjenigen Tätigkeiten steigt, die wir ausüben. Das Leben einer Person kann zudem zu einem superlativisch sinnvollen Leben werden, wenn diese sinnstiftenden Tätigkeiten auf Ermöglichungsbedingungen ausgerichtet sind. Das herausragend sinnvolle Leben kann zudem in seinem Sinngehalt noch weiter erhöht werden, wenn die Sinnqualität derjenigen Tätigkeiten steigt, die wir ausüben.

7.2.3 Die Entstehungsbedingungen von sinnstiftenden Tätigkeiten

Ein weiterer Aspekt, der immer wieder ins Spiel gebracht wird, wenn es um die Bestimmung des sinnvollen Lebens geht, sind die Bedingungen, unter denen es entstehen kann. Im Rahmen der vorgeschlagenen deontologischen Theorie müssen sich diese Bedingungen auf die sinngenerierenden Tätigkeiten beziehen. Demnach gilt, dass die Art und Weise, wie diese Tätigkeiten zustande kommen oder aufrechterhalten werden, einen Einfluss auf die Sinnqualität eines Lebens hat.

Eine solche Sichtweise ist im Diskurs prominent besetzt worden. Sie wird unter anderem von Berit Brogaard, Barry Smith, Susan Wolf und Thaddeus Metz vertreten. Betrachten wir dafür die einschlägigen Textstellen:

> Unsere Darstellung verlangt, dass eine Person für ihre Leistungen verantwortlich sein muss, um ein sinnvolles Leben zu führen. Die Figur Forrest Gump, deren Handlungen die Welt positiv beeinflussen, die jedoch nicht für ihre Leistungen verantwortlich ist, führt unserer Auffassung nach kein sinnvolles Leben.[7]

7 Brogaard/Smith (2005), 447 (meine Übersetzung, M. R.). Im Original: »Our account requires that a person must be responsible for his achievement in order for

Es muss bei der Charakterisierung eines sinnvollen Lebens also betont werden, dass ein solches Leben zu leben nicht bloß eine Frage von geplanten Projekten (im weitesten Sinne) ist und deren aktive und einigermaßen erfolgreiche Umsetzung bedeutet. Die Projekte müssen die Person, deren Leben es ist, vereinnahmen. Idealerweise würde sie sie stolz und glücklich als konstitutiv für mindestens einen Teil ihres Lebens annehmen.[8]

Nehmen wir beispielsweise kreatives Verhalten. Stellen wir uns einen Fall vor, in dem es das Ergebnis umfassender Ausbildung, Übung und Mühe ist, wohingegen es in einem anderen Fall durch das Einnehmen einer Pille zustande kommt. Oder stellen wir uns einen Fall vor, in dem kreatives Verhalten in einem neuartigen Kunstobjekt resultiert, welches von anderen Würdigung erfährt, wohingegen es das in einem anderen Fall nicht tut. In beiden Fallpaaren ist es naheliegend, zu behaupten, dass wir es mit derselben kreativen Tätigkeit zu tun haben, aber mit unterschiedlichem Sinn in Anbetracht der Tatsache, wie es zu der Tätigkeit kam und was für Ergebnisse daraus entstanden.[9]

In allen drei Textpassagen wird die Ansicht vertreten, dass es nicht unerheblich ist, wie die Genese einer sinngenerierenden Tätigkeit verläuft und wie diese, insofern sie einmal initiiert wurde, ausgeübt werden soll. Allerdings lassen sich auch inhaltliche Unterschiede ausmachen, wenn es um die relevanten Kriterien des Prozesses geht. Eine lediglich formale Bedingung wird von Brogaard und Smith formuliert. Beide heben vor allem hervor, dass eine Handlung genau dann sinnvoll sein kann, wenn die Initiierung dem Subjekt

his life to be meaningful. The Forest Gump figure, whose action affect the world positively but who is not responsible for his achievements, does not, by our lights, lead a meaningful life.«

8 Wolf (2015), 95 (meine Übersetzung, M. R.). Im Original: »In characterizing a meaningful life, then, it is worth stressing that living such a life is not just a matter of having projects (broadly construed) and actively and somewhat successfully getting through them. The projects must engage the person whose life it is. Ideally, she would proudly and happily embrace them, as constituting at least part of what her life is about.«

9 Metz (2013a), 67 (meine Übersetzung, M. R.). Im Original: »For example, consider creative behaviour. Imagine in one case that it is the result of substantial education, training, and effort, whereas in another case it is the consequence of taking a pill. Or imagine in one case that creative behaviour results in a novel art-object that others appreciate, whereas in another one it does not. In both pairs of cases, it is natural to say that we could have the same creative activity but differential meaning, because of how it was brought about and what its results were.«

zugeschrieben wird. Die kausale Verantwortung ist für sie eine notwendige Bedingung für die Sinnhaftigkeit eines Lebens. Demgegenüber geht Susan Wolf einen Schritt weiter. Ihr zufolge reicht es für das sinnvolle Leben nicht aus, einer Person eine Tätigkeit zuschreiben zu können, sondern diese muss auch eine besondere Bedeutung für sie haben. Sie muss die Person emotional »einnehmen«, sie idealerweise glücklich machen und von ihr gutgeheißen werden (»sie würde sie stolz und glücklich annehmen«). Metz wiederum bringt ein ganz anderes Kriterium ins Spiel. Zwar sieht er – ähnlich wie Wolf – in der kausalen Verantwortlichkeit einen zentralen, aber präzisierungsbedürftigen normativen Gesichtspunkt. Anders als Wolf betont er bei seiner Ausarbeitung dieses Elements jedoch weniger die emotionale Affizierung in der Ausübung der Tätigkeit, sondern die Arbeit und die Mühen, die nötig sind, um diese Tätigkeit überhaupt hervorzubringen. Für Metz ist entscheidend, dass die Tätigkeit durch Einsatz, Mühe und harte Arbeit möglich wird (»beträchtliche Ausbildung, Übung und Mühe«) und nicht durch die Einnahme einer Pille, die das Engagement überflüssig macht.

Nun kann man darüber streiten, welche der drei Versuche eine treffende Bestimmung derjenigen Entstehungsbedingungen liefert, die ein sinnvolles Leben charakterisieren. Ich möchte mich an dieser internen Diskussion nicht beteiligen. Ich hege vielmehr eine allgemeine Skepsis gegenüber allen drei Versuchen. Meine Zweifel rühren vor allem daher, dass die genannten Entstehungsbedingungen – kausale Verantwortlichkeit, emotionales Engagement und harte Arbeit – axiologische Komponenten einer Theorie des Wohlergehens sind, also einer Theoriengruppe, die im Kern behauptet, dass die sinnvolle Tätigkeit durch das Subjekt konstituiert wird – durch seine emotionalen Zustände, Wünsche, Charaktereigenschaften, Talente usw. Diese Theoriengruppe wurde jedoch von mir im ersten Teil der Untersuchung zurückgewiesen. Es gab einfach zu viele Gegenbeispiele, die nahelegen, dass wir auch ohne subjektive Anteile ein sinnvolles Leben führen können. Oder konkret auf die drei oben angesprochenen Elemente übertragen: Auch in dem Fall, wenn das Subjekt für eine Tätigkeit nicht kausal verantwortlich ist, keine emotionale Affizierung spürt und sich nicht bemüht hat, eine bestimmte Tätigkeit ausführen zu können, schließt das nicht die Möglichkeit eines sinnvollen Lebens aus. Die drei Entstehungsbedingungen, die aus der Axiologie der Wohlergehenstheorie stammen, sind also keine notwendigen Bedingungen des sinnvollen Lebens. Damit ist natürlich nicht impliziert, dass sie nicht in einer anderen Weise relevant sein könnten. Sind sie vielleicht immerhin hinreichend oder kontributiv wirksam? Diese Frage wird unter anderem Gegenstand des folgenden Unterkapitels sein. Darin werden die Ergebnisse zur Rolle des Wohlergehens aus dem ersten Teil der Untersuchung, und damit indirekt auch die Rolle der obigen Entstehungsbedingungen, für das sinnvolle Leben erläutert und in die eigene Theorie des sinnvollen Lebens integriert.

7.3 Der Beitrag von sinnexternen Quellen

Im ersten Teil dieser Untersuchung wurde herausgearbeitet, dass das sinnvolle Leben nicht mit einem Leben in Wohlergehen, einem moralischen Leben oder einem kosmisch-harmonischen Leben zu identifizieren ist. Im zweiten Teil wurde zudem die These zurückgewiesen, dass das sinnvolle Leben primär darin besteht, bestimmte Handlungsfolgen hervorzubringen. Gleichwohl wurde aber auch aufgezeigt, dass alle vier Elemente – Wohlergehen, Moral, kosmischer Sinn und Handlungsfolgen – nicht ohne Einfluss auf die Kategorie des Sinns sind. Es handelt sich bei ihnen vielmehr, wie man zusammenfassen könnte, um sinnexterne Quellen für das sinnvolle Leben. Im Folgenden möchte ich nun diese Einflüsse nochmals in Erinnerung rufen und mit den bisherigen Überlegungen zum deontologischen Objektivismus zusammenführen. Methodisch werde ich mich an der im letzten Kapitel getroffenen Unterscheidung zwischen einem sinnvollen und herausragend sinnvollen Leben orientieren und davon ausgehend das normative »Gewicht« der verschiedenen sinnexternen Quellen darlegen.

7.3.1 Sinnexterne Quellen und das »normal« sinnvolle Leben

7.3.1.1 Notwendige Elemente

Eine erste Einflussmöglichkeit der sinnexternen Quellen könnte darin bestehen, dass sie ein notwendiges Element des sinnvollen Lebens bilden. In diesem Fall besteht zwar die Möglichkeit, dass sie alleine nicht ausreichend sind, um ein Leben sinnvoll zu machen.

Wir können aber in jedem Fall sicher davon ausgehen, dass eines oder mehr der vier Elemente als Grundlage immer vorhanden sein müssen. Diese These wurde für die Dimension des Wohlergehens, des kosmischen Sinns und der Handlungsfolgen zurückgewiesen. So wurde eine Reihe von Beispielen genannt, in denen jemand ein sinnvolles Leben führt, obgleich keines dieser drei Elemente realisiert wurde. Die Orientierung am Wohlergehen, am kosmischen Sinn oder an den Handlungsfolgen ist mithin nicht notwendig. Eine Sonderrolle spielte allerdings die negative Moral: Sie ist tatsächlich eine notwendige Bedingung für das sinnvolle Leben. So wurde im Moralkapitel herausgearbeitet, dass sich ein sinnvolles Leben nur denken lässt, wenn darin ein bestimmtes Maß an moralischen Verfehlungen nicht überschritten wird. Insofern es das doch tut, ist es als sinnlos zu bewerten. Wir sollten daher den ersten Teil der vereinfachten Formulierung von DT, welcher sich auf das »normal« sinnvolle Leben bezieht, um dieses Ergebnis ergänzen. Sie lautet dann:

> $DT_{einfach3}$: Das Leben einer Person ist genau dann sinnvoll, wenn die sinnstiftenden die anti-sinnvollen Tätigkeiten *all things considered* aufwiegen und zudem ein bestimmtes Maß an moralischen Verfehlungen nicht überschritten wird.

7.3.1.2 Hinreichende Elemente

Eine zweite Einflussmöglichkeit könnte darin liegen, dass sinnexterne Quellen hinreichende Bedingungen des sinnvollen Lebens sind. Es würde mithin bedeuten, dass eine Orientierung an ihnen nicht immer vorhanden sein muss, um ein sinnvolles Leben zu führen. Es könnte jedoch der Fall sein, dass sie ein eigenständiger Sinnstifter unter anderen sind. Das heißt, dass immer genau dann, wenn wir uns nach ihnen richten, eine hinreichende Bedingung erfüllt ist, um uns über die Schwelle des sinnvollen Lebens zu heben – auch wenn wir zugeben müssen, dass es andere Möglichkeiten gibt, ein sinnvolles Leben zu führen. Diese These wurde für die Wertdimensionen des Wohlergehens, des kosmischen Sinns und der Handlungsfolgen zurückgewiesen. Es wurde aufgezeigt, dass eine Orientierung an diesen Dimensionen nicht ausreicht, um ein sinnvolles Leben zu führen. Ein Sonderfall bildete jedoch wiederum die Dimension der Moral: So bestand ein zentrales Ergebnis des Moralkapitels darin, dass man nicht umhinkommt, die positive Moral als eigenständigen Sinnstifter zu begreifen. Wir zollen denjenigen Menschen, die moralische Gerechtigkeit und Fairness fördern, großen Respekt und betrachten ihre Leben als Musterbeispiele eines sinnvollen Lebens. Wer beispielsweise sein Leben der Erhaltung des Regenwaldes widmet, sich für den Klimaschutz einsetzt oder gegen Ungleichheit im globalen Handel kämpft, führt mithin nicht nur ein moralisches, sondern auch ein sinnvolles Leben. Um diese Einsicht in den deontologischen Objektivismus zu integrieren, können wir den ersten Teil der Grundformel ein weiteres Mal modifizieren:

> $DT_{einfach4}$: Das Leben einer Person ist genau dann sinnvoll, wenn die sinnstiftenden die anti-sinnvollen Tätigkeiten *all things considered* aufwiegen und zudem ein bestimmtes Maß an moralischen Verfehlungen nicht überschritten wird. Die sinnstiftenden Tätigkeiten zeichnen sich dadurch aus, dass sie daran orientiert sind, Kunstwerke zu produzieren, wissenschaftlichen Fortschritt zu erzielen, hilfsbedürftige Entitäten (Menschen, Tiere, Pflanzen, unbelebte Natur usw.) zu unterstützen oder gerechte moralische Zustände und Verhältnisse zu schaffen.

An dieser Stelle könnte eingewendet werden, dass nicht klar ist, wie moralische und altruistische Handlungen zu unterscheiden sind. Handelt es sich nicht um zwei Bezeichnungen für ein und denselben Handlungstyp? Um diese Frage zu beantworten, ist noch einmal an die Überlegungen im Moralkapitel zu erinnern. Moralische Handlungen zeichnen sich dadurch aus, dass sie von einem unparteilichen Standpunkt aus gewählt werden, von dem ausgehend die gerechte und faire Handlung oder der zu erreichende Weltzustand ermittelt wird.[10] Demgegenüber ist für altruistische Handlungen charakteristisch, dass es dem Gegenstand des Handelns gut ergeht. Das bedeutet nicht, dass nicht auch Überlegungen von Fairness und Gerechtigkeit eine Rolle für altruistische Handlungen spielen. Mit Blick auf das Ziel von altruistischen Handlungen sind sie aber

10 Wie die gerechte und faire Handlung genau gefasst wird, hängt natürlich von der jeweiligen Moraltheorie ab. Vgl. dazu auch die Definition des Moralbegriffs in Kap. 3.2.

nur instrumentell wertvoll, nämlich insofern sie helfen, den normativen Zustand des Handlungsgegenstandes zu verbessern. Moralische und altruistische Handlungen sind also keineswegs deckungsgleich. Beide haben unterschiedliche Arten von Zielen, an denen wir uns orientieren können.

7.3.1.3 Kontributive Faktoren

Eine dritte Einflussmöglichkeit könnte darin bestehen, dass die sinnexternen Elemente zum sinnvollen Leben beitragen. Demnach sind sie weder notwendige noch hinreichende Sinnstifter, weil wir auch ohne sie ein sinnvolles Leben führen können. Wenn sie jedoch auftreten, so könnte behauptet werden, machen sie ein Leben sinnvoller. Diese These wurde für alle sinnexternen Quellen bestätigt.[11] Zwei Leben, die sich in allem gleichen außer in ihrem Vorkommen der sinnexternen Quellen, sind mit Blick auf ihren Sinngehalt unterschiedlich zu bewerten. So ist dasjenige Leben sinnvoller, in welchem die Tätigkeiten des Handelnden ein höheres Maß an Wohlergehen, kosmischem Sinn oder sinnstiftenden Folgen generieren. Um den kontributiven Einfluss der sinnexternen Quellen zu berücksichtigen, können wir die vereinfachte Definition des deontologischen Objektivismus wie folgt präzisieren:

> $DT_{einfach5}$: Das Leben einer Person ist genau dann sinnvoll, wenn die sinnstiftenden die anti-sinnvollen Tätigkeiten *all things considered* aufwiegen und zudem ein bestimmtes Maß an moralischen Verfehlungen nicht überschritten wird. Die sinnstiftenden Tätigkeiten zeichnen sich dadurch aus, dass sie daran orientiert sind, Kunstwerke zu produzieren, wissenschaftlichen Fortschritt zu erzielen, hilfsbedürftige Entitäten (Menschen, Tiere, Pflanzen, unbelebte Natur usw.) zu unterstützen oder gerechte moralische Zustände und Verhältnisse zu schaffen. Das Leben wird in seinem Sinngehalt zudem noch erhöht, wenn der Handelnde durch seine sinngenerierenden Handlungen sein eigenes Wohlergehen fördert, einer möglichen kosmischen

11 Der Bereich der Moral kann hier ausgeklammert werden, weil oben bereits die negative Moral als notwendige und die positive Moral als hinreichende Bedingung klassifiziert wurde.

Gesamtordnung gerecht wird oder ein gewisses Maß an Handlungserfolg aufweist.

7.3.2 Sinnexterne Quellen und das herausragend sinnvolle Leben

7.3.2.1 Notwendige und hinreichende Elemente

Nun blicken wir auf die im letzten Kapitel entwickelte Ermöglichungsthese des sinnvollen Lebens. Könnten sinnexterne Quellen ein superlativischer Faktor sein, der ein sinnvolles Leben zu einem herausragend sinnvollen Leben macht? Wenn die Überlegungen des zurückliegenden Kapitels richtig sind, ist diese Möglichkeit der Einflussnahme ausgeschlossen. Der Grund dafür besteht darin, dass dort aufgezeigt wurde, dass der kleinste gemeinsame Nenner des superlativischen Sinns die Orientierung an bestimmten sinnvollen Tätigkeiten ist – nämlich solchen, die auf die Ermöglichungsbedingung für das Schöne, Wahre und Gute gerichtet sind. Hierbei handelt es sich um ein notwendiges, aber auch um ein hinreichendes Kriterium. Es bildet mithin die entscheidende Demarkationslinie zwischen einem sinnvollen und einem herausragend sinnvollen Leben. Die Orientierung an sinnexternen Quellen spielt daher für die Bestimmung der notwendigen und hinreichenden Minimalbedingungen, die für das herausragend sinnvolle Leben erfüllt sein müssen, keine Rolle.

7.3.2.2 Kontributive Faktoren

Natürlich stellt sich aber die Frage, ob – ähnlich wie im Bereich des »normalen« Sinns – nicht auch im Bereich des herausragend sinnvollen Lebens noch graduelle Abstufungen möglich sind. Werden die herausragenden Leben von Picasso, Einstein und Mutter Teresa, die sich alle an Ermöglichungsbedingungen orientieren, noch sinnvoller, wenn sichergestellt ist, dass es ihnen hierbei auch gut ergeht, sie einer kosmischen Ordnung gerecht werden oder sie bestimmte Weltzustände hervorbringen? Meine intuitive Antwort darauf lautet: Ja, diese Umstände wirken jeder für sich kontributiv auf das ohnehin schon außerordentlich bewundernswerte Leben dieser drei

Personen. So bewundern wir eine Mutter Teresa, die sich aufopferungsvoll um die Armen und Kranken in Kalkutta sorgt. Gleichwohl stufen wir ihr Leben jedoch als *noch* sinnvoller ein, wenn ihre Handlungen *zusätzlich* ihr eigenes Wohlergehen fördern, einem möglichen kosmischen Plan gerecht werden oder schlicht und einfach positive Folgen haben. Wir können daher die Definition des superlativischen Teils der vereinfachten Formel wie folgt anpassen:

> $DT_{einfach6}$: Das Leben einer Person kann zu einem superlativisch sinnvollen Leben werden, wenn die sinnstiftenden Tätigkeiten auf Ermöglichungsbedingungen ausgerichtet sind. Das Leben wird in seinem Sinngehalt zudem noch erhöht, wenn der Handelnde durch seine Handlungen sein eigenes Wohlergehen fördert, einer möglichen kosmischen Gesamtordnung gerecht wird oder bestimmte Handlungsfolgen hervorbringt.

7.4 Zusammenfassung der bisherigen Ergebnisse

Im letzten Kapitel wurde eine deontologische Gesamttheorie (DT) des sinnvollen Lebens entwickelt und ausformuliert. Dort wurde argumentiert, dass sie aus mindestens vier Teilthesen besteht: der Transzendenz-, der Pluralismus-, der Quantitäts- und der Ermöglichungsthese. Gerade mit Blick auf die zusammenfassenden und präzisierenden Ziele dieses Kapitels ist es hilfreich, sich die ausformulierte Theorie nochmals zu vergegenwärtigen. Sie lautet:

> DT: Das Leben einer Person ist genau dann sinnvoll, wenn sie Tätigkeiten ausübt, die auf Gegenstände ausgerichtet sind, die jenseits dieser Person liegen (= Transzendenzthese). Diese Gegenstände können in drei axiologischen Dimensionen beheimatet sein: des Schönen, Wahren oder Guten (= Pluralismusthese). In diesen Bereichen kommt es darauf an, in einem bestimmten Maße intrinsisch sinnvolle Tätigkeiten auszuüben (= Quantitätsthese), die daran orientiert sind, Kunstwerke zu schaffen, wissenschaftlichen Fortschritt zu erzielen oder hilfsbedürftige Entitäten (Menschen, Tiere, Pflanzen, unbelebte Natur usw.) zu unterstützen. Das Leben einer Person kann zudem zu

einem superlativisch sinnvollen Leben werden, wenn die künstlerischen, wissenschaftlichen oder altruistischen Tätigkeiten auf Bedingungen gerichtet sind, die etwas ermöglichen, das für die verschiedenen Bestandteile der Gesamtwirklichkeit (Menschen, Tiere, Pflanzen, unbelebte Natur usw.) in einer noch näher zu bestimmenden Weise von ethischer Wichtigkeit ist (= Ermöglichungsthese).

Die zurückliegenden Überlegungen dieses Kapitels hatten das Ziel, die deontologische Sinntheorie DT weiter zu präzisieren und auszuarbeiten. Hierbei stellte sich heraus, dass mindestens zwei bisher unberücksichtigte Elemente integriert werden müssen: Zum einen wurde gezeigt, dass es Tätigkeiten gibt, die nicht nur sinnlos, sondern auch sinnminimierend sind. Wenn wir daher ein Leben als sinnvoll bewerten, bedeutet das immer auch, dass *all things considered* mehr sinnvolle als sinnminimierende Anteile vorkommen müssen. Zum anderen wurde herausgearbeitet, dass nicht nur das quantitative Maß einer Tätigkeit bei der Bewertung des Sinngehalts berücksichtigt werden muss. Vielmehr hat auch die Qualität einer Handlung einen gewissen Einfluss. Je höherwertig nämlich die Art der Tätigkeit ist, die wir ausüben, umso höher gestaltet sich am Ende auch der Sinngehalt des eigenen Lebens. Neben diesen »neuen« wurden auch einige »alte« Elemente behandelt, die sich aus den Überlegungen des ersten Teils dieser Studie ergaben. So stellte sich heraus, dass es zahlreiche Aspekte gibt, die zwar keine notwendigen und hinreichenden Bedingungen des sinnvollen Lebens sind, aber trotzdem die Sinnbilanz eines Lebens erhöhen. Zu den kontributiven Variablen gehören das Wohlergehen, der kosmische Sinn und die Handlungsfolgen. Je höher der Wert dieser Variablen ist, desto mehr Sinn kann auch generiert werden. In diesem Zusammenhang wurde auch deutlich, dass der Wertdimension der Moral eine Sonderrolle zukommt, die von den drei anderen Dimensionen abweicht. Zum einen ist die positive Moral, also die Ausübung moralischer Tätigkeiten, selbst ein möglicher Kandidat, um ein Leben sinnvoll zu machen. Zum anderen muss die negative Moral, also die Vermeidung von bestimmten unmoralischen Tätigkeiten, immer gewährleistet sein, um überhaupt ein sinnvolles Leben zu führen.

Wenn wir diese Ergebnisse nun mit der ursprünglichen deontologischen Theorie DT zusammenführen, gelangen wir zu einer ergänzten Gesamttheorie des sinnvollen Lebens. Diese lautet in ihrer vollumfänglichen Version:

> $DT_{vollständig}$: Das Leben einer Person ist genau dann sinnvoll, wenn sie Tätigkeiten ausübt, die auf Gegenstände ausgerichtet sind, die jenseits dieser Person liegen (= Transzendenzthese). Diese Gegenstände können in vier axiologischen Dimensionen beheimatet sein: des Schönen, Wahren, Guten und Moralischen (= Pluralismusthese, = Positive-Moral-These). Um über die Minimalschwelle des sinnvollen Lebens zu gelangen, müssen die künstlerischen, wissenschaftlichen, altruistischen oder moralischen Tätigkeiten jedoch mindestens drei Bedingungen erfüllen: Sie müssen (1) in einem bestimmten Maße ausgeübt werden (= Quantitätsthese), (2) bestimmte möglicherweise mit ihnen einhergehende moralische Verfehlungen vermeiden (= Negative-Moral-These) und (3) mögliche entgegenstehende anti-sinnvolle Tätigkeiten *all things considered* aufwiegen (= Anti-Sinn-These). Wenn das Leben über diese Minimalschwelle gelangt ist, kann es auf mehrere Weisen seinen Sinn erhöhen. Es kann unter anderem dadurch noch sinnvoller werden, dass der qualitative Sinngehalt der Tätigkeit erhöht wird (= deontologische Kontributionsthese). Darüber hinaus kann der Sinngehalt auch erhöht werden, wenn der Handelnde durch seine sinngenerierenden Handlungen sein eigenes Wohlergehen fördert, einer möglichen kosmischen Gesamtordnung gerecht wird oder bestimmte Folgen hervorgebracht werden (= sinnexterne Kontributionsthese).
>
> Das Leben einer Person kann zudem zu einem superlativisch sinnvollen Leben werden, wenn die künstlerischen, wissenschaftlichen oder altruistischen Tätigkeiten auf Bedingungen gerichtet sind, die etwas ermöglichen, das für die verschiedenen Bestandteile der Gesamtwirklichkeit (Menschen, Tiere, Pflanzen, unbelebte Natur usw.) in einer noch näher zu bestimmenden Weise von ethischer Wichtigkeit ist (= Ermöglichungsthese). Um über die Minimalschwelle des herausragend sinnvollen Lebens zu gelangen, müssen diese Tätigkeiten ähnlich wie die sinnvollen Tätigkeiten drei Bedingungen erfüllen: Sie müssen (1) in einem bestimmten Maße ausgeübt werden (= Quantitätsthese), (2) bestimmte möglicherweise mit ihnen einhergehende

moralische Verfehlungen vermeiden (= Negative-Moral-These) und (3) mögliche entgegenstehende anti-sinnvolle Tätigkeiten *all things considered* aufwiegen (= Anti-Sinn-These). Hierbei gilt ebenfalls wie bei sinnvollen Tätigkeiten, dass das Leben umso sinnvoller wird, je höher der Sinngehalt der Tätigkeit ist (= deontologische Kontributionsthese). Darüber hinaus kann der Sinngehalt auch erhöht werden, wenn der Handelnde durch seine sinngenerierenden Handlungen sein eigenes Wohlergehen fördert, einer kosmischen Gesamtordnung – wenn sie existieren sollte – gerecht wird oder in seinen Handlungen Erfolg hat (= sinnexterne Kontributionsthese).

Damit haben wir die finale Version des deontologischen Objektivismus ausformuliert. Bei $DT_{vollständig}$ handelt es sich um das Endprodukt aller vorausgehenden Überlegungen dieser Studie. Die Formulierung berücksichtigt – neben den oben schon angesprochenen vier Basisthesen von DT – fünf zusätzliche Ergänzungsthesen: die Anti-Sinn-These, die Positive-Moral-These, die Negative-Moral-These, die deontologische Kontributionsthese und die sinnexterne Kontributionsthese.

Im Ergebnis erhalten wir mit diesen neun Thesen eine komplexe Theorie, der es gelingt, die in der aktuellen Debatte genannten Beispiele allesamt zu integrieren. Der deontologische Objektivismus ist damit die aussichtsreichste Version einer Theorie des sinnvollen und superlativisch sinnvollen Lebens, wie sie sich derzeit auf der Grundlage der Meaning-in-Life-Debatte ermitteln lässt. Er gibt auf eine differenzierte und zugleich überzeugende Weise darüber Auskunft, worauf es tatsächlich ankommt, wenn wir ein sinnvolles Leben führen wollen.

8. Der deontologische Objektivismus und seine Bedeutung für die Sinndebatte

8.1 Einleitung

Im letzten Kapitel wurde mit der voll ausformulierten Version des deontologischen Objektivismus (namentlich: $DT_{vollständig}$) das finale Ergebnis dieser Studie dargelegt. Damit ist das inhaltliche Ziel dieser Arbeit erreicht. Dennoch möchte ich meine Überlegungen nicht an dieser Stelle enden lassen. Das liegt darin begründet, dass der deontologische Objektivismus die naheliegende Frage nach seiner ethischen Relevanz aufwirft. Welche Schlussfolgerungen und Implikationen ergeben sich aus ihm für die Sinndebatte insgesamt? Um diese Frage zu beantworten, möchte ich im Folgenden noch etwas genauer auf die Besonderheiten dieser Sinntheorie eingehen, einige Missverständnisse ausräumen und schließlich direkt auf die Bedeutung des deontologischen Objektivismus zu sprechen kommen.

8.2 Merkmale, offene Fragen und Implikationen

Die vorgeschlagene Sinntheorie ist umfangreich und enthält zahlreiche Komponenten, die zum Teil ganz unterschiedliche Beiträge zum sinnvollen Leben liefern. Es ist daher nicht einfach, den Überblick zu behalten und diejenigen Merkmale zu benennen, die ihn aus der breiten Masse der konkurrierenden Sinntheorien herausheben. Um dieser Schwierigkeit zu begegnen, ist es hilfreich, die Kernelemente anhand einer Grafik (Seite 222/223) zu veranschaulichen.

Aus dieser Grafik lassen sich verschiedene Merkmale herauslesen, die für den deontologischen Objektivismus besonders kennzeichnend sind. Hierzu gehören die folgenden:

(1) Das sinnvolle Leben ist eine eigenständige axiologische Wertdimension, die nicht mit einer der Standarddimensionen – Wohlergehen, Moral oder kosmischer Sinn – identifiziert werden kann. Alle drei sind weder alleine noch in Kombination

notwendig oder zusammengenommen hinreichend, um das sinnvolle Leben zu bestimmen.

(2) Die normative Grundausrichtung des sinnvollen Lebens ist nicht konsequenzialistisch, sondern deontologisch geprägt. Das bedeutet, dass ein Leben mithin nicht dadurch sinnvoll wird, dass eine Person bestimmte Handlungsfolgen hervorbringt, sondern dadurch, dass sie eine bestimmte Art von Handlung ausübt.

(3) Die verschiedenen Arten der sinnstiftenden Handlungen müssen im Rahmen eines Pluralismus beschrieben werden. Es gibt nicht die eine Handlungsart, sondern mindestens vier, die sinnstiftend sein können: Wer ein sinnvolles Leben führen will, sollte sich in ausreichendem Maße an ästhetischen, wissenschaftlichen, altruistischen oder moralischen Handlungen orientieren.

(4) Ein weiteres Merkmal der vorgeschlagenen Sinntheorie besteht darin, dass sie der Moral eine Sonderrolle zuspricht. Die Moral ist in doppelter Hinsicht wichtig: Zum einen sind moralische Tätigkeiten – anders als die anderen Standarddimensionen – selbst ein möglicher Gegenstand des sinnvollen Lebens (siehe (3)). Zum anderen ist die Vermeidung von bestimmten unmoralischen Tätigkeiten eine notwendige Bedingung dafür, um überhaupt von einem sinnvollen Leben sprechen zu können.

(5) Es existiert eine superlativische Dimension des sinnvollen Lebens, die nicht nur graduell, sondern kategorial von der »normalen« Sinndimension unterschieden werden muss. Um ein herausragend sinnvolles Leben zu führen, reicht es nicht aus, sich auf das Schöne, Wahre, Gute oder Moralische zu konzentrieren. Vielmehr muss die Aufmerksamkeit in diesen Bereichen auf eine besondere Art sinnvoller Tätigkeiten gelenkt werden, nämlich solche, die die Ermöglichungsbedingungen für etwas bilden, das eine ethische Wichtigkeit besitzt.

(6) Es gibt zahlreiche normative Variablen, die zwar keine notwendigen und hinreichenden Elemente des sinnvollen Lebens sind, aber trotzdem einen kontributiven Einfluss haben. Sie können alleine ein Leben nicht über die Minimalschwelle heben, erhöhen aber dennoch seine Sinnbilanz. Drei der zentralen kontributiven Variablen sind: (1) die Steigerung des Wohlergehens und des kosmischen Sinns, (2) das Hervorbringen von sinnstiftenden Handlungsfolgen und (3) die Verbesserung der Quantität und Qualität der Handlungsausübung.

Das sinnvolle Leben – die Minimalschwelle			
	Notwendig	Hinreichend	Kontributiv
Wohlergehen (Glück, Wunscherfüllung, Selbstvervollkommnung)	Glück: x Wunscherfüllung: x Selbstvervollkommnung: x	Glück: x Wunscherfüllung: x Selbstvervollkommnung: x	Glück: ✓ Wunscherfüllung: ✓ Selbstvervollkommnung: ✓
Moral (Aktive Handlungen von Moralität und Unterlassungen von Unmoral)	Aktive Handlungen: x Unterlassungen: ✓	Aktive Handlungen: ✓ Unterlassungen: x	Aktive Handlungen: ✓ Unterlassungen: x
Kosmischer Sinn	x	x	✓
Handlungsfolgen	x	x	✓
Art der Tätigkeit	Bezugnahme: x Subjektive Gegenstände: x Objektive Gegenstände: ✓	Bezugnahme: x Subjektive Gegenstände: x Objektive Gegenstände: ✓	Bezugnahme: x Subjektive Gegenstände: x Objektive Gegenstände: ✓
Gegenstände: Das Schöne, Wahre und Gute	✓	✓	x
Quantität der Handlung	✓	x	✓
Qualität der Handlung	✓	x	✓

Das herausragend sinnvolle Leben – der Superlativ		
Notwendig	Hinreichend	Kontributiv
x	x	✓
x	x	✓
x	x	✓
x	x	✓
Kriterium der Reichweite: x Kriterium der Relevanz: x Fundamentale Bedingung: x Ermöglichungs-bedingung: ✓	Kriterium der Reichweite: x Kriterium der Relevanz: x Fundamentale Bedingung: x Ermöglichungs-bedingung: ✓	Kriterium der Reichweite: x Kriterium der Relevanz: x Fundamentale Bedingung: x Ermöglichungs-bedingung: ✓
✓	x	x
✓	x	✓
✓	x	✓

Aus dieser kurzen Zusammenfassung der Kernelemente wird bereits deutlich, dass der deontologische Objektivismus eine komplexe normativ-inhaltliche Theorie darstellt. Ungeachtet dessen ist aber auch zu betonen, dass damit noch nicht das letzte Wort gesprochen ist. Denn trotz aller Komplexität stellt der deontologische Objektivismus allenfalls ein Grundgerüst dar, das noch durch weitere normative Gesichtspunkte ergänzt werden muss, bevor er als vollwertige Sinntheorie gelten kann. Einige dieser offenen Punkte möchte ich nennen, insbesondere auch, um mögliche Missverständnisse über die tatsächlichen Implikationen der vorgeschlagenen Sinntheorie zu vermeiden:

> *Erstens* ist zu betonen, dass der deontologische Objektivismus zwar die formalen Elemente des sinnvollen Lebens benennt, ohne jedoch eine axiologische Gesamttheorie zu beinhalten. Er bleibt zum Beispiel neutral gegenüber der Frage, wie das quantitative und qualitative Maß der verschiedenen Sinnvariablen genauer zu bestimmen sind. Wie viele wissenschaftliche, ästhetische, altruistische und moralische Tätigkeiten sind eine ausreichende Menge, um ein sinnvolles Leben zu führen? Und wie lassen sich in diesen Bereichen qualitativ bessere von schlechteren Tätigkeiten unterscheiden? Ebenso wenig beinhaltet der deontologische Objektivismus eine Antwort auf die Frage, wie die axiologische Gewichtung zwischen den verschiedenen Kernelementen des Wahren, Schönen, Guten und Moralischen auszusehen hat und wie diese im Gesamtleben zu verteilen sind. Ist vielleicht eine der Kategorien aussichtsreicher mit Blick auf die individuelle Sinnstiftung oder bieten alle vier die gleichen Sinnpotenziale?[1] Und wie müssen die sinnvollen Tätigkeiten etwa auf die verschiedenen Lebensabschnitte aufgeteilt werden, um einen möglichst großen Sinngehalt zu generieren?[2] In diesem

1 Zwar habe ich oben unter dem Titel »relativistischer Pluralismus« Überlegungen vorgetragen, die die besondere Rolle der eigenen Entscheidung für das sinnvolle Leben betonen. Diese sind aber nicht Teil der Kernelemente des deontologischen Objektivismus, sondern vielmehr unabhängig von seinen Grundannahmen zu rechtfertigen. Vgl. Kap. 3.3.1.5 und Kap. 9.4.

2 Hier wäre etwa die Möglichkeit einer – von Joseph Raz für die Dimension des Wohlergehens vertretenen – *variable pattern view* zu prüfen, der zufolge nicht jeder gleich lange Abschnitt auch einen gleich großen Beitrag zum Gesamtsinn

Zusammenhang bleiben auch strukturelle Faktoren wie Monopolisierung oder Vielfalt unberücksichtigt. Welchen Einfluss auf den Sinn hat es, wenn wir ein Leben im Dienst entweder einer einzigen Sache, dem *one thing,* führen oder uns verschiedenen Projekten und Ziele widmen? All diese (und weitere) Gesichtspunkte sind in einer zukünftigen Ergänzung und Ausarbeitung des deontologischen Objektivismus zu berücksichtigen.

Zweitens sagt der deontologische Objektivismus noch nichts darüber aus, wie die Relevanz des sinnvollen Lebens im Rahmen einer axiologischen Theorie des guten Lebens zu bewerten ist. So ist zwar zu vermuten, dass das sinnvolle Leben mehr ist als bloß optionales Beiwerk.[3] Ob es jedoch einen notwendigen, hinreichenden oder kontributiven Faktor für das gute Leben darstellt, wird offengelassen. Gleiches gilt für alle Fragen, die die normative Stellung des Sinns gegenüber den alternativen Wertdimensionen betreffen. So ist es zwar ein zentrales Ergebnis dieser Studie, dass die Sinnbilanz eines Lebens von sinnexternen Faktoren abhängt. Gleichzeitig impliziert diese Abhängigkeit aber nichts darüber, wie ein so gearteter Sinn zum Beispiel gegenüber dem Wohlergehen, der Moral oder dem kosmischen Sinn abgewogen werden muss. Es ist eine Sache, die zentralen Variablen des sinnvollen Lebens zu kennen, eine andere jedoch, die erfolgreich bestimmte Sinnbilanz mit sinnexternen Variablen zu vergleichen.

Drittens wird mit der vorliegenden Theorie keine Aussage darüber getätigt, welche Mittel für das Individuum angemessen sind, um das angestrebte Ziel des sinnvollen Lebens zu erreichen.[4] Gleiches gilt für die Diskussion der staatlichen Rahmen-

leistet – sinnvolle Aktivitäten und Projekte, die auf der ‚Höhe' des Lebens ausgeübt werden, könnten etwa stärker gewichtet werden als in sich durchaus nicht weniger sinnvolle Hobbys, mit denen jemand seine Pensionszeit verbringt. Vgl. Raz (2004), 277.

3 Vgl. für einige explorative Überlegungen, in denen unter anderem für die Thesen geworben wird, dass sinnstiftende Tätigkeiten notwendige und unter bestimmten Umständen sogar vorzugswürdige Elemente des guten Lebens sind, den Ausblick in Kap. 9.3. Es ist jedoch zu betonen, dass diese Thesen nicht durch die theoretische Anatomie des deontologischen Objektivismus erzwungen werden. Sie sind unabhängig von ihm zu rechtfertigen und werden daher weder durch ihn impliziert noch ausgeschlossen.

4 Vgl. für einige Denkanstöße zur Frage, welche Faktoren (z. B. genetische, psychologische, kulturelle, gesellschaftliche usw.) es wahrscheinlicher machen, dass ein

bedingungen für das sinnvolle Leben. Ist es möglich, dass der Staat durch geeignete Rahmenbedingungen das sinnvolle Leben seiner Bürger positiv beeinflussen kann – und wenn ja, welche können das sein?[5] Oder auch: Stellen wir uns einen Staat vor, der Maßnahmen erlassen kann, die für das sinnvolle Leben der Bürger förderlich sind, gleichzeitig dafür aber Mittel wie Zwang anwenden muss. Können solche Maßnahmen gerechtfertigt sein – und wenn ja, unter welchen Umständen?[6] Diese und zahlreiche weitere Fragen sind interessant und wichtig. Gleichzeitig werden sie durch die vorliegende Sinntheorie nicht mitbeantwortet, sondern verlangen nach weiteren substanziellen Überlegungen.

Aber was lässt sich aus dem bisher Gesagten für die Meaning-in-Life-Debatte gewinnen? Die vorigen Erläuterungen könnten nahelegen, dass der deontologische Objektivismus sich gegenüber den meisten interessanten normativen Fragen neutral verhält. Das ist allerdings nicht der Fall. Die vorgeschlagene Sinntheorie muss sicherlich noch ergänzt werden. Nichtsdestotrotz enthält sie bereits im jetzigen Status in verschiedenen Hinsichten wichtige Weichenstellungen für die Sinndebatte. Einige von ihnen sollen kurz erläutert werden.

(1) Die Sinndebatte: Eine systematische Neuorientierung

Wie in den jeweiligen Kapiteln dargestellt wurde, verstehen viele Protagonisten der Debatte das sinnvolle Leben vor allem als ein solches Leben, in dem sich die Handelnden in besonderem Maße um das eigene Wohlergehen, den kosmischen Sinn oder die Handlungsfolgen kümmern.[7] Das muss nicht darauf hinauslaufen, dass das sinnvolle Leben immer mit einer dieser drei Wertdimensionen identifiziert wird. Für die meisten Vertreter in der Debatte bedeutet

Individuum sinnvolle Tätigkeiten ausübt, die Zusammenstellung einiger empirischer Studienergebnisse in Kapitel 9.3.

5 Die Formulierung »Ist es möglich« soll deutlich machen, dass es auch Positionen gibt, die jedwede staatliche Einmischung als sinnminimierend ablehnen. Vgl. etwa Dworkin (2000), 267-274.

6 Vgl. für diesen Diskussionskomplex Metz (2001b).

7 Wie bereits dargestellt, gibt es nur wenige, die das sinnvolle mit dem moralischen Leben identifizieren. Das gilt sowohl für die Reduktion des Sinns auf die positive als auch die negative moralische Handlungsart. Vgl. Kap. 3.3.1 und Kap. 3.3.2. Das moralische Leben wird daher an dieser Stelle ausgeklammert.

es aber, dass eine Kombination von Inhalten aus diesen Wertdimensionen notwendige Kernelemente bildet, die zusammengenommen hinreichend sind, um ein Leben über die Minimalschwelle des Sinns zu heben.

Diese axiologische Grundausrichtung lässt sich gut an einem Beispiel illustrieren, welches Susan Wolf verwendet hat, um ihre Theorie des Lebenssinns zu beschreiben. Hierbei handelt es sich um den Fall des freiwilligen gesellschaftlichen Engagements, etwa in einer Schule oder in einem Krankenhaus. Solche Tätigkeiten können für Wolf paradigmatische Sinnpotenziale darstellen:

> Es erscheint mir plausibel, dass freiwillige Projekte dieser Art eine herausragende Gelegenheit für Sinnschaffung darstellen. Ein Grund dafür hängt mit den Ideen zusammen, welche zuvor in diesem Aufsatz diskutiert wurden, dass Sinn aus positivem Engagement mit einem Wert hervorgeht, der seine Quelle außerhalb meiner selbst hat. [...][8]
>
> Wenn der eigene freiwillige Einsatz *ein Gut für die Gemeinschaft ermöglicht*, welches die Gruppe sich sonst nicht hätte leisten können, mag das die eigene Arbeit besonders objektiv wertvoll machen.[9]

Nun mag man über die Überzeugungskraft von Wolfs inhaltlicher Charakterisierung streiten. Es scheint jedoch wenig zweifelhaft, dass sie mit den Schlagworten »positivem Engagement mit einem Wert [...] außerhalb meiner selbst« und der Charakterisierung dieses Wertes, der »ein Gut für die Gemeinschaft ermöglicht« die axiologischen Standarddimensionen des Wohlergehens und der Handlungsfolgen verwendet, um die Sinnhaftigkeit eines solchen Lebens zu beschreiben. Sie bewegt sich also ganz in den Standardbahnen der Meaning-in-Life-Debatte.

Im Gegensatz hierzu legt der deontologische Objektivismus eine andere Interpretation dieser Fälle vor. Ihm zufolge spielen sowohl

8 Wolf (2016), 268 (meine Übersetzung, M.R.). Im Original: »It seems to me plausible that voluntary projects of this sort provide a distinctive opportunity for meaning. One reason for this is connected to the ideas, discussed earlier in this paper, that meaning arises from positive engagement with value that has its source outside oneself [...].«

9 Wolf (2016), 267 (meine Übersetzung und Kursivierung, M.R.). Im Original: »If one's volunteering makes possible a good to the community that the group would not otherwise be able to afford, that may make one's work especially objectively valuable.«

das positive Engagement als auch die guten Folgen für die Gesellschaft nur eine untergeordnete Rolle. Vielmehr ist aus seiner Perspektive wichtiger, dass die Handlungen von einer bestimmten Art sind, nämlich, dass sich der Handelnde an der Hilfeleistung gegenüber anderen Menschen orientiert. Wenn er das in hinreichendem Maße tut, ist dies vollkommen ausreichend, um sein Leben sinnvoll zu machen. Zwar mag es durchaus die Sinnbilanz erhöhen, wenn er sich zusätzlich mit Haut und Haaren dem gesellschaftlichen Projekt verschreibt und die eigenen Anstrengungen auch von Erfolg gekrönt sind. Wenn das aber nicht der Fall ist, wird sein Leben nicht gleichsam sinnlos. Im Ergebnis beinhaltet der deontologische Objektivismus damit eine Neujustierung der Blickrichtung, nämlich darauf, was aus seiner Sicht wirklich wichtig ist, wenn wir ein sinnvolles Leben führen wollen.

(2) Konsequenzen für das Selbstverständnis von Praxen: Das Beispiel »Psychotherapie«

Aus der veränderten Blickrichtung auf die Debatte ergeben sich auch erste Konsequenzen für das Selbstverständnis von Praxen, in denen die Wertdimension des Sinns eine Rolle spielt. Um das zu erkennen, lohnt ein Blick auf die ethische Diskussion im Bereich der therapeutischen Psychologie. Dort wird gegenwärtig vermehrt darüber diskutiert, ob das sinnvolle Leben möglicherweise eines oder vielleicht sogar das alleinige Ziel der therapeutischen Praxis sein könnte.[10] Wenn das jedoch stimmen sollte, stellt sich unweigerlich die Frage, worin das sinnvolle Leben besteht. In diesem Zusammenhang vertreten viele, wie oben bereits erläutert, eine Sinntheorie, die sich an die axiologischen Dimensionen des Wohlergehens, des kosmischen Sinns oder der sinnstiftenden Handlungsfolgen anlehnt. Was bedeutet das für die Ziele der Psychotherapie? Die Antwort lässt sich wie folgt zusammenfassen: Wenn das sinnvolle Leben für die Psychotherapie relevant ist und eine oder mehrere der obigen Dimensionen für die Sinnbilanz notwendige und hinreichende Bedingung bilden, sollte es auch das Ziel des Psychotherapeuten sein, seinen Patienten ein Leben zu ermöglichen, das diese Dimensionen integriert. Mit anderen Worten: Es sollte dem Psychotherapeuten bei seiner Arbeit in irgendeiner Weise um die Er-

10 Vgl. Metz (2013c) und Metz (2016), in denen die Verbindung zwischen der Meaning-in-Life-Debatte und den Zielen der Psychotherapie explizit hergestellt wird.

möglichung und Hervorbringung von Wohlergehen, kosmischem Sinn und sinnstiftenden Handlungsfolgen gehen.[11]

Diese Ansicht kann der deontologische Objektivismus jedoch nicht teilen. Ihm zufolge sind die drei Wertdimensionen für das sinnvolle Leben bestenfalls ein kontributiver Faktor, ohne jedoch zugleich notwendig und hinreichend zu sein. Wenn wir die Endziele der psychotherapeutischen Praxis ins Auge fassen, kann es daher nicht primär um eine dieser drei Variablen gehen. Das schließt natürlich nicht aus, dass die Förderung von positiven Erfahrungen, authentischer Wunscherfüllung oder selbstbestimmter Potenzialentfaltung – um einige Aspekte des Wohlergehens herauszugreifen – instrumentell nützlich sein können. Das Endziel der Praxis bilden sie jedoch nicht. Worum geht es aber dann? Der deontologische Objektivismus behauptet, dass das sinnvolle Leben darin besteht, bestimmte Typen von intrinsisch sinnvollen Handlungen auszuüben. In diesem Sinne müssen auch die therapeutischen Ziele gedeutet werden. Dem Psychotherapeuten muss es darum gehen, dem Patienten künstlerische, wissenschaftliche, altruistische oder moralische Handlungen zu ermöglichen. Hierbei kann es sicherlich hilfreich sein, das Wohlergehen des Patienten zu fördern. Dieses ist jedoch kein Selbstzweck, sondern steht im Dienste des Endzwecks der Therapie – der Ermöglichung eines sinnvollen Lebens, also der Orientierung am Schönen, Wahren, Guten und Moralischen.

(3) Die Lösung von ethischen Konflikten: Ein Beispiel aus der Tierethik

Neben den Konsequenzen für das Selbstverständnis ergeben sich aus dem deontologischen Objektivismus auch erste Anhaltspunkte für die Lösung von ethischen Konflikten, in denen die Wertdimension des sinnvollen Lebens bei der Abwägung berücksichtigt wird. Das lässt sich besonders gut an einer Debatte in der Tierethik verdeutlichen. Dort wird die Frage nach dem sinnvollen Leben erst seit der jüngeren Vergangenheit diskutiert.[12] Allerdings hat die Debatte

11 Diese Ansicht scheint darüber hinaus nicht nur ein theoretisches Konstrukt zu sein, welches sich aus meiner eigenen Analyse ergibt, sondern sie ist auch eine, die auf einen breiten Rückhalt in der bestehenden Literatur zurückgreifen kann. Vgl. dafür etwa den kurzen Literaturbericht zu den verschiedenen Auffassungen darüber, was unter den Zielen der Psychotherapie standardmäßig verstanden wird, Metz (2016), 19-27.

12 Vgl. Smuts (2013), Gruen (2014), Purves/Delon (2017) und Hauskeller (2018).

bereits einen Differenzierungsgrad und eine Konkretheit erreicht, die sie besonders aussichtsreich erscheinen lässt, die normativen Konsequenzen des deontologischen Objektivismus aufzuzeigen.

Um direkt mit einem konkreten Beispiel zu beginnen: Duncan Purves und Nicolas Delon diskutieren in ihrem Beitrag *Meaning in Lives of Humans and Other Animals* (2016) etwa die Frage, inwiefern militärische Diensthunde, die zum Aufspüren von Sprengstoff eingesetzt werden, mit dieser Tätigkeit die Sinnbilanz ihres Lebens erhöhen. Für sie fällt die Antwort eindeutig aus: Solche Hunde erhöhen nicht nur den Sinn ihres Lebens, sondern führen »besonders sinnvolle Leben«. Das liege daran, dass

> ihre intentionalen Handlungen die Geschichte geprägt und einen großen Beitrag zum menschlichen Leben geleistet haben. […] [E]s ist nicht relevant […] ob sie die Wichtigkeit ihrer Arbeiten verstehen […]. [E]s reicht, dass sie ihrer Arbeit hingebungsvoll und intentional nachgehen.[13]

In dieser kurzen Textpassage scheinen Purves und Delon die These zu vertreten, dass das intentionale Handeln der Spürhunde, welches sie durch Einsatz und Absicht charakterisieren, hinreichend ist, um ihnen ein sinnvolles Leben zuzusprechen. Dem stimmen im Diskurs allerdings nicht alle zu. So wenden sich Susanna Monsó und Judith Benz-Schwarzburg explizit gegen diese Schlussfolgerung:

> In unserer Darstellung können diese Tiere ihrem Leben jedoch keinen Sinn hinzufügen, indem sie die Geschichte prägen und zu einem guten menschlichen Leben beitragen, weil es unwahrscheinlich ist, dass dies ihre Motivation ist, und ebenso unwahrscheinlich, dass sie sich auch nur im Ansatz dafür interessieren.[14]

Monsó und Benz-Schwarzburg vertreten mithin die Auffassung, dass militärisch eingesetzte Spürhunde kein sinnvolles Leben füh-

13 Purves/Delon (2017), 334 (meine Übersetzung, M. R.). Im Original: »[T]heir intentional actions have shaped history and contributed to a great deal of human flourishing. […] [I]t does not matter […] whether they understand the importance of their labors […]. [I]t is sufficient that they go about their work effortfully and intentionally.«

14 Monsó/Benz-Schwarzburg (i. V.), 13 (meine Übersetzung, M. R.). Im Original: »Under our own account, however, these animals cannot add meaning to their lives through shaping history and contributing to human flourishing because it is unlikely that this is their motivation, and equally unlikely that they remotely care about this.«

ren können, weil ihnen etwas fehlt, was Delon und Purves bei ihrer Charakterisierung des intentionalen Handelns übersehen haben: die Motivation des Hundes, nicht nur den Sprengstoff zu finden, sondern damit auch zum menschlichen Wohlergehen beizutragen.

Nun möchte ich nicht darüber richten, welche der beiden Theorien die größere Überzeugungskraft aufweist. Vielmehr möchte ich die Aufmerksamkeit auf eine Gemeinsamkeit richten, die beide teilen und die auch im Diskurs weit verbreitet ist: nämlich die These, dass eine oder mehrere Facetten des intentionalen Handelns – hier: Einsatz, Absicht oder altruistische Motivation – nicht nur *irgendeinen*, sondern *den* Kernbestandteil des sinnvollen Lebens darstellen.[15] Diese Annahme scheint jedoch, wenn der deontologische Objektivismus zutrifft, auf einer Fehleinschätzung darüber zu beruhen, worauf es wirklich ankommt, wenn wir sinnvolle von sinnlosen Leben unterscheiden. Dem deontologischen Objektivismus zufolge geht es nicht primär um intentionales Handeln, wie auch immer es genau interpretiert wird, sondern um die Art der Handlung. Oder auf das Beispiel der Spürhunde bezogen: Um zu beurteilen, ob diese ein sinnvolles Leben führen, spielen weder der Einsatz oder die Absicht (*contra* Purves/Delon) noch die Motivation, durch ihre Tätigkeit menschliche Leben zu retten (*contra* Monsó/Benz-Schwarzburg), eine besonders relevante Rolle. Was vielmehr entscheidend ist, ist die Art der Tätigkeit, die von den Hunden ausgeübt wird. Insofern diese so interpretiert werden kann, dass es sich um solche Tätigkeiten handelt, die sich in hinreichendem Maße am Quadrivium des Schönen, Wahren, Guten und Moralischen orientieren, scheint dies vollkommen ausreichend, um ihnen ein sinnvolles Leben zuzusprechen. Wenn das nicht der Fall ist, kann ihr Leben nicht als sinnvoll gedeutet werden.

Diese kurzen Einschübe machen deutlich, dass der deontologische Objektivismus durchaus einige Implikationen für die ethische Sinndebatte liefert. Er hat Einfluss darauf, wie wir die zentrale

15 Diese Gemeinsamkeit des Diskurses wird auch von den meisten Protagonisten nicht in Frage gestellt, sondern sogar explizit offengelegt. Eine formale Ausformulierung dieser Hintergrundannahme findet sich etwa bei Delon und Purves: »A subject S's life L is meaningful in some way if and only if (1) L involves S's contributing to a finally valuable state of affairs O either causally or constitutively; and (2) one of S's intentional actions A is either a cause of O or constitutive of O.« Purves/Delon (2017), 324.

Grundausrichtung der Sinndebatte beurteilen, wie wir die Ziele von Praxen verstehen müssen und worauf wir achten sollten, wenn wir Sinnkonflikte lösen. Ist mein Vorschlag damit der heilige Gral der Sinntheorien? Das ist er sicherlich nicht. Es bleiben, wie oben beschrieben, noch einige offenen Fragen übrig. Dennoch denke ich, dass der deontologische Objektivismus, so habe ich jedenfalls versucht zu argumentieren, die aussichtsreichste der bisher verfügbaren Optionen in der Literatur ist. Sie ist der Gradmesser, an dem sich all jene Theorien messen lassen müssen, die den Anspruch erheben, eine wissenschaftlich fundierte Antwort auf das Sinnthema zu geben. Sie ist, in Anlehnung an einen bekannten Slogan, zwar nicht perfekt, aber das Beste, was wir derzeit haben. Nicht mehr, aber auch nicht weniger!

9. Was kommt danach? Ein Ausblick auf weiterführende Forschungsprojekte

9.1 Einleitung

Der deontologische Objektivismus, so wurde argumentiert, stellt mit Blick auf seine Überzeugungskraft die derzeit beste Version einer normativ-inhaltlichen Theorie des sinnvollen Lebens dar. Daraus ergeben sich, wie im letzten Kapitel aufgezeigt, wichtige Folgerungen für die Sinndebatte insgesamt. Der deontologische Objektivismus ist nicht neutral gegenüber der Frage, worauf es in der Debatte wirklich ankommen sollte, sondern nimmt mit Blick auf ihre Grundausrichtung, ihr Verständnis von Praxen und die Lösung von Konflikten wichtige Neujustierungen vor, die zum Teil von den Standardherangehensweisen abweichen.

Wie aber lässt sich das Sinnthema im Anschluss an dieses Ergebnis weiterdenken? Im folgenden Kapitel soll diese Frage im Rahmen eines Ausblicks auf mögliche Forschungsprojekte beantwortet werden, die sich aus meiner Sicht anbieten, wenn man den deontologischen Objektivismus für eine aussichtsreiche Option hält. Hierbei werde ich mich insbesondere auf Themen fokussieren, die an der einen oder anderen Stelle dieser Studie bereits zur Sprache gekommen sind oder sich aus den bisherigen Überlegungen ergeben. Methodisch werde ich allerdings weniger systematisch argumentierend, sondern vor allem explorativ vorgehen. Das ist dem Ziel dieses Kapitels geschuldet. Anders als in den vorigen Teilen dieser Arbeit geht es im Folgenden nicht mehr darum, die eigene Sinntheorie zu entwickeln oder ihre Implikationen für die Sinndebatte aufzuzeigen, sondern einige Denkanstöße für zukünftige Forschungen zu liefern, die im Anschluss an den deontologischen Objektivismus gewinnbringend sein könnten.

9.2 Die Bedeutung von sinnstiftenden Tätigkeiten für das gute Leben

In dieser Studie wurde mit dem deontologischen Objektivismus eine Theorie entwickelt, die Auskunft darüber gibt, auf welche Variablen wir achten müssen, wenn wir ein sinnvolles Leben führen wollen. Ihm zufolge sind es Tätigkeiten, die auf das Schöne, Wahre, Gute oder Moralische gerichtet sind, die unserem Leben einen Sinn geben. Aber lohnt es sich mit Blick auf das insgesamt gute Leben überhaupt, auf den Sinn zu schauen? Diese Frage scheint bei vielen Protagonisten in der Meaning-in-Life-Debatte nur auf wenig Verständnis zu stoßen. Die meisten gehen vielmehr explizit oder implizit davon aus, dass das sinnvolle Leben ein zentraler Bestandteil des Guten ist.[1] Nun ist das auch keine These, die ganz aus der Luft gegriffen ist. Nach all den in dieser Studie diskutierten Beispielen von vorbildhaften und bewundernswerten, ergo: sinnvollen Leben wäre es jedenfalls überraschend, wenn der Sinn für das gute Leben gänzlich irrelevant wäre. Der Punkt ist aber, dass im aktuellen Diskurs wenig darüber reflektiert wird, was überhaupt mit »zentralem Bestandteil« gemeint ist, also in welcher Weise das sinnvolle Leben für das Gute eine Rolle spielen kann.[2] Aus diesem Grund möchte ich im Folgenden einige mögliche Relevanzthesen näher vorstellen und sie als Denkanstöße nutzen, um weiterführende Forschungsfragen sichtbar zu machen und mögliche Anschlussprojekte zu motivieren.

9.2.1 Sinnstiftende Tätigkeiten haben einen instrumentellen Wert

Eine erste, noch recht schwache Behauptung über die Relevanz des sinnvollen Lebens für das gute Leben besteht darin, dass auf die

1 Zu einer ähnlichen Feststellung gelangen auch Campbell und Nyholm: »There is a growing interest among analytic philosophers in the notion of meaning in life. It is not so much an interest in determining whether meaning is the sort of thing that people should care about or seek in their lives. After all, it seems almost tautological that it is more desirable to have a meaningful life than a meaningless one.« Campbell/Nyholm (2015), 694.

2 Vgl. für eine analoge Diagnose auch Kipke (2014), dessen Überlegungen einen ersten Versuch darstellen, ein solches Desiderat abzutragen.

Nützlichkeit des Sinns für das Gute hingewiesen wird. Demnach sind sinnstiftende Tätigkeiten nicht selbst Bestandteil des guten Lebens, sondern lediglich besonders hilfreich, um etwas Anderes zu realisieren, das für das gute Leben wichtig ist. Ein mögliches Argument, welches sich auf das eigene Wohlergehen als »anderes« Element bezieht, könnte wie folgt lauten[3,4]:

> (1) Es gibt mindestens eine Facette des eigenen Wohlergehens, die ein notwendiges Element des guten Lebens bildet.
> (2) Eine mögliche Facette des Wohlergehens, die eine notwendige Bedingung des guten Lebens darstellt, ist die Erfahrung der Sinnhaftigkeit des eigenen Lebens.
> (3) Die Erfahrung der Sinnhaftigkeit wird häufig durch die Ausübung von sinnvollen Tätigkeiten generiert.
> (K) Sinnvolle Tätigkeiten sind hilfreich, um Sinnerfahrungen zu machen und damit eine notwendige Bedingung des guten Lebens zu realisieren.

Beginnen wir mit der ersten Prämisse: Diese scheint mir weitestgehend unstrittig. Wie soll ein insgesamt gutes Leben möglich sein, wenn auf der Seite des Individuums nicht zumindest ein Mindestmaß an Wohlergehen für das Individuum vorhanden ist? Ein solches Leben kann sicherlich viele andere Aspekte aufweisen, z. B. kann es moralisch oder sinnvoll sein. Wenn das Individuum aber nicht in irgendeiner Weise etwas davon »mitbekommt«, ist es schwer, sich ein alles in allem gutes und gelungenes Leben vorzustellen.[5]

3 Ein solches Argument lässt sich etwa aus den Überlegungen in Kipke (2014), Abschnitt 3 herausarbeiten.

4 In den folgenden Überlegungen wird auf die bereits eingeführte dreigliedrige Definition des Wohlergehens zurückgegriffen. Vgl. Kap. 2.2 und die modifizierte Version in 2.3.3.

5 Das ist eine These, die auch von den meisten Vertretern des Meaning-in-Life-Diskurses akzeptiert wird. Diese gehen zwar davon aus, dass es neben dem Wohlergehen noch eine andere Dimension des Guten gibt, nämlich die Sinndimension. Dass es sich beim Wohlergehen jedoch um ein eigenständiges und notwendiges Element des guten Lebens handelt, wird nicht in Frage gestellt. Siehe etwa Metz (2013), 60: »I conclude by suggesting that there is good reason to identify a pleasant life as a happy one, so that it is ultimately happiness and meaningfulness that form two of the largest and most fundamental values in human life.« Ähn-

Die zweite Prämisse, also die Behauptung, dass es sich bei der Sinnerfahrung um ein mögliches Element des Wohlergehens handelt, welches eine notwendige Bedingung für das Gute darstellt, ist schwieriger zu begründen. Allerdings glaube ich, dass sich auch dafür Belege angeben lassen. Das können wir erkennen, wenn wir uns ein Leben vorstellen, dem jegliche Sinnerfahrung fehlt. Wer beispielsweise an einer Sinnkrise, also der Abwesenheit von sinnstiftenden Erfahrungen, leidet, hat nicht bloß eine psychologische Belastung unter anderen. Sinnkrisen sind Lebenskrisen. Wer in einer Sinnkrise steckt, ist nicht bloß irgendwie, sondern in einer besonders gravierenden Weise unglücklich. Typische Sätze wie »Mein Leben ist irrelevant und bedeutet nichts« oder »Ich sehe keinen Sinn mehr in meinem Leben« verdeutlichen die Tragik der Sinnlosigkeitserfahrung in besonders radikaler Weise. Kann ein Leben, welches zu einem Großteil diese Erfahrungen aufweist, noch als ein alles in allem gelungenes Leben gelten? Ich habe meine Zweifel, nicht zuletzt weil unsere praktischen Reaktionen auf Sinnkrisen in eine andere Richtung weisen. Wenn wir nämlich im Alltag Menschen mit Sinnkrisen begegnen, haben wir die Intuition, dass im Leben dieser Menschen etwas im Argen liegt. Diesen Menschen scheint etwas abhandengekommen zu sein, was sie zum Gelingen ihres Lebens benötigen. Das begründet mitunter, warum wir als Einzelne oder als Gesellschaft solchen Menschen helfen wollen – sei es durch freundschaftliche Unterstützung, psychologische Therapie oder auf eine andere Weise. Mit anderen Worten: Wenn mindestens eine Facette des Wohlergehens ein notwendiges Element des guten Lebens ist, dann ist die Sinnerfahrung ein naheliegender Kandidat dafür, diese Rolle zu übernehmen. Ohne die Erfahrung von Sinn ist es schwer, von einem guten Leben zu sprechen.

Damit zur dritten Prämisse. Hierbei handelt es sich gar nicht um eine ethische oder philosophische, sondern um eine empirische

lich behauptet auch Kipke: »Zieht man […] die bisherigen Theorien des guten Lebens ebenso wie unseren Sprachgebrauch heran, spricht viel dafür, dass sich diese Elemente unter dem Begriff des Glücks subsumieren lassen. Demnach wäre das insgesamt gute Leben ein glückliches *und* sinnvolles Leben.« Kipke (2014), 200 (Hervorhebung des Autors). Eine Ausnahme von der Regel bildet, wie an anderer Stelle schon erläutert, Joseph Raz. Dieser hält das Wohlergehen nicht für eine eigenständige Wertdimension, sodass sie auch nicht gleichrangig gegenüber anderen eigenständigen Dimensionen abgewogen werden kann. Vgl. Einleitung, Fn 11.

These. Ob Sinnerfahrungen häufig genau dann auftreten, wenn wir sinnvolle Tätigkeiten ausüben, entscheidet sich nicht durch die Abfrage der Alltagsphänomenologie oder durch begriffliche Analysen. Vielmehr müssen wir dafür die mögliche Korrelation der beiden Relata ermitteln, was traditionellerweise eine der Kernaufgaben der empirischen, insbesondere der psychologischen Sinnforschung, darstellt. Nun hat diese bereits einige Ergebnisse zu diesem Thema vorzuweisen, die darauf hinweisen, dass bestimmte sinnstiftende Tätigkeiten häufig mit Sinnerfahrungen einhergehen.[6] Eine besonders gut erforschte Gruppe von sinnstiftenden Tätigkeiten stellen prosoziale Verhaltensweisen dar.[7] Um eines von vielen Beispielen aus der Forschung herauszugreifen: Der Psychologe Nadav Klein berichtet 2015 in seinem Beitrag *Prosocial Behavior Increases Perceptions of Meaning in Life* von einem Experiment, welches mit 50 Probanden (Durchschnittsalter: 22 Jahre) durchgeführt wurde. Diese bekamen jeweils 5 Dollar in bar ausgehändigt und wurden per Los einer von zwei Gruppen zugeteilt. Die erste Gruppe erhielt die Anweisung, das Geld entweder zu spenden oder dafür zu verwenden, einer anderen Person ein Geschenk zu kaufen. Die andere Gruppe sollte das Geld ausschließlich für sich selbst ausgeben. Die Probanden hatten bis 8 Uhr am Abend Zeit, der Anweisung nachzukommen, und einen weiteren Tag, einen Fragebogen auszufüllen, der ihren gefühlten Lebenssinn ermitteln sollte. Das Ergebnis lautete, dass diejenigen Probanden, die das Geld gespendet hatten, eine deutlich höhere Wahrnehmung von Lebenssinn aufwiesen als diejenigen, die das Geld für sich selbst ausgegeben hatten. Etwas verallgemeinert kann man daher festhalten, dass prosoziale Sinntätigkeiten sich tatsächlich emotional auszuzahlen scheinen. Einige von ihnen – wie das Spenden von Geld – gehen mit einer erhöhten Sinnerfahrung einher.

Aus diesem Argumentationsgang ergibt sich die Konklusion (K): Wenn es stimmt, dass die eigene Sinnerfahrung eine Facette

6 Vgl. für eine Liste von sinnstiftenden Tätigkeiten, die am stärksten mit Sinnerfahrungen korrelieren, Schnell (2016), 55. Für weitere Ergebnisse der empirischen Sinnforschung siehe auch die kurze Zusammenfassung zur Forschungslage in Kap. 9.3.

7 Vgl. für einen Überblick über die breite empirische Forschungslandschaft zum Verhältnis von prosozialem Verhalten und der Erfahrung von Lebenssinn, Schnell (2016), Kap. 9.1.2.

des Wohlergehens darstellt, die immer vorhanden sein muss, um ein gutes Leben zu führen, und Sinntätigkeiten (z. B. prosoziale Verhaltensweisen) mit solchen Erfahrungen korreliert sind, dann liegt es nahe zu behaupten, dass sinnvolle Tätigkeiten in instrumenteller Weise relevant sind. Wer demnach ein gutes Leben führen will, sollte sich auch um sinnvolle Tätigkeiten bemühen – und zwar nicht, weil sie selbst Einfluss auf die Güte eines Lebens haben, sondern weil sie häufig mit einem Element einhergehen, das für ein gutes Leben notwendig ist, namentlich: die Erfahrung, dass das eigene Leben einen Sinn hat.

9.2.2 Sinnstiftende Tätigkeiten liefern einen eigenständigen Beitrag

Wenn die erste These zutrifft, kann ausgehend vom deontologischen Objektivismus behauptet werden, dass sinnstiftende Tätigkeiten einen instrumentellen Wert für das gute Leben haben. Aber kann es nicht sein, dass diese Tätigkeiten zusätzlich eine eigenständige Relevanz für das gute Leben haben? Ich vermute, dass wir diese Frage bejahen müssen. Das lässt sich erkennen, wenn wir unsere Praxis in der Bewertung des eigenen Lebens und der Einschätzung fremder Leben betrachten. Um mit der Selbstbewertung zu beginnen: Denken wir etwa an Situationen, in denen wir in der Rückschau fragen, ob unser Leben einen Sinn hatte oder wir vielleicht mit der eigenen Lebensführung auf dem Holzweg waren. Zunächst ist klar, was in diesen Reflexionen nicht angesprochen wird. Normalerweise verstehen wir nämlich die Sinnfrage in diesen Fällen nicht so, als ob es sich hierbei etwa um die Frage nach dem Wohlergehen handelt. Wenn wir auf unser Leben zurückblicken und uns fragen, ob es sinnvoll war, wollen wir nicht primär wissen, ob es uns in unserem Leben gut genug ging, also, ob wir zum Beispiel glücklich genug waren. Vielmehr fragen wir häufig nach etwas Anderem. Und dieses »Andere«, so der Vorschlag dieser Studie, hat mit der Orientierung an bestimmten Arten von Tätigkeiten zu tun. Wir fragen danach, ob wir uns in ausreichendem Maße an Projekten beteiligt haben, die unsere subjektiven Interessen transzendiert haben. Habe ich vielleicht versucht, mich an künstlerischen Projekten zu beteiligen? Hatte ich das Ziel, einen Beitrag zur Wissenschaft zu leisten? Hat mein Engagement sich daran orientiert, das Leben von anderen Menschen zu verbessern? Habe ich den Versuch unternommen, die Welt zu einem gerechteren Ort zu machen? Diese und ähnliche Rückschaufragen lassen uns in emotionaler Hinsicht nicht kalt. Es ist uns nicht egal, wie wir sie beantworten, sondern wir wollen nach Möglichkeit eine positive Antwort geben. Wir hoffen, dass wir in der Reflexion erkennen, dass unser Leben über die Minimalschwelle des Sinns gelangt, sodass es als bedeutsam und bewundernswert, eben als sinnvoll, gelten kann.

Die Wichtigkeit des Sinns für die Einschätzung der Güte eines Lebens zeigt sich auch in der Bewertung von fremden Leben, die wir als besonders bewundernswert einstufen. Nehmen wir das Beispiel von Sinn-Heroen wie Dietrich Bonhoeffer, Georg Elser oder Sophie Scholl: Diese hatten sicherlich kein Leben, welches reich an positiven Empfindungen war. Sie lebten unter den Repressalien des nationalsozialistischen Regimes. Ebenso konnten sie wichtige Elemente ihres Lebensplans nicht umsetzen – ihr Widerstand gegen das Regime scheiterte. Darüber hinaus waren Ausübung und Ausbildung ihrer Talente und ihres Charakters nur in einem Mindestmaß möglich. Ihre Leben waren verhältnismäßig kurz und wurden gewaltsam beendet. Und dennoch: Trotz ihres verhältnismäßig geringen Maßes an Wohlergehen üben ihre Leben und die darin ausgeübten Handlungen eine gewisse Faszination aus. Wir bewerten sie als bedeutsam, bewundernswert und vorbildhaft. Aber woran liegt das? Mein Vorschlag in dieser Studie lautet, dass dasjenige, was uns Bewunderung abverlangt, die Sinndimension des Lebens einer Person betrifft. Wir finden das Leben der drei Sinn-Heroen unter anderem deshalb nachahmenswert, weil sie sich für eine Sache – nämlich den Widerstand gegen den Nationalsozialismus – engagiert haben, die sich an einem überpersönlichen Wert orientiert. Alle drei haben sich nicht so sehr darum gekümmert, was *für sie selbst*, sondern darum, was *für andere* gut war. Und eine solche Orientierung an subjektunabhängigen Werten macht ihr Leben zu einem sinnvollen Leben, welches uns als inspirierendes Vorbild dienen kann.

Diese Beispiele aus der Eigen- und Fremdbewertung von Leben zeigen, dass das sinnvolle Leben eine wichtige Rolle spielt, wenn es darum geht, die Güte eines Lebens zu bewerten. Es ist uns nicht gleichgültig, ob wir ein sinnvolles oder sinnloses Leben führen. Wir hoffen, wenn wir auf unser Leben zurückblicken, dass unser Leben sinnvoll war und dass wir, ähnlich wie manche Sinn-Heroen, die Kraft aufbringen, sinnstiftende Tätigkeiten auszuüben.

9.2.3 Sinnstiftende Tätigkeiten sind eine notwendige Bedingung

Wenn wir den Überlegungen des letzten Abschnitts folgen, dann scheint die Sinndimension für das gute Leben wichtig zu sein. Aber wie wichtig genau? Eine mögliche Behauptung könnte darin bestehen, dass das sinnvolle Leben eine notwendige Bedingung darstellt. Demnach gilt, dass kein gutes Leben möglich ist, wenn es kein ausreichendes Maß an Sinn enthält. Oder positiv formuliert: Wer am guten Leben interessiert ist, sollte immer auch ein Auge auf das sinnvolle Leben haben.

Um der Frage nachzugehen, ob es sich hierbei um eine plausible These handelt, können wir uns exemplarische Fälle von sinnlosen Leben vergegenwärtigen, wie sie sich im Anschluss an den deontologischen Objektivismus darstellen. Es sind Leben, in denen die Personen sich in ihren Handlungen nicht in einem Mindestmaß an subjekttranszendenten Werten, wie dem Schönen, Wahren, Guten und Moralischen, orientieren. Ein Beispiel hierfür könnte ein radikaler Egozentriker sein, der nur an einer einzigen Sache interessiert ist: sich selbst und der Steigerung seines Wohlergehens. Das kann verschiedene Dinge beinhalten. Der Egozentriker kann nach Tätigkeiten suchen, die seine Glücksbilanz erhöhen; er kann Mittel und Wege finden, wie er seine aufgeklärten Wünsche am besten verwirklichen kann; oder er kann versuchen, seine Talente und seinen Charakter in bestmöglicher Weise auszubilden und zu verbessern. Hierbei kann der Egozentriker seine Aufmerksamkeit auch auf Dinge richten, die in den Bereich des Schönen, Wahren, Guten und Moralischen fallen. So kann er beispielsweise bemerken, dass künstlerische Tätigkeiten eine besondere Glücksquelle für ihn sind, was ihn möglicherweise sogar zu besonderen Höchstleistungen anspornt. Wichtig ist aber eine Sache: Der Egozentriker orientiert sich in seinem Handeln nicht an subjekttranszendenten, sondern subjektabhängigen Zielen. Er übt keine Handlungen aus, die dem Zweck dienen, ein Kunstwerk zu produzieren, sondern solche, die sein eigenes Wohlergehen steigern sollen. Nun zur entscheidenden Frage: Handelt es sich bei einem egozentrischen Leben noch um ein gutes Leben? Es fällt mir tatsächlich schwer, diese Frage zu bejahen. Wer tatsächlich in einer Weise handelt, die lediglich das eigene Wohlergehen zum Maßstab hat, scheint mir die vollen Möglichkeiten dessen, was uns wichtig sein sollte, um ein insgesamt gutes Leben zu führen, nicht zu erfassen. Der Egozentriker führt ein defizitäres, weil zu einseitiges Leben. Um an dieser Stelle ein mögliches Missverständnis auszuräumen: Damit behaupte ich nicht, dass das Problem des Egozentrikers darin liegt, dass er durch seine einseitige Lebensweise Einbußen in seinem Wohlergehen erleidet – zum Beispiel, weil ihm in hedonischer Hinsicht bestimmte Erfahrungen »durch die Lappen« gehen oder er psychologisch unter seinem Defizit leiden wird, beispielsweise unter dem Gefühl der »Sinnleere«. Um es nochmals zu betonen: Für den deontologischen Objektivismus ist das eigene Wohlergehen bestenfalls ein kontributiver Faktor, der jedoch weder notwendig noch hinreichend für das sinnvolle Leben ist. Entsprechend können die Einbußen im eigenen Wohlergehen auch nicht die entscheidende Variable sein, die fehlt, um das Leben des Egozentrikers als defizitär zu kritisieren. Was diesem fehlt, sind nicht die Sinn*erfahrungen*, sondern die Sinn*tätigkeiten*. Der Egozentriker orientiert sich in seinem Handeln nur an Dingen, die für ihn gut sind, und nicht daran, was jenseits von ihm gut sein könnte. Wie bereits oben beschrieben, schätzen wir gerade unser eigenes Leben (z. B. in der Rückschau) und das der anderen (z. B. der Sinn-Heoren wie Sophie Scholl) in besonderer Weise, wenn wir uns an subjekttranszendenten Werten orientieren. Wenn das nicht in einem Mindestmaß gegeben ist, ist es nicht nur schwer, ein Leben noch als sinnvoll, sondern auch als insgesamt gut zu bezeichnen.

9.2.4 Sinnstiftende Tätigkeiten sind vorzugswürdige Elemente

Im vorigen Abschnitt wurde für die Behauptung eingetreten, dass der Sinn eine notwendige Bedingung für das Gute ist. Damit aber scheint der Sinn nicht alleine dazustehen. Wie bereits im Rahmen der ersten These erläutert, halten viele zumindest noch eine andere Wertdimension für notwendig, nämlich das eigene Wohlergehen. Wie aber lassen sich das eigene Wohlergehen und der Sinn gegeneinander abwägen? Das ist keine leicht zu beantwortende Frage, da wir dafür eine substanzielle Theorie des Guten samt einer axiologischen Hierarchie benötigen. Ich möchte an dieser Stelle jedoch zumindest einige kursorische Überlegungen vortragen, die bei der Gewichtung helfen können.

Zum einen kann es hilfreich sein, auf hypothetische Entscheidungen zu schauen, die wir treffen würden, wenn wir zwischen Wohlergehen – zum Beispiel verstanden als hedonisches Glück – und dem Sinn wählen müssten. Um ein Gedankenexperiment heranzuziehen: Stellen wir uns zwei Leben vor, die sich in ihrer Gesamtbilanz von hedonischem Glück und Sinn vollständig gleichen – mit einer Ausnahme: die Balance der Teilbilanzen beider Elemente ist in den jeweiligen Leben vertauscht. Demnach wäre das erste Leben eines, in dem es der Person besonders gut ergeht, beispielsweise in dem Sinne, dass sie sich häufig besonders glücklich fühlt. Gleichzeitig ist es aber auch ein solches Leben, das nicht reich an sinnvollen Tätigkeiten ist, weil es der Person mehr um sich selbst, nämlich um die eigenen Glückszustände geht und nicht etwa darum, anderen Menschen zu helfen. Im zweiten Leben verhält es sich genau umgekehrt. In diesem Leben fällt die Glücksbilanz nicht besonders hoch aus, zum Beispiel, weil die betreffende Person einige depressive Phasen und andere schwierige Momente überstehen muss. Andererseits ist es jedoch reich an sinnstiftenden Tätigkeiten, etwa der Hilfe für andere. Nun die entscheidende Frage: Welches Leben sollten wir wählen? Sollen wir lieber – etwas salopp formuliert – ein glücklicher Egozentriker oder ein unglücklicher Menschenfreund sein? Ich tendiere dazu, die zweite Option zu wählen. Natürlich: Es wäre beiden Menschen zu wünschen, dass sie weder einen Mangel an Glück noch einen Mangel an Sinn erleiden. Beides scheint, wie oben bereits erläutert, ein notwendiges Element des guten Lebens zu sein. Sowohl dem Egozentriker als auch dem Menschenfreund scheint etwas in ihren Leben zu fehlen, was nicht fehlen sollte. Wenn man jedoch vor der Entscheidung steht, einen Mangel gegenüber einem anderen abzuwägen, scheint mir der Sinn- gegenüber dem Glücksmangel das größere Übel. Die Einbußen an Sinn, die der Egozentriker erleidet, wiegen aus meiner Sicht schwerer als der Mangel an Glück des Menschenfreundes. Aber lassen wir diese Einschätzung einmal beiseite und nehmen probeweise an, dass sich auch für die Abwägung zugunsten des Egozentrikers belastbare Intuitionen ins Feld führen lassen. In diesem

Fall greift noch eine weitere Überlegung, die ebenfalls für die Vorzugswürdigkeit des Sinns gegenüber dem Glück spricht.

Zum anderen scheinen nämlich empirische Befunde dafür zu sprechen, dass selbst aus der Perspektive des glücksorientierten Egozentrikers die Wahl von sinnvollen Tätigkeiten die rationalere Wahl sein könnte. So fragten Michael Steger und Kollegen in einer Studie ihre Probanden, wie häufig sie bestimmte hedonische und sinnstiftende Verhaltensweisen pro Woche ausübten.[8] Beispiele für hedonische Handlungen waren: Sex nur zum Vergnügen, Schmuck oder elektronische Geräte kaufen, sich betrinken, Drogen nehmen oder mehr essen als gewollt, weil es so gut schmeckt. Zu den sinnstiftenden Handlungen zählten: ehrenamtliche Tätigkeit, einem bedürftigen Menschen Geld geben oder sich bei jemandem bedanken. Die Teilnehmer wurden außerdem zu ihrem hedonischen Wohlbefinden, also ihrer Stimmung, Lebenszufriedenheit und ihrem Sinnerleben befragt. Die Ergebnisse waren erstaunlich: Hedonische Handlungen trugen weder zu einer guten Stimmung noch zur Lebenszufriedenheit noch zur Sinnerfüllung bei. Sinnstiftende Handlungen hingegen gingen einerseits mit Sinnerfüllung, andererseits auch mit positiver Stimmung und Zufriedenheit einher. Dieses Ergebnis scheint nahezulegen, dass auch Menschen wie der Egozentriker, dem Glück wichtiger ist als Sinn, dennoch gute Gründe haben, sinnvolle Tätigkeiten auszuüben – eben weil diese ein besonders hohes Glückspotenzial aufweisen.

9.2.5 Zusammenfassung und weitere Forschungsfragen

Was bedeutet nun all das für die Rolle der sinnstiftenden Tätigkeiten für das gute Leben? In den vorausgegangenen Überlegungen sollte für insgesamt vier Thesen geworben werden: So scheinen zunächst gute Gründe dafür zu sprechen, dass das Ausüben von sinnvollen Tätigkeiten einen instrumentellen Wert hat, weil es Sinnerfahrungen ermöglicht, die selbst Bestandteil des guten Lebens sind (These 1). Darüber hinaus scheint der Sinn aber auch selbst ein eigenständiger Bestandteil des guten Lebens zu sein (These 2), ein solcher zudem, der einen notwendigen Charakter hat (These 3) und

8 Vgl. Steger/Kashdan/Oishi (2008).

vielleicht sogar eine gewisse Vorzugswürdigkeit – z. B. gegenüber dem Glück – genießt (These 4). Andererseits ist zu betonen, dass es sich bei den vorgetragenen Überlegungen lediglich um tentative und explorative Gedanken handelt. Es stellen sich noch eine Reihe von Anschlussfragen, die sowohl mit der grundlagentheoretischen Absicherung der obigen Überlegungen als auch mit der weiteren inhaltlichen Ausarbeitung der vier Thesen zu tun haben. Zwei Desiderate, die bereits den Weg zu weiteren Forschungen weisen, möchte ich näher ausführen:

Zum einen wäre weiter zu erörtern, inwiefern die in Anspruch genommenen Alltagsintuitionen überhaupt die tatsächlichen Phänomene rekonstruieren und – falls sie es tun – in welcher Weise sie als Argument für oder gegen eine Position angeführt werden können. So lassen sich im Diskurs durchaus Zweifel ausmachen, ob der Hinweis auf Intuitionen in der Debatte sonderlich viel austrägt.[9] Ich bin, wie mein Vorgehen in dieser Studie nahelegt, gegenüber der Methode des *intuition pumping* weniger skeptisch als die Zweifler. Anders als manche Befürworter glaube ich allerdings auch nicht, dass sich der Rekurs von Intuitionen von selbst nahelegt, zum Beispiel, weil er ohnehin unausweichlich und daher alternativlos ist.[10] Vielmehr muss sowohl die Verlässlichkeit von Intuitionen als auch deren heuristischer Wert im Rahmen einer grundlagentheoretischen Arbeit aufgezeigt und gerechtfertigt werden.

Zum anderen enthalten die obigen Überlegungen noch einige Leerstellen mit Blick auf die inhaltliche Rechtfertigung der vier

9 Es gibt verschiedene Möglichkeiten für den Skeptiker, die Methode des *intuition pumping* in der Meaning-in-Life-Debatte zu kritisieren. Ein häufig beschrittener Weg besteht darin, die Universalisierbarkeit von Intuitionen in Frage zu stellen, zum Beispiel, weil sich auf der Grundlage von Intuitionen kein Konsens herstellen lässt oder die Methode der Intuitionsprüfung selbst auf unhaltbaren Annahmen beruht. Vgl. dafür etwa die Kritik in Morioka (2015b), Tartaglia (2015) und Yamaguchi (2015).

10 Eine solche Unausweichlichkeit scheint etwa Metz im Hinterkopf zu haben, wenn er die Intuitionsskeptiker kritisiert: »As I note in the book, even philosophical theories of justification invariably appeal to intuitions about what is justified and what is not. How else is one to evaluate a purportedly maximally general principle except by appeal to what is both more particular and less controversial than it? (…) But if intuitions about what is justified or unjustified are philosophically sound, then so are intuitions about what is meaningful or not.« Metz (2015), 248 f.

Thesen zum Verhältnis von Sinn und gutem Leben. So wurden diese lediglich durch Einzelfälle belegt, was insbesondere der explorativen Vorgehensweise in diesem Abschnitt geschuldet ist. Es wäre daher noch zu prüfen, ob sich die vier Thesen durch weitere Beispiele bestätigen lassen, um so im Erfolgsfall ihre Verallgemeinerbarkeit zu rechtfertigen.[11] Ebenso wurde die Untersuchungsperspektive einseitig auf das Wohlergehen, insbesondere des hedonischen Glücks, beschränkt. Es wäre daher noch zu erörtern, ob sich die vier Thesen ebenfalls bestätigen, wenn der Sinn auch den anderen Facetten des Wohlergehens gegenübergestellt wird, und wie sich – gerade mit Blick auf die vierte These – die Relevanz des Sinns beschreiben lässt, wenn er mit der Moral, dem kosmischen Sinn und dem Handlungserfolg in Konkurrenz tritt.

9.3 Die Rolle der empirischen Forschung für das sinnvolle Leben

Die Protagonisten in der Meaning-in-Life-Debatte bemühen sich in der Regel darum, den Zusammenhang der eigenen Theorienbildung mit der empirischen Forschung, insbesondere mit der Psychologie, zu betonen.[12] Zwar gibt es unterschiedliche Vorstellungen darüber, was genau die empirische Forschung für eine normativ-inhaltliche Theorie des sinnvollen Lebens austragen kann. Es scheint jedoch einen weitgehenden Konsens darüber zu geben, dass gerade die psychologische Forschung zumindest einen Teilaspekt des sinnvollen Lebens direkt zum Forschungsgegenstand hat und diesen auch messbar und transparent machen kann (z. B. durch Fragebögen oder andere Messverfahren).[13]

11 Es wäre also der Frage nachzugehen, ob das sinnvolle Leben tatsächlich – wie Dieter Sturma es treffend formuliert – ein fester Bestandteil der »humanen Lebensform« (vgl. Sturma 2015) ist. Für ein solches Projekt wären neben weiteren Beispielfällen auch weiterführende konzeptionelle Überlegungen anzustellen, die die theoretische Absicherung der Begriffe »Mensch«, »Person« und »Lebensform« betreffen. Vgl. für einen solchen Versuch etwa die umfassenden Überlegungen in Sturma (1997).

12 Vgl. etwa die Beiträge im Sammelband Hicks/Routledge (2013), die den Zusammenhang zwischen der Meaning-in-Life-Debatte und der empirischen Forschung explizit herstellen.

13 Das scheint bereits aus einem flüchtigen Blick auf die bestehende Literatur zur

Diese häufig vertretene Ansicht muss jedoch auf der Grundlage des deontologischen Objektivismus zurückgewiesen werden. Dieser behauptet, dass es die Orientierung an bestimmten Typen von Handlungen ist, nämlich an solchen, die auf das Schöne, Wahre, Gute und Moralische gerichtet sind, welche einem Leben seinen Sinn verleiht. Handlungstypen bilden aber im Normalfall nicht den Untersuchungsgegenstand von empirisch arbeitenden Psychologen. Diese interessieren sich nicht primär für Arten von Handlungen, sondern für mentale Zustände. Liegt einer bestimmten Handlung eine psychologisch erfassbare Sinnerfahrung zugrunde? Was sind mögliche Sinnquellen, die solche Erfahrungen wahrscheinlicher oder unwahrscheinlicher machen? Welche Auswirkungen haben Sinnerlebnisse auf andere Bereiche des Lebens (z. B. auf Gesundheit, Arbeitsengagement, Familienleben, Freundes- und Paarbeziehungen usw.)? Das alles sind wichtige Fragen, die in jedem Fall ihre Berechtigung haben. Wenn jedoch der deontologische Objektivismus die richtige Sinntheorie darstellt, wird mit diesen und analogen Forschungen nicht das Kernelement des Lebenssinns zum Gegenstand gemacht.

Wie aber kann dann die Rolle der psychologisch arbeitenden Sinnforschung im Speziellen und der empirisch orientierten Forschung im Allgemeinen gedeutet werden? Ein Vorschlag, dem ich im Folgenden nachgehen möchte, besteht darin, dass empirische Forschungen sich zwar nicht direkt mit dem Sinn beschäftigen, aber möglicherweise Korrelationen aufdecken, die für das Führen eines sinnvollen Lebens wichtig sind. Oder konkret auf den deontologischen Objektivismus bezogen: Empirische Forschungen können uns möglicherweise helfen, die Zusammenhänge aufzudecken, die etwa zwischen psychologischen und soziologischen Variablen einerseits und dem Ausüben von sinnstiftenden Handlungen andererseits bestehen. Eine interessante Forschungsfrage betrifft etwa die Frage nach der probabilistischen Abhängigkeit. Was sind eigentlich diejenigen Prädiktoren, die es wahrscheinlicher machen, dass Personen sinnstiftende Tätigkeiten ausüben, also sich in ihren Handlungen am Schönen, Wahren, Guten und Moralischen orientieren? Diese Frage lässt sich auch als eine abgewandelte Frage nach

Psychologie des Lebenssinns hervorzugehen. Vgl. für einen Überblick über die gegenwärtige Sinnforschung in der Psychologie Schnell (2016).

dem instrumentellen Nutzen verstehen, wie sie in verschiedenen Teilen dieser Studie bereits behandelt wurde.[14] Sie zielt darauf ab, diejenigen Elemente zu ermitteln, die unter Umständen besonders hilfreich dafür sind, ein sinnvolles Leben zu führen.

Allerdings ist zu betonen, dass die Frage nach dem instrumentellen Nutzen in der empirischen Forschung zumeist nicht explizit thematisiert wird, da die Protagonisten – wie oben beschrieben – häufig davon ausgehen, dass sie nicht »nur« das Mittel, sondern die Kernelemente des sinnvollen Lebens zum Gegenstand haben. Das bedeutet jedoch nicht, dass die empirischen Ergebnisse – obgleich die Untersuchenden von einem anderen Untersuchungsziel ausgehen – sich nicht für die eigene Fragestellung fruchtbar machen lassen. Einige Ergebnisse können vielmehr mit Blick auf die Frage nach der probabilistischen Korrelation, also die Frage nach dem Nützlichkeitswert, perspektiviert werden. Eine solche Lesart »gegen den Strich« möchte ich im Folgenden anbieten. In methodischer Hinsicht werde ich mich hierfür an einigen Einzelfallstudien orientieren und diese kursorisch darstellen. Systematisch gliedert sich die Darstellung der Studien entlang derjenigen Variablen, die mit den sinnstiftenden Tätigkeiten in Beziehung gesetzt werden können. Hierbei werde ich mit am Subjekt orientierten Variablen beginnen, um mich dann Schritt für Schritt zu subjekttranszendenteren Merkmalen vorzuarbeiten. Eine solche Darstellung hat natürlich sowohl hinsichtlich ihrer Methode als auch mit Blick auf die Auswahl der Inhalte und ihrer Interpretation einen noch vorläufigen Charakter. Auf einige offene Punkte werde ich zum Abschluss des Abschnitts noch näher eingehen, insbesondere, um einige Desiderate herauszuarbeiten, die aus meiner Sicht den Weg aufzeigen, wie eine fruchtbare Weiterarbeit aussehen kann.

9.3.1 Statische Persönlichkeitsmerkmale

Als eine erste Gruppe von Korrelationsbasen können diejenigen Variablen angesehen werden, die im Laufe des Lebens einer Person relativ konstant auftreten. Hierzu gehören etwa Persönlichkeitsmerkmale, wie sie ausgehend vom sogenannten *Big-Five*-Modell

14 Vgl. etwa zur Vermutung, dass einige Aspekte des Wohlergehens einen instrumentellen Nutzen für das sinnvolle Leben haben könnten, Kap. 2.4.2.

verstanden werden.[15] Dieses Modell geht typischerweise davon aus, dass jeder Mensch die Anlage zu bestimmten, recht konstanten Persönlichkeitsmerkmalen hat, die sich zum Beispiel darin äußern, eine bewusste oder unbewusste Neigung zu bestimmten Tätigkeiten zu haben und andere zu meiden. Strukturell betrachtet können sich diese Merkmale in verschiedenen Dimensionen manifestieren, klassischerweise in den Dimensionen »Offenheit«, »Gewissenhaftigkeit«, »Extraversion«, »Verträglichkeit« und »Neurotizismus«. Zwar können sich nach diesem Modell bestimmte Persönlichkeitseigenschaften im Laufe des Lebens (z. B. durch neue Erfahrungen) verfestigen oder verändern. Das grundlegende Muster der Persönlichkeitsmerkmale, welches den Persönlichkeitseigenschaften zugrunde liegt, bleibt jedoch über die gesamte Lebensspanne unverändert. Damit zur Fragestellung: Gibt es empirisch nachweisbare Korrelationen zwischen so verstandenen Persönlichkeitsmerkmalen und den sinnstiftenden Tätigkeiten, wie sie durch den deontologischen Objektivismus bestimmt werden? Tatsächlich gibt es Studien, die darauf hindeuten, dass es solche Zusammenhänge gibt. So haben etwa Tatjana Schnell und Peter Becker ermittelt, dass die Merkmale in der Dimension der Offenheit einen – in der Sprache der Psychologie – großen positiven Effekt auf die Ausübung von solchen Handlungen haben, die der kreativen künstlerischen Produktion, dem Wissenserwerb oder dem sozialen Engagement dienen.[16] Mehr noch: Diese seien sogar zu etwa 33 % bzw. 34 % bzw. 19 % allein durch diese *Big-Five*-Persönlichkeitsmerkmale erklärbar. Darüber hinaus scheinen auch Merkmale in den Dimensionen der Gewissenhaftigkeit und des Neurotizismus diejenigen zu sein, die einen starken positiven Effekt bzw. einen mittleren positiven Effekt auf die Ausübung von moralischen Tätigkeiten haben, wenngleich diese kaum alleine durch die Merkmale dieser Dimensionen zu erklären sind, nämlich nur zu 16 %. Interessanterweise scheinen Merkmale aus der Dimension der Extraversion kaum eine Rolle für die Neigung zu sinnhaften Handlungen zu spielen. Allenfalls für wissenschaftliche Tätigkeiten scheint eine kleine negative Effekt-

15 Vgl. für einen problemgeschichtlichen und systematischen Überblick, der sich besonders als Einstieg in das *Big-Five*-Modell eignet, McCrae/Costa (2008).

16 Vgl. Schnell/Becker (2006). Siehe auch für einen Überblick über die Korrelationen Schnell (2016), 37 (Abb. 5.1). Zu ähnlichen Ergebnissen kommen auch Isik/Üzbe (2015).

stärke zu bestehen. Für die anderen Tätigkeitstypen, also für künstlerische, altruistische und moralische Handlungen, konnte weder ein positiver noch ein negativer Effekt nachgewiesen werden. Auf den Punkt gebracht: Wer nach dem *Big-Five*-Modell eine Person ist, die durch Merkmale aus der Dimension der Offenheit gekennzeichnet ist, wird eher dazu neigen, künstlerische, wissenschaftliche und altruistische Handlungen auszuüben, wohingegen jemand, der durch Merkmale aus den Dimensionen der Gewissenhaftigkeit und des Neurotizismus geprägt ist, eher zu moralischen Handlungen tendiert. Für wen hingegen Merkmale aus der Dimension der Extraversion charakteristisch sind, hat mit Blick auf den Sinn schlechtere Karten. Er wird vermutlich zu keiner der sinnstiftenden Tätigkeiten eine besondere Neigung haben und wahrscheinlich sogar eine leichte Abneigung gegenüber wissenschaftlichen Tätigkeiten aufweisen.

9.3.2 Psychologische Faktoren

Eine zweite Gruppe von Variablen, die mit den sinnstiftenden Tätigkeiten korreliert werden können, stellt die große Gruppe der psychologischen oder mentalen Zustände dar. Der Grundgedanke ist dieser: Mentale Zustände sind eine Klasse von Zuständen, die häufig Handlungen zugrunde liegen.[17] Einige dieser mentalen Zustände treten häufig gemeinsam mit sinnstiftenden Handlungen auf. Wenn diese Klasse von mentalen Zuständen auftritt, ist es daher auch wahrscheinlicher, dass sinnstiftende Tätigkeiten ausgeübt werden. Aber welche Zustände könnten das sein? Eine auf der Hand liegende Antwort ist die Folgende: Es ist besonders wahrscheinlich, dass Menschen sinnvolle Tätigkeiten ausüben, wenn sie diese auch *als sinnvoll* erfahren. Diese Korrelationen werden etwa in der Arbeitspsychologie hervorgehoben. Ein anschauliches Beispiel hierfür stellt die Call-Center-Studie von Adam Grant dar.[18]

17 Der Terminus »zugrunde liegen« sollte an dieser Stelle jedoch nicht dahingehend missverstanden werden, dass mentale Zustände auch Handlungen verursachen. Es geht an dieser Stelle nur um die Beschreibung einer Kovarianz, das heißt um die These, dass mentale Zustände und Handlungen häufig gemeinsam, vielleicht sogar weitestgehend simultan auftreten. In welchem modalen Bedingungsverhältnis beide stehen, wird hierbei offengelassen.

18 Siehe Grant (2008).

Grant führte eine experimentelle Studie in einem Call-Center durch, dessen Mitarbeitende die Aufgabe hatten, Spenden für eine Universität einzuwerben. Grant teilte die Mitarbeiter nach dem Zufallsprinzip in drei Gruppen ein. Die erste Gruppe arbeitete wie üblich. Die zweite Gruppe bekam zwei Briefe von ehemaligen Call-Center-Angestellten zugespielt, die berichteten, dass die dortige Tätigkeit ihre Berufslaufbahn positiv beeinflusst hatte. Die Briefe betonten also die Steigerung des eigenen Wohlergehens durch die Arbeit im Call-Center. Die dritte Gruppe bekam ebenfalls zwei Briefe ausgehändigt. Es waren dankbare Berichte von zwei Personen, die aus den eingeworbenen Spenden Studienstipendien erhalten hatten. Sie erzählten, dass sie durch die Ermöglichung eines Studiums einen erfolgreichen Werdegang zurückgelegt hatten. Durch diese Briefe wurde also die selbsttranszendente Orientierung der Tätigkeit, nämlich die Bedeutsamkeit der eigenen Tätigkeit für andere, herausgehoben. Gemessen wurde die Erfolgsrate bei der Einwerbung von Spenden vor und einen Monat nach Erhalt der Briefe. In der ersten und zweiten Gruppe konnten keine Veränderungen beobachtet werden. Die dritte Gruppe jedoch erhöhte ihre eingeworbenen Spendenzusagen um 243 %. Mit anderen Worten: Das Erleben der eigenen Tätigkeit als sinnvoll hat durchaus einen Einfluss auf das eigene Verhalten. Wer seine Tätigkeiten als sinnvoll erfährt, ist auch geneigt, diese weiterzuführen und vielleicht sogar – wie die Grant-Studie nahezulegen scheint – mit größerem Engagement auszuüben. Sinnerleben scheint damit ein guter Prädiktor für sinnstiftende Tätigkeiten zu sein.[19]

9.3.3 Sozialer, kultureller und ökonomischer Status

Eine dritte Gruppe von Faktoren, die eine Grundlage für Verhältnisbestimmungen bilden können, sind solche, die den Status des Individuums innerhalb einer Gesellschaft beschreiben. Hierzu gehört etwa die soziale Einbettung, der Bildungsgrad, der Beruf oder die Mobilität eines Individuums. Ein Beispiel, diese (und weitere)

19 Das wird auch durch einen Blick auf weitere empirische Forschung bestätigt. So gehen mittlerweile viele davon aus, dass es einen engen Zusammenhang zwischen einer als sinnvoll empfundenen Tätigkeit und dem Ausmaß an Engagement am Arbeitsplatz gibt. Siehe Milliman/Czaplewski/Ferguson (2003) und die neueren Studien Rosso/Dekas/Wrzesniewski (2010) und Fairlie (2011).

Variablen mit sinnstiftenden Tätigkeiten zu korrelieren, stellt die Sozialstudie von Bernhard von Rosenbladt dar, die sich mit dem Phänomen der Freiwilligenarbeit beschäftigt, also mit Tätigkeiten, die – in der Terminologie der vorliegenden Studie – im Bereich des Guten und Moralischen zu verorten sind.[20] Unter Freiwilligenarbeit versteht Rosenbladt hierbei ganz verschiedene Tätigkeiten, insbesondere aber solche, die im Sport-, Musik- oder Kulturverein, in der Schule, im Kindergarten, in der Kirche, im Sozialdienst, in der Politik oder im allgemeinen Gesundheitsbereich angesiedelt sind. Was waren die Ergebnisse? Folgt man der Studie, konnte gezeigt werden, dass die Wahrscheinlichkeit, sich freiwillig in einem der obigen Bereiche zu engagieren, besonders hoch war, wenn das Individuum in einem großen Bekannten- oder Freundeskreis beheimatet ist (35 %), einen höheren Berufsabschluss (ab Fachhochschulabschluss) besitzt (38 %) oder eine höhere berufliche Position bekleidet, zum Beispiel als Angestellter oder Beamter mit Führungsaufgaben (27 %). Besonders niedrig war er hingegen, wenn keine Erwerbstätigkeit vorlag. Der Anteil der Arbeitslosen, die sich in freiwilligen ehrenamtlichen Tätigkeiten engagieren, ist erheblich niedriger als in der Gesamtbevölkerung. Er beträgt 23 % gegenüber 37 % in der Vergleichsgruppe der 25- bis 59-Jährigen insgesamt. Aber auch die Mobilität scheint bei der Freiwilligenarbeit eine Rolle zu spielen. So haben Thomas Gensicke und Sabine Reis in einem Freiwilligensurvey ermittelt, dass es bei mobilen Menschen eine höhere Wahrscheinlichkeit zur Freiwilligenarbeit gibt.[21] Wer noch nicht so lange an einem neuen Wohnort lebt, bekundet häufiger eine verbindliche Bereitschaft zum freiwilligen Engagement als längere Zeit Ansässige: 16 % der Menschen, die bis zu zwei Jahre an ihrem Wohnort leben, wollen sich bestimmt engagieren im Vergleich zu 14 % derjenigen, die seit 3 bis 10 Jahren dort wohnen. Das trifft besonders auf Frauen zu, von denen fast jede fünfte erst kürzlich am Wohnort Zugezogene angibt, zum freiwilligen Engagement bereit zu sein. Kurzum: Das alles scheint darauf hinzudeuten, dass der soziale, kulturelle und ökonomische Status nicht unerheblich ist, wenn es um das Engagement im Rahmen einer Freiwilligenarbeit

20 Siehe Rosenbladt (1999). Für einen zusammenfassenden Überblick der Ergebnisse siehe Rosenbladt (2000).

21 Gensicke/Reis (2009). Für einen zusammenfassenden Überblick über die Ergebnisse siehe Gensicke/Reis (2010).

geht. Sowohl sozialer und beruflicher Status als auch die eigene Mobilität scheinen positiv mit einem Engagement korreliert zu sein, während die berufliche Arbeitslosigkeit sogar negative Zusammenhänge aufweist.

9.3.4 Bestimmte Tätigkeiten oder Ereignisse

Eine nunmehr vierte Gruppe von Faktoren, die im Zusammenhang mit sinnstiftenden Tätigkeiten verhandelt werden, sind andere Tätigkeiten oder Ereignisse. Kann es nicht sein, dass eine bestimmte Klasse von Tätigkeiten und Ereignissen es wahrscheinlicher macht, dass wir sinnstiftende Tätigkeiten ausüben? Eine solche, vergleichsweise gut untersuchte Tätigkeit stellt die Wallfahrt oder Pilgerreise dar. Um wiederum eine Studie als Beispiel zu nennen: Tatjana Schnell und Sarah Pali führten eine Längsschnittstudie mit Pilgern durch, die den Jakobsweg nach Santiago de Compostela gingen.[22] Insgesamt 85 Personen von 16 bis 70 Jahren, davon 72 % weiblich, nahmen teil. Grundlage waren Frage- und Folgefragebögen, die vor der Reise nach den Motiven und im Anschluss an die Reise nach den Auswirkungen fragten. Gefragt nach den Motiven ihrer Reise, gaben besonders viele an, »Klarheit gewinnen zu wollen« (66 %). Mit deutlichem Abstand folgten athletische (44 %), spirituelle (39 %), religiöse (31 %) und kulturelle (26 %) Motive (Mehrfachnennungen waren möglich). In diesem Zusammenhang sind aber besonders die Ergebnisse der Anschlussbefragung (innerhalb einer Woche nach der Rückkehr) und die Folgebefragung (nach vier Monaten) interessant. Diese ergaben nämlich folgendes Bild: Bei allen Pilgern konnte man nach der Reise ein stärkeres Gemeinschaftsgefühl und eine tiefere Verbundenheit zur Natur nachweisen, was sich auch in ihren Handlungen niederschlug. Die Pilger berichteten von einer Zunahme ihrer Neigung, etwas für andere zu tun, also altruistische oder moralische Handlungen anzustreben. Zwar verflachte diese Neigung nach vier Monaten etwas, was nach Schnell und Pali auf die Schwierigkeit der Reintegration in die gesellschaftlichen Strukturen hindeuten könnte. Insgesamt blieb jedoch die Verpflichtung darauf, anderen Hilfe zukommen zu lassen – sei es aufgrund der Sorgen um das Wohlergehen des anderen, sei es aus Gründen der

22 Siehe Schnell/Pali (2013).

Gerechtigkeit –, immer noch über dem Ausgangsniveau. Das heißt also: Nach Schnell und Pali scheinen Pilgerreisen es tatsächlich wahrscheinlicher zu machen, dass sinnstiftende Tätigkeiten (hier: altruistische oder moralische Tätigkeiten) ausgeübt werden.

9.3.5 Umweltfaktoren und strukturelle Bedingungen

Die fünfte und letzte Gruppe von Variablen betrifft all diejenigen Faktoren, die jenseits des Individuums und seiner Merkmale und Handlungen verortbar sind. Ein Beispiel hierfür sind gesellschaftliche oder kulturelle Strukturen, die es ermöglichen oder wahrscheinlicher machen, dass Menschen sinnstiftende Tätigkeiten ausüben. Diskutiert werden eine ganze Reihe von Variablen, nicht selten vor dem Hintergrund einer politischen oder gar ideologischen Agenda. Diese Diskussionen umfassen nicht selten Kampfbegriffe wie »gesellschaftlicher Zwang«, »Leistungsdruck«, »Individualisierung« »Wohlstandsgesellschaft«, »Entfremdungstendenzen« usw. Von diesen Begriffen samt den damit zusammenhängenden Diskussionen möchte ich im Folgenden absehen und Merkmale erläutern, die zwar nicht normativ unschuldig, aber doch auf einen größeren Konsens bauen können. Ein solches, empirisch viel rezipiertes Merkmal ist die selbstbestimmte Verantwortungsübernahme.[23] Den Zusammenhang zwischen dieser Variable und der Handlungsmotivation versuchten bereits 1977 etwa Judith Rodin und Ellen Langer durch eine simple Intervention nachzuweisen.[24] Diese bestand im Kern darin, dass sie Bewohnern eines Altersheims die Möglichkeit gaben, sich kostenlos eine Pflanze ins Zimmer stellen zu lassen. Hierbei konnte die eine Hälfte der Bewohner die Pflanze unter den verfügbaren selbst auswählen, bekam allerdings auch den Auftrag, selbst für diese zu sorgen. Die andere Hälfte der Bewohner erhielt eine beliebige Pflanze, welche zudem nicht ihrer Obhut übergeben wurde, sondern durch das Heimpersonal gepflegt wurde. Das Ergebnis lautete: Die erste Hälfte der Bewohner, die sowohl die Auswahl der Pflanze als auch Verantwortung für ihr Wohlergehen hatten, war im Anschluss nicht nur positiver gestimmt und weniger depressiv, sondern auch motivierter, sich um die Pflanze zu kümmern. Oder

23 Vgl. für einen Einstieg in die breite Literaturbasis etwa die Überlegungen in Schnell (2013).

24 Siehe Rodin/Langer (1977).

allgemeiner formuliert: Eine gesellschaftliche Struktur, die selbstbestimmte Verantwortungsübernahme fördert, erhöht damit auch die Wahrscheinlichkeit, dass die Individuen nachhaltiger an den gewählten Tätigkeiten festhalten.

9.3.6 Zusammenfassung und weitere Forschungsfragen

So weit der kurze, selektive Überblick über die verschiedenen Variablen. Es liegt auf der Hand, dass sich im Anschluss an die obigen Überlegungen noch einige Desiderate ergeben. Drei solcher offenen Punkte möchte ich kurz näher erläutern, insbesondere auch, um davon ausgehend einen Hinweis auf weiterführende Forschungen zu geben.

Erstens sind die erläuterten Ergebnisse noch methodisch zu überprüfen. Das betrifft etwa die Verallgemeinerbarkeit der Zusammenhänge. So wurden in jeder Klasse von Variablen lediglich Einzelfälle erläutert (z. B. Pilgerreisen in der Klasse der Tätigkeiten und Ereignisse) und exklusiv auf einen Sinnbereich bezogen (z. B. auf das Gute und Moralische). Aber lassen sich jenseits dieser Einzelfälle noch weitere Fälle nennen, die die Zusammenhänge zu sinnstiftenden Tätigkeiten weiter belegen können? Und lassen sich möglicherweise auch Fälle ermitteln, die sich auf die bisher unterrepräsentierten Bereiche des Sinns beziehen können (namentlich: des Schönen und Wahren)? Ebenso muss die Validität der Ergebnisse sichergestellt werden. Sind die Ergebnisse reproduzierbar? Die Studienlage ist in dieser Hinsicht zum Teil wenig ergiebig, da in der Quantität nur wenige Ergebnisse vorliegen. Darüber hinaus wäre neben der Verallgemeinerbarkeit und Validität natürlich auch die Grundlage der Korrelationsbeziehung zu reflektieren. Wie theoretisch und empirisch belastbar sind etwa diejenigen Variablen, die mit den sinnstiftenden Tätigkeiten einhergehen? Die Nachfragen betreffen sowohl die Überzeugungskraft spezieller Korrelationsbasen (z. B. das *Big-Five*-Modell), aber auch die empirische Modellierungspraxis im Allgemeinen.

Zweitens wäre zu untersuchen, in welcher modalen Art sich die dargestellten Zusammenhänge interpretieren lassen. So wurde oben zwar davon ausgegangen, dass es sich lediglich um probabilistische Verhältnisse handelt. Aber es ist nicht auszuschließen, dass sich einige davon sogar als Kausalrelationen deuten lassen. Ein solches

Ergebnis wäre insbesondere für praktische Kontexte folgenreich, da gerade Kausalrelationen häufig einen hilfreichen Ausgangspunkt für individuelle oder politische Interventionen bilden können. Um ein Beispiel zu nennen: Wenn wir etwa wissen, dass die selbstbestimmte Verantwortungsübernahme nicht nur zufällig mit einem erhöhten Engagement für sinnstiftende Tätigkeiten einhergeht, sondern sogar die Ursache dafür darstellt, kann es naheliegend sein, diese Ursache auch zum Ziel von Eingriffen und Veränderungsprozessen zu machen.[25] Andererseits: Die empirische Ermittlung von Kausalrelationen ist ebenso attraktiv wie schwierig. Es lässt sich mithin ein ganzes Arsenal an methodologischen Fallstricken ausmachen, die nicht einfach mit einem Handstreich ausgeräumt werden können, sondern ausführlich zu thematisieren sind.[26]

Drittens stellt sich wie bei allen empirischen Ergebnissen die Frage, wie sie in ethischer Hinsicht eingeordnet werden müssen. Wie soll ein Individuum oder ein Staat handeln, wenn erkannt wurde, dass – um ein Ergebnis herauszugreifen – eine hohe Korrelation oder vielleicht sogar eine Kausalrelation zwischen Bildungsgrad und dem Ausüben von sinnstiftenden Tätigkeiten besteht? Bedeutet das zwangsläufig, dass das Individuum mehr Zeit in persönliche Weiterbildung investieren sollte oder ein Staat seinen Bürgern mehr Bildungsangebote bereitstellen muss? Beides sind keine trivialen ethischen Fragen. Zum einen setzt eine angemessene Antwort eine rechtfertigungsfähige Ansicht davon voraus, was für ein Individuum oder den Staat alles in allem gut ist, also wie die verschiedenen sinnstiftenden Tätigkeiten untereinander und gegenüber anderen Wertaspekten im konkreten Einzelfall abgewogen werden müssen. Zum anderen muss auch ein Wissen darüber vorhanden sein, welche Mittel angemessen sind, um das alles in allem Gute zu erreichen. Wer beispielsweise meint, gerechtfertigt darin zu sein, ein höheres Bildungsniveau zu fördern, sei es für ein Individuum (z. B.

25 Die ethischen Fragen, die unter anderem auf die Rechtfertigung des Eingriffs und die angemessenen Mittel zielen, sind davon zu unterscheiden. Sie werden im dritten Desiderat unten noch thematisiert werden.

26 Auf die möglichen Herausforderungen, die sich ergeben können, wenn Korrelationen auf eine bestimmte Weise ausgedeutet werden, hat insbesondere Dieter Sturma immer wieder hingewiesen. Siehe hierzu den zusammenfassenden Überblick in Sturma (2006) und die fokussierten Beiträge auf das Leib-Seele-Problem und die Freiheitsdiskussion Sturma (2010) und Sturma (2012).

ihn selbst, seine Kinder usw.) oder eine größere Gruppe von Menschen (z. B. die Einwohner eines Staates), der weiß nicht zwangsläufig, wie er dieses Ziel erreicht. Dafür wären wiederum sowohl ethische Betrachtungen (Was sind ethisch angemessene Mittel?) als auch empirische Ergebnisse (Welche Variablen machen die Umsetzung der Mittel wahrscheinlich?) einzubeziehen.

Um es zusammenzufassen: Es ist eine interessante Forschungsfrage, welche Strukturmerkmale gute Prädiktoren dafür sind, dass Menschen sinnstiftende Tätigkeiten ausüben. Es lassen sich einige wichtige Variablen nennen, die von statischen Persönlichkeitsmerkmalen über psychologische Faktoren bis hin zu gesellschaftlichen Strukturen reichen. Im gleichen Atemzug muss jedoch auch eingeräumt werden, dass die Ergebnisse noch mit Vorsicht zu genießen sind. Es lassen sich gerade mit Blick auf die Verallgemeinerbarkeit, Verlässlichkeit und den tatsächlichen Aussagenwert der Ergebnisse einige wissenschaftstheoretische und empirische Leerstellen ausmachen, die in zukünftigen Forschungen noch ausgefüllt werden müssen. Insofern die empirischen Ergebnisse darüber hinaus für praktische Interventionen genutzt werden sollen, stellen sich ebenfalls grundlegende ethische Fragen, die mit den damit angestrebten Zielen und den aufgewendeten Mitteln verbunden sind. Um diese zu beantworten, bedarf es einer umfassenden Theorie der praktischen Deliberation und des guten Lebens, deren Möglichkeit und Inhalt im Rahmen von weiteren Forschungsarbeiten aufgezeigt und gerechtfertigt werden muss.

9.4 Die Relevanz der eigenen Individualität für das sinnvolle Leben

9.4.1 Problemstellung

Der deontologische Objektivismus stellt eine normativ-inhaltliche Theorie des sinnvollen Lebens dar. Das Ziel einer normativ-inhaltlichen Theorie besteht darin, nicht nur partikulare Aussagen über einen isolierbaren Einzelfall aufzustellen, sondern universalisierende Aussagen über eine Klasse von Einzelfällen zu treffen. Eine solche Theorie möchte eine verallgemeinerbare Aussage darüber treffen, was das gemeinsame Band darstellt, das alle betrachteten Einzelfälle miteinander verbindet, also was dasjenige und diejenigen Merkmale sind, die alle Fälle eint. Entsprechend erhebt der deontologische Objektivismus nicht nur den Anspruch, für *irgendeine* Person oder einen ausgewählten Personenkreis zu gelten, sondern für *alle* Personen. Er behauptet nicht nur, dass – um eines seiner Kernelemente herauszugreifen – die Orientierung am Schönen, Wahren, Guten und Moralischen für *manche* Personen, Gesellschaften oder Kulturen sinnstiftend ist, sondern gleichsam für *alle* Menschen ein sinnvolles Leben ermöglicht.

Eine solche Ansicht scheint jedoch auf den ersten Blick denkbar schlecht zu einer gängigen Intuition zu passen, die viele mit der Rede vom sinnvollen Leben verbinden. Diese besteht darin, dass es keine für alle gültige, sondern eine individuelle Sache ist, was sinnstiftend ist und was nicht.[27] Unter »individuelle Sache« möchte ich den Umstand verstehen, dass wir scheinbar in gewissen Situationen selbst individuelle Wertsetzungen vornehmen können. Wir reagieren nicht nur auf für uns verbindliche Gründe, sondern bringen sie durch unsere Entscheidungen auch hervor. Und indem wir das tun, bestimmen wir, was in unserem, aber nicht unbedingt im Leben der anderen sinnstiftend ist und was nicht.

Aber ist der deontologische Objektivismus tatsächlich mit einer solchen individualistischen Intuition unvereinbar? Im Folgenden möchte ich dafür werben, dass die Antwort auf diese Frage negativ ausfallen muss. Zwar kann ich im Rahmen dieses Ausblicks nicht ausführlich für diese These argumentieren, aber ich möchte zumindest andeuten, wie eine gelungene Integration aus meiner Sicht aussehen könnte und wie davon ausgehend zukünftige Forschungsprojekte zu konzipieren sind. Um beides zu plausibilisieren, werde ich in vier Schritten vorgehen:

In einem ersten Schritt werde ich noch genauer das grundlegende Spannungsfeld explizieren, in dem sich jeder Konservierungsversuch unserer Praxis des sinnvollen Lebens bewegen muss. Dieses besteht darin, dass sich in der Sinndebatte zwei grundsätzliche Intuitionen gegenüberstehen, bei denen nicht klar ist, wie sie sich auf systematischer Ebene zusammenführen lassen. Wir haben gleichsam zwei Herzen in unserer Brust, eines, das uns zu einer in-

27 Eine solche Unvereinbarkeit zwischen universellen und individuellen Ansprüchen wird etwa auch von Gerhard Ernst diagnostiziert. Dieser bezieht das Phänomen jedoch nicht auf das sinnvolle Leben, sondern auf den gesamten Bereich des guten Lebens. Vgl. Ernst (2011).

dividualistischen Auffassung des sinnvollen Lebens nötigt, und ein anderes, das eine objektivistische Deutung nahelegt.

In einem zweiten Schritt werde ich auf den deontologischen Objektivismus zurückkommen und erläutern, wie er mit beiden Intuitionen in theoretischer Sicht umgehen muss. Hierbei wird sich die oben schon angedeutete Behauptung bestätigen, dass er der objektivistischen Intuition weitaus größeres Gewicht zukommen lässt als der individualistischen Deutung der Praxis. Die gute Nachricht aber ist: Es lässt sich zumindest ein theoretischer »Spielraum« bestimmen, in dem die Letztgenannte verortet werden könnte.

In einem dritten Schritt soll ausgehend von der erläuterten Sinntheorie ein Vorschlag präsentiert werden, der exemplarisch zeigt, wie die individualistische Intuition integriert werden könnte. Im Anschluss werde ich einige Nachfragen und Einwände diskutieren, um meinen Vorschlag weiter zu schärfen und möglichen Missverständnissen vorzubeugen.

In einem vierten und letzten Schritt werde ich die bisherigen Ergebnisse kurz zusammenfassen und einige offene Fragen nennen, die sich ausgehend vom eigenen Vorschlag, aber auch mit Blick auf mögliche alternative Integrationsversuche stellen. Davon ausgehend wird es abschließend möglich sein, weiterführende Forschungsprojekte zu skizzieren, um die Integration der individualistischen Intuition weiter abzusichern und voranzutreiben.

9.4.2 Das Dilemma: individualistische und objektivistische Deutungen

Es gibt verschiedene Möglichkeiten, sich der Debatte zu nähern. Im Folgenden möchte ich einen phänomenologischen Zugang wählen, der seinen Ausgangspunkt bei einer Schwierigkeit nimmt, die sich eigentlich jedem Betrachter schnell erschließt. Wenn wir nämlich über das sinnvolle Leben diskutieren, sind wir mit zwei Deutungen konfrontiert, die nur schwer zu vereinbaren sind.

Einerseits haben wir den Eindruck, dass es eine weitestgehend individuelle Sache ist, was für einen Menschen ein sinnvolles Leben ausmacht. Damit ist nicht nur gemeint, dass Verschiedenes für verschiedene Menschen bedeutsam ist. Menschen in der Antike lebten unter anderen Umständen als Menschen in der Neuzeit, sodass es nicht verwunderlich ist, dass für beide Verschiedenes wichtig ist.

Typische menschliche Individualität ist etwas anderes als der Hinweis auf die Kontingenz der Umstände. Mit ihr beschreiben wir unter anderem Fälle, in denen wir selbst bestimmen, was für uns bedeutsam und sinnvoll ist. Ein Leben für die Wissenschaft oder ein Leben für die eigene Familie sind dann Sache der eigenen Entscheidung, die ihrerseits prägt, was wir sind: Menschen mit einer eigenen Persönlichkeit. Entsprechend liegt die Sinnhaftigkeit einer Lebensweise nicht einfach vor; wir bestimmen sie maßgeblich durch unsere Entscheidungen für oder gegen eine Lebensweise. Und indem wir das tun, erhalten wir ganz eigene – individuelle – Gründe, in einer bestimmten Weise zu handeln. Wer sich etwa dafür entscheidet, sein Leben der Suche nach Wahrheit zu verschreiben, für den sind andere Dinge wichtig als etwa demjenigen, der dem Familienleben zugetan ist. Ich möchte diese Deutung die individualistische Interpretation des sinnvollen Lebens nennen.

Andererseits scheint aber auch die Wahl der sinnvollen Lebensweise nicht vollständig der willkürlichen Entscheidung des Subjekts anheimgestellt. Man kann, wie es scheint, auch eine bessere oder schlechtere Wahl treffen. In manchen Fällen scheint eben mehr für das Leben als Wissenschaftler oder das Leben in der Familie zu sprechen, und diese Gesichtspunkte haben nichts mit der Persönlichkeit des Subjekts und seiner Entscheidung zu tun. Natürlich muss man den jeweiligen Fall genauer betrachten. Aber klar ist auch: Manchmal scheint es so zu sein, dass es jenseits der eigenen Entscheidung normative Kriterien gibt, die für alle bindend sind. Wenn diese Kriterien erfüllt werden, haben wir eine gute Chance, ein sinnvolles Leben zu führen; wenn nicht, stehen die Chancen ungleich schlechter. Es geht nicht so sehr um individuelle, sondern um universelle Gründe – um solche, die unabhängig von unseren Wertsetzungen für alle gelten. Diese Deutung möchte ich die objektivistische Interpretation des sinnvollen Lebens nennen.

Beide Deutungen erscheinen intuitiv nachvollziehbar. Wir sehen aber auch, dass beide Sichtweisen nur schwer vereinbar sind: Auf der einen Seite wollen wir daran festhalten, dass es so etwas wie individuelle Gründe geben muss, die das Resultat unserer Entscheidungen sind. Das macht unter anderem dasjenige aus, was wir die eigene Persönlichkeit oder Individualität nennen. Auf der anderen Seite haben wir aber auch die Vorstellung, dass es universelle Gründe gibt, die gerade nicht in dieser Weise von unseren Entscheidungen abhängen. Darin besteht nicht zuletzt unsere Vernunftnatur. Wir suchen nach Gründen, die unabhängig von unseren Entscheidungen bestehen und die für alle verbindlich sind.

9.4.3 Der deontologische Objektivismus und der Umgang mit dem Dilemma

Wie aber sollte der deontologische Objektivismus mit diesem Dilemma umgehen? Eine Möglichkeit bestünde darin, eine rein reduktionistische Strategie zu vertreten. Eine solche Strategie besteht darin, jeweils eine Deutungsmöglichkeit als primär anzusehen und die andere Seite weitgehend auszublenden. Wer das Problem etwa zugunsten der individualistischen Intuition auflösen will, wird etwa zu einer normativ-ethischen Position tendieren, die sehr stark auf die Kontextvariabilität der Sinnkandidaten abstellt, wie etwa im normativen Relativismus oder radikalen Partikularismus. Wer den anderen Weg einschlägt, also die objektivistische Deutung betont, wird hingegen in normativ-ethischer Hinsicht eine universalistische Theorie der Normativität entwickeln, zum Beispiel im Rahmen einer Objektive-Liste-Theorie des sinnvollen Lebens.

Nun sollte bereits aus der Einleitung zu diesem Abschnitt deutlich geworden sein, dass ich dieser Option nicht allzu viel abgewinnen kann. Ich möchte daher den deontologischen Objektivismus nicht mit einer reduktionistischen Strategie verknüpfen. Was aber vertritt man, wenn man kein Reduktionist ist? Die Antwort ist einfach: Man versucht, eine gemischte Strategie zu verteidigen, in der beide Deutungsmuster erhalten werden sollen, wenngleich sie nicht auf der gleichen systematischen Ebene bestehen können. Für eine solche Versöhnungsstrategie kommt es mithin darauf an aufzuzeigen, wo und in welcher Weise die individualistische und in welchem Bereich die objektivistische Deutung zulässig ist.

Wenn wir den deontologischen Objektivismus zugrunde legen, fällt zunächst auf, dass viel Aufwand betrieben wird, um unseren objektivistischen Intuitionen Rechnung zu tragen. Die zurückliegenden Überlegungen waren von der Hoffnung getragen, dass sich Minimalbedingungen des sinnvollen Lebens ausmachen lassen, die für alle Menschen angeben, was ihr Leben sinnvoll macht. Wenn das Ergebnis dieser Studie zutrifft, ist diese Hoffnung bestätigt: Es hat sich gezeigt, dass sich universalistische Variablen angeben lassen, wobei der Orientierung am Schönen, Wahren, Guten und Moralischen und der Unterlassung von Unmoral eine besondere Rolle zukommen. Oder noch etwas konkreter: Wer ein sinnvolles Leben führen will, sollte sich vor allem darum bemühen, wissenschaftliche, künstlerische, altruistische und moralische Tätigkeiten auszuüben, und daran interessiert sein, sich von unmoralischen Handlungen fernzuhalten.

Wo aber kommt unsere individualistische Intuition ins Spiel? Das ist nicht einfach zu beantworten. Wenn es nämlich so ist, dass es etwas gibt, das ein Leben sinnvoll macht, und dieses »etwas« für alle verbindlich ist, bleibt auf den ersten Blick kein Ort für die eigene Individualität. Es geht vielmehr darum, einer vorgegebenen normativen Ordnung zu entsprechen, und nicht darum, selbst festzulegen, was sinnvoll ist.

Ich glaube jedoch nicht, dass damit das letzte Wort gesprochen ist. Auf den zweiten Blick lässt sich nämlich durchaus ein möglicher »Spielraum« umreißen, in dem meine Sinntheorie unsere individualistische Intuition integrieren kann. Eine solche Möglichkeit werde ich im Folgenden näher vorstellen.

9.4.4 Ein Vorschlag: Entscheidungen im Kontext gleich guter Möglichkeiten

Es gibt natürlich mit Blick auf die Konservierung der individualistischen Intuition verschiedene Wege, die der deontologische Objektivismus einschlagen kann. Im Zusammenhang mit diesem Ausblickskapitel möchte ich mich auf die exemplarische Darstellung einer einzigen Möglichkeit beschränken.[28] Hierbei wird mein Verortungsversuch den Ausgangspunkt von zwei Prämissen des deontologischen Objektivismus nehmen:

Erstens geht der deontologische Objektivismus von einem normativen Pluralismus des sinnvollen Lebens aus. Er scheint also die These zu akzeptieren, dass es mehrere irreduzible Sinnkandidaten gibt. So wird im Rahmen einer Listentheorie argumentiert, dass nicht schlicht »alles« dem Leben einen Sinn verleihen kann, sondern nur solche Handlungen, die sich am Schönen, Wahren, Guten und Moralischen orientieren.

28 Weitere Möglichkeiten werden im Schlussabschnitt des Kapitels genannt.

Zweitens geht meine Sinntheorie nicht nur von einer irreduziblen Pluralität von Sinnkandidaten aus, sondern auch davon, dass wir nicht alle Kandidaten in optimaler Weise in unser Leben integrieren können. Es ist unmöglich, in einem Leben alles zu tun, was es wert wäre, getan zu werden. Wir müssen eine Auswahl von Tätigkeiten vornehmen, mit denen wir unsere Zeit verbringen wollen. Eine Auswahl treffen bedeutet auch: Es ergeben sich normative Kosten, denn durch die jeweilige Schwerpunktsetzung werden einige Gesichtspunkte aufgewertet, während andere unter den Tisch fallen. So können wir klarerweise einen Lebensweg einschlagen, bei dem die Ausübung künstlerischer Tätigkeiten betont wird – zum Beispiel durch die Studien- und Berufswahl. Dadurch aber geraten möglicherweise andere Gesichtspunkte – z. B. die Abfassung wissenschaftlicher Arbeiten oder das moralische Engagement für eine bessere Welt – in den Hintergrund und können im Vergleich zum eigentlichen Schwerpunkt weniger oder vielleicht sogar gar nicht realisiert werden.

Beide Prämissen scheinen mir unstrittig und wenig spektakulär. Eine Integration der individualistischen Intuition können sie aber nicht leisten. Dafür muss der deontologische Objektivismus noch eine dritte Prämisse annehmen. Diese besteht darin, nicht nur zu behaupten, dass es mehrere irreduzible Sinnkandidaten gibt, für die eine normative Schwerpunktsetzung vorgenommen werden muss. Vielmehr muss zusätzlich noch angenommen werden, dass es mehrere Schwerpunktsetzungen für das sinnvolle Leben gibt, die *gleich gut* sind.[29] Mit Blick auf die Deutung vieler alltagspraktischer Fälle

29 Hier stellt sich die Frage, wie die Pluralismusthese und die These, dass manche Dinge gleich gut sind, zusammenfallen können. Wie können etwa Wertgesichtspunkte, die sich irreduzibel gegenüberstehen, noch verglichen werden, was die Gleich-gut-These voraussetzt? Das ist eine schwierige Frage, die ich an dieser Stelle nicht ausführlich beantworten kann. Faktisch scheint es mir aber so zu sein, dass wir solche Vergleiche einfach vornehmen, und zwar ohne – anders, als der Wertmonist behaupten würde – davon auszugehen, dass ein gemeinsamer Metawert als Vergleichsmaßstab vorliegt. Wenn ich mich beispielsweise frage, ob ich der alten Dame über die Straße helfe oder ich lieber pünktlich zur Theatervorstellung kommen möchte, dann wäge ich ab, ob mir Hilfsbereitschaft wichtiger ist als ästhetischer Genuss. Wir brauchen dafür keinen übergeordneten Wert. Wir wägen vielmehr die Realisierung verschiedener irreduzibler Werte gegeneinander ab. Was wir allenfalls annehmen müssen, ist ein abstrakter Rahmen, vor dessen Hintergrund wir die verschiedenen Wertgesichtspunkte evaluieren – z. B.

liegt diese Prämisse jedoch aus meiner Sicht auf der Hand. Um das zu sehen, veranschaulichen wir uns das anhand eines Beispiels zweier hinreichend ähnlicher Leben.

Das Beispiel von Klaus und Maria
Klaus ist 16 Jahre alt. Er hat sowohl eine künstlerische Begabung als auch ein besonderes naturwissenschaftliches Talent. Klaus hat schon mehrere künstlerische Wettbewerbe gewonnen und einige bedeutende Auftritte gehabt. Aber auch seine naturwissenschaftlichen Erfolge können sich sehen lassen: So war er bei *Jugend forscht* erfolgreich und hat es dort mit einem medizinischen Projekt bis in die Endausscheidung geschafft. Klaus gerät immer mehr in einen Konflikt. Er bemerkt, dass es nicht möglich ist, seine Begabungen in gleichen Teilen fortzuführen; es lässt sich nicht beides realisieren. Er muss sich entscheiden. Soll er nach seinem Abitur durch eine entsprechende Ausbildung seine künstlerische Ader fördern? Oder soll er vielleicht einen wissenschaftlichen Weg in der Medizin einschlagen, um anderen Menschen zu helfen?
Maria ist ebenfalls 16 Jahre alt. Sie verfügt über ganz ähnliche soziokulturelle Hintergründe, hat die gleichen Fähigkeiten, und auch ihre Talente unterscheiden sich nicht sonderlich von denen, die Klaus zugesprochen werden. Auch sie hat ein besonderes künstlerisches und naturwissenschaftliches Talent, welches nicht unentdeckt geblieben ist. Sie hat bereits mehrere Preise gewonnen und einige überregionale Auftritte absolviert. Auch sie ist unentschlossen: Sie fühlt sich ähnlich wie Klaus zu künstlerischen Tätigkeiten hingezogen. Aber auch sie hat viel Freude darin, anderen Menschen zu helfen. Soll sie vielleicht doch ein Studium der Medizin aufnehmen?
Nun denken wir beide Fälle weiter: Klaus hat sich schlussendlich dafür entschieden, sich an der Kunstakademie in Düsseldorf zu bewerben, und ist dort aufgenommen worden. Zwar hat er nun viel mehr Zeit für seine künstlerischen Tätigkeiten, aber

das individuelle Leben, das Leben der anderen oder der Zustand der guten Welt. Aber die Annahme eines solchen Hintergrunds machen wir ohnehin, wenn wir von der Möglichkeit einer normativen Ethik ausgehen, also meinen, dass sich etwas Verallgemeinerbares darüber sagen lässt, wie wir leben sollen. Vgl. dazu auch Ernst (2009a), 230 f.

seine naturwissenschaftlichen Begabungen kann er nicht mehr in gleichem Maße verwirklichen. Maria hingegen entscheidet sich dafür, ein Studium der Medizin zu beginnen. Das führt dazu, dass sie ihre medizinisch-naturwissenschaftlichen Fähigkeiten verbessert, aber sie kann sich nicht mehr mit der gleichen Intensität ihren künstlerischen Neigungen widmen.

Hierbei handelt es sich um einen klassischen Konfliktfall, wie er sich ausgehend von der Listentheorie des deontologischen Objektivismus stellen könnte. Sowohl Klaus als auch Maria sind sich in den relevanten Eigenschaften hinreichend ähnlich. Beide stehen vor der Herausforderung, dass sie im Unklaren darüber sind, welchen Sinnkandidaten sie realisieren sollen – dem Bewusstsein, der eigenen Stärke gerecht zu werden, oder dem Gefühl, anderen zu helfen. Beide fühlen sich gleichermaßen zum Leben des Künstlers, aber auch zu dem des Mediziners hingezogen. Die Entscheidung fällt bei beiden aber unterschiedlich aus. Wer hat die richtige Wahl getroffen?

Die Antwort lautet: Beide, denn es handelt sich um einen Fall, in dem sie vor die Wahl von zwei gleich guten Möglichkeiten gestellt werden. Um das zu sehen, stellen wir uns etwa vor, dass Klaus und Maria sich jeweils für die andere Option entschieden hätten. Klaus wäre Arzt geworden; Maria hätte den Weg als Künstlerin eingeschlagen. Auch in diesem Fall fällt es schwer, auf der einen oder anderen Seite einen Fehler auszumachen. Beide hätten auch im umgekehrten Fall eine richtige Wahl getroffen. Man kann daher sagen, dass wir es mit einer rational unterbestimmten Entscheidungssituation zu tun haben. Es gibt keine ausschlaggebenden Gründe, die für die Wahl des Künstler- oder Arztberufs sprechen. So gesehen lassen sich die Entscheidungen von Klaus und Maria zwar kausal erklären (z. B. psychologisch, soziologisch, ökonomisch), aber rechtfertigen lassen sie sich nicht. Das bedeutet nicht, dass jede Wahl gleich gut ist. Vielmehr wäre auch eine schlechte Wahl möglich: Wenn Klaus und Maria sich etwa zu einem Leben entschieden hätten, das keinen der in der Liste aufgeführten Kandidaten erfüllt hätte, würden gute Gründe dagegensprechen. Wir haben es dann nicht mit gleich guten Möglichkeiten zu tun, sondern mit einer besseren und einer schlechteren Möglichkeit. Im dargestellten Fall ist das aber nicht so: Beide stehen vor der Wahl, welches der beiden gleichermaßen sinnvollen Leben sie realisieren wollen.

Was hat das alles mit der individualistischen Intuition zu tun? Die Antwort lautet: Es sind mitunter genau solche rational unterbestimmten Situationen, die die Möglichkeit eröffnen, die individualistische Intuition auf der theoretischen Ebene zu verorten.[30] Genau in dem Moment, wenn der Raum der Gründe – um eine gegenwärtig beliebte Metapher zu verwenden – ausgeschritten ist, kann die individuelle Entscheidung normative Gesichtspunkte hervorbringen. Betrachten wir dazu wieder das Beispiel von Klaus und Maria. Für beide ist es nämlich nicht so, dass nach ihrer Entscheidung immer noch alles gleich wichtig ist. Vielmehr scheint nach ihrer Entscheidung etwas anderes als vorher wichtig zu sein. Es findet durch ihre Entscheidung eine Verschiebung des Wertgefüges statt. Während für Klaus als angehender Künstler jetzt Werte wie Kreativität und Durchhaltevermögen im Mittelpunkt stehen, wird für Maria wichtiger, dass sie als künftige Ärztin eine gewisse Sozialkompetenz entwickelt und Sorgfalt und Genauigkeit bei der Behandlung ausbildet. Man kann auch davon sprechen, dass beide individuelle Gründe haben, diesen Werten nachzugehen. Warum sind diese Gründe für sie bindend? Eben weil sie sich im Raum der gleich guten Möglichkeiten für die an sich sinnvolle Lebensweise entschieden haben und nicht für die andere. Die Entscheidung für eine Lebensweise ist zugleich eine Selbstverpflichtung auf damit zusammenhängende Werte und Normen. Es entstehen neue rationale Forderungen, denen beide gerecht werden müssen.

9.4.5 Einige Nachfragen und Differenzierungen

So weit meine Skizze zur Möglichkeit einer theoretischen Integration der individualistischen Intuition. Im Folgenden möchte ich einige Nachfragen behandeln, um die Position weiter zu schärfen und gegenüber Missverständnissen zu verteidigen.

Die erste Frage lautet, ob nicht durch die These, dass das sinnvolle Leben in seinem Kern ein dezisionistisches Element enthält – die unbegründete Entscheidung –, eine Kritik von Lebensweisen unmöglich wird. Darauf wurde in Ansätzen schon geantwortet:

30 Das »mitunter« macht deutlich, dass es sich bei dem vorgestellten Fall nicht um den einzig möglichen Fall von rational unterbestimmten Entscheidungssituationen handelt. Vgl. dafür die Überlegungen zu den Desideraten im letzten Abschnitt dieses Kapitels.

Natürlich bleibt ein gewisser Spielraum von individuellen Wahlmöglichkeiten, wie wir ein sinnvolles Leben führen können. Klaus und Maria zeigen uns solche möglichen Optionen, und es lassen sich entsprechend der Liste des deontologischen Objektivismus noch weitere Möglichkeiten nennen. Dennoch, so muss betont werden, ist nicht jede Wahl einer Lebensweise gleich gut. Der Spielraum für eine individuelle Wahl entsteht etwa erst dort, wo wir es mit gleich guten Optionen zu tun haben. Aber bei welchen Möglichkeiten handelt es sich um bessere oder schlechtere Möglichkeiten und wann sind sie gleich gut? Das zu ermitteln ist Aufgabe einer umfassenden Theorie der normativen Ethik des sinnvollen Lebens. An dieser Stelle nur eine kurze Bemerkung mit Blick auf die Listentheorie des deontologischen Objektivismus. Diese hat die Funktion, uns durch die Nennung von Kriterien eine normative Handlungsorientierung zu geben. Das bedeutet, dass diejenigen Dinge, die außerhalb der Liste stehen, schlechtere Möglichkeiten darstellen, während die Kandidaten auf der Liste bessere Kandidaten sind, um ein sinnvolles Leben zu führen. Diejenigen Dinge, die sich jedoch auf der Liste befinden, lassen sich – so mein Interpretationsvorschlag – nicht weiter priorisieren, sondern sind gleich gut. Erst in dem Moment, in dem man sich, wie im Fall von Klaus und Maria beschrieben, in willkürlicher Weise für eine Option auf der Liste entscheidet, wird diese sinnvoller als eine andere.

Daran schließt sich eine zweite Frage an, die sich auf den Raum der gleich guten Möglichkeiten bezieht. Dieser war eine Voraussetzung, um die individualistische Intuition verorten zu können. Aber gibt es ihn überhaupt? Oder lässt sich nicht vielmehr immer eine normative Rangfolge von besser und schlechter aufstellen? Ich denke tatsächlich, dass wir von der Existenz eines solchen Spielraums ausgehen sollten. Es scheint mir ein lebensweltlich gut verankertes Phänomen zu sein, dass wir – wie im Fall von Klaus und Maria – häufig mit der Wahl zwischen gleich guten Optionen konfrontiert sind.[31] Strittig könnte hingegen sein, auf welcher

31 Das könnte darüber hinaus auch eine Erklärung dafür sein, warum die Wahl zwischen Lebensweisen häufig so schwierig ist. Es ist nicht nur der Umstand, dass wir mit der Entscheidung falsch liegen könnten, sondern auch, dass wir manchmal mit so vielen gleich guten Optionen konfrontiert sind. Dies kann so erdrückend sein, dass man entweder durch Lethargie zwischen zwei Heuhaufen verhungert oder sich sprunghaft zwischen zwei Optionen hin- und herbewegt.

Ebene dieser Raum anzusiedeln ist. Ich hatte ihn bereits auf der ersten Ebene der Listentheorie des deontologischen Objektivismus lokalisiert. Für einige Kritiker könnte das aber ein zu frühes Zugeständnis an den Dezisionismus sein. Müssen wir nicht alles tun, um die Möglichkeit der rationalen Kritik zu bewahren?[32] Wer dieser Meinung ist, wird sicherlich auf einer nun zweiten Ebene weitere Kriterien nennen, um eine normative Rangfolge der Kandidaten zu erhalten. Gemäß der objektivistischen Ausrichtung meiner deontologischen Sinntheorie könnten hierfür subjekttranszendente Kriterien formuliert werden, aber auch solche, die formaler Natur sind (Konsistenz, Kohärenz usw.). Es gibt jedoch einen Punkt zu beachten: Wenn weiterhin an der ersten Ausgangsprämisse – einem Pluralismus in der Axiologie – festgehalten werden soll, müssen neben diesem Metakriterium auf der zweiten Ebene noch weitere Kriterien angeführt werden. In diesem Fall stellt sich wiederum die Frage nach ihrer Abwägung. Und intuitiv ist es nicht abwegig, auch hier einen Raum gleich guter Möglichkeiten zu vermuten. Nun kann man weiterhin anstreben, den Dezisionismus auch auf dieser Meta-Ebene zu vermeiden und auf einer nunmehr dritten Ebene weitere Kriterien nennen, die gemäß den pluralistischen Ausgangsprämissen wieder vielfältig sein werden. Wie muss aber im Konfliktfall auf dieser Meta-Meta-Ebene vorgegangen werden? Auch an dieser Stelle droht ein Rückzugsgefecht auf eine weitere Begründungsebene. Die Dialektik könnte man sicherlich noch weitertreiben. Die grundsätzliche Herausforderung sollte aber bis hierhin deutlich geworden sein. Sobald wir am axiologischen Pluralismus als Ausgangsprämisse festhalten, ist schwer zu sehen, wie man leugnen kann, dass es auf irgendeiner Ebene mindestens zwei gleich gute Möglichkeiten gibt. Natürlich kann man unsicher sein, auf welcher Ebene der Raum der gleich guten Möglichkeiten vorkommt. *Dass* er irgendwo existiert, ist jedoch schwer zu leugnen. Und das ist schon ausreichend, um theoretischen Raum für die individualistische Intuition zu schaffen.

Die dritte Frage bezieht sich auf das Verhältnis zwischen der arationalen Entscheidung und den anderen Sinnkandidaten: Wenn

32 Das ist bekanntlich einer der Leitsätze von Rawls: »If we cannot explain how these weights are to be determined by reasonable ethical criteria, the means of rational discussion have come to an end [...]. We should do what we can to formulate explicit principles for the priority problem [...].« Rawls (1971), 37.

die Selbstidentifikation mit einer Lebensform dazu führt, dass wir individuelle Gründe für oder gegen bestimmte Handlungen erhalten, ist dann ein solcher Akt vielleicht selbst ein Listenkandidat, an dem wir uns normativ orientieren sollen? Der dahinterliegende Gedanke scheint dieser zu sein: Angenommen, wir stoßen im Rahmen einer pluralistischen Sinntheorie auf Wertkonflikte, zum Beispiel der Wahl zwischen zwei Optionen, die jeweils unterschiedliche Dinge auf der Liste der Sinnkandidaten realisieren. In diesem Fall stellt sich die Frage, wie wir zwischen beiden abwägen könnten. Eine mögliche Lösung: Wir verstehen die arationale Wahl als einen Metawert, welcher den normativen Ausschlag gibt. Objektiv besser ist in dem Fall, wozu wir uns faktisch entscheiden; schlechter dasjenige, wozu wir uns nicht entscheiden. Nun denke ich nicht, dass man diese These vertreten sollte. Zum einen ist überhaupt nicht zu sehen, dass eine bloße Entscheidung für sich alleine einen positiven Wert darstellen sollte.[33] Zum anderen – und das ist der wichtigere Grund – scheint dadurch die individualistische Intuition theoretisch untergraben zu werden. Zur Erinnerung: Diese bestand darin, dass wir in willkürlicher Weise etwas als für uns sinnvoll bestimmen können, und zwar genau dann, wenn wir uns im Raum der gleich guten Möglichkeiten befinden. Wenn wir jedoch die individuelle Entscheidung als normativen »Schiedsrichter« zwischen zwei Möglichkeiten deuten, kann es schlicht nicht mehr zwei gleich gute Möglichkeiten geben. Das Konzept »gleich gut« meint ja gerade, dass kein Grund für oder gegen die Wahl spricht. Der Vorschlag, dass die grundlose Entscheidung selbst einen normativen Metawert darstellt, liefert aber gerade einen, sogar den entscheidenden Grund. Die normative Wirklichkeit wäre in diesem Fall vollständig determiniert und die arationale Entscheidung stünde an der Spitze der Werthierarchie des sinnvollen Lebens. Einen Raum der gleich guten Möglichkeiten gäbe es dann nicht mehr. Und dadurch auch

33 Diesen Gedanken äußert Ludwig Siep sehr treffend in seiner Replik auf einen Beitrag von Volker Gerhardt: »Eine solche bewusste und sich quasi zu sich selbst bekennende Entscheidung werden wir nicht immer positiv bewerten. Jemand, der bewusst danach strebt, einen Rang in der Gesellschaft oder ein Objekt seiner Begierde mit allen Mitteln zu erkämpfen, und der sich dabei auch zum Typus des ›eiskalten‹ Eroberers bekennt, wird in der Ethik nicht positiv bewertet. Er wird u. U. strenger verurteilt als jemand, der aus bloßer Nachahmung oder ›blinden‹ Affekten dieselben Taten oder schlimmere vollbringt.« Siep (2008), 270.

keine Möglichkeiten, die individualistische Intuition zu konservieren. Wer daher weiterhin davon ausgehen möchte, dass wir selbst bestimmen, auf welche Weise etwas für uns wichtig ist, sollte die arationale Entscheidung besser nicht als ausschlaggebenden[34] normativen Gesichtspunkt verstehen.

9.4.6 Zusammenfassung und weitere Forschungsfragen

Was macht den vorgestellten Integrationsvorschlag für den deontologischen Objektivismus so attraktiv? Ich denke, dass es dafür mindestens zwei Gründe gibt: Zum einen lässt er denkbar viele Bausteine der Grundtheorie unangetastet. In normativ-inhaltlicher Hinsicht kann weiterhin davon ausgegangen werden, dass sich universell gültige Sinnkandidaten ermitteln lassen. Es ist nicht schlicht alles gleich gut. Es gibt Dinge, die für alle Menschen sinnvoller sind als andere. Und hierzu gehören gemäß des deontologischen Objektivismus künstlerische, wissenschaftliche, altruistische und moralische Tätigkeiten. Zum anderen konserviert der Vorschlag den alltagspraktischen Gedanken, dass das sinnvolle Leben auch eine »individuelle Sache« ist. So habe ich versucht aufzuzeigen, dass es im Rahmen einer normativen Abwägung auch die Möglichkeit gibt, sich zwischen zwei gleich guten Möglichkeiten zu entscheiden. Es gibt in diesem »Raum« kein hierarchisch geordnetes Wertgefüge, in dem jeder Sinnkandidat seinen festen Platz hat. Führt man ein sinnvolleres Leben, wenn man Künstler oder Arzt wird? Eine solche Frage hat, so habe ich vorgeschlagen, keine verallgemeinerbare, für alle gültige Antwort. Die normative Wirklichkeit des sinnvollen Lebens ist in diesem Fall nicht durch bessere oder schlechtere Gründe determiniert. Wie in vielen anderen Vergleichen auch ist einfach beides gleich wichtig, sodass die individuelle Entscheidung festlegen kann, in welcher Weise etwas wichtig ist.

34 Es spricht allerdings nichts dagegen, die arationale Entscheidung im Sinne einer Beiordnung als normativen Gesichtspunkt unter anderen zu verstehen. Das würde jedenfalls die Möglichkeit eröffnen, weiterhin von mehreren gleich guten Lebensweisen im Bereich des Sinns auszugehen. Bestehen bleibt dann allerdings die erste der oben genannten Schwierigkeiten – nämlich die berechtigte Nachfrage, ob die Entscheidung ein intrinsischer Sinnwert ist, der alleine ohne Bezug auf etwas an sich Wertvolles einen Beitrag zum sinnvollen Leben liefern kann.

Und je nachdem, auf welche Werte sich jemand verpflichtet, sind für ihn die einen wichtiger als die anderen.

Darüber hinaus sollte jedoch trotz aller Attraktivität des Vorschlags klar sein, dass es sich bei dem Versuch einer Integration der individualistischen Intuition um ein Großprojekt handelt. Es ist sicherlich ein erster Schritt getan. Viele andere, die im Rahmen von Anschlussprojekten fortgeführt werden müssen, stehen noch aus. Drei von ihnen, die ich für besonders aussichtsreich halte, möchte ich kurz nennen:

> Ein erstes Desiderat betrifft die Rekonstruktion der alltagspraktischen Phänomene. So wurde mit der individualistischen Intuition vor allem das Phänomen in Verbindung gebracht, dass die individuelle Entscheidung eine tragende Rolle bei der Bestimmung der Sinnbilanz eines Lebens spielt. Das ist aber nur *eine* Facette der individualistischen Intuition. Eine weitere stellt der Umstand dar, dass die Sinnvalenz von Tätigkeit nicht nur von subjektiven Entscheidungen, sondern auch von der Kontingenz der Lebensumstände abhängt. So sind für das alleinerziehende Elternteil andere Dinge sinnvoll als für denjenigen, der seiner Karriere in der Wissenschaft nachgeht. Für beide ist es aber nicht ihre individuelle Entscheidung, die begründet, was für sie in welcher Weise sinnvoller ist, sondern die Handlungskontexte, in denen sie sich befinden. Diese (und weitere) Facette(n) gilt es jedoch noch ausführlicher zu untersuchen, zum einen im Rahmen von phänomenologischen Untersuchungen, um die betrachtete Facette möglichst genau zu beschreiben; zum anderen im Zuge eines philosophischen Integrationsversuchs, der – ähnlich, wie er in diesem Kapitel ausgearbeitet wurde – den systematischen Ort aufzeigt, an dem der deontologische Objektivismus die herausgearbeiteten Gehalte der Phänomene berücksichtigen kann.
>
> Ein zweites Desiderat bezieht sich auf die philosophische Vollständigkeit des eigenen Vorschlages. Dieser bestand darin, den systematischen Ort der individuellen Entscheidung im Raum der rational unterbestimmten Entscheidungssituationen zu verorten. Es lassen sich aber noch weitere Orte *jenseits* dieses Raums ausmachen. Ein solcher ist etwa die mögliche Spezifikation der sinnstiftenden Tätigkeiten. Zur Erinnerung: Die Listentheorie

des deontologischen Objektivismus hatte einen recht allgemeinen Charakter. Entsprechend werden zwar Sinnkandidaten genannt, aber ohne dass eine inhaltliche Konkretion vorgenommen wird. Diese muss noch im Rahmen einer Anschlusstheorie expliziert werden. Und genau diese könnte sich unter anderem an der subjektiven Entscheidung des Individuums orientieren. Das Individuum bestimmt, welche Konkretion für es ein sinnvolles Leben darstellt und welche nicht. Das aber bedeutet: Es gibt neben dem Raum der rationalen Unterbestimmtheit noch andere Optionen, um die individualistische Intuition theoretisch zu berücksichtigen. Gleiches gilt auch für den Möglichkeitsraum *innerhalb* des Bereichs der rationalen Unterbestimmtheit. Wie nämlich schon in diesem Kapitel angedeutet wurde, handelt es sich hierbei um kein *non sequitur*, da es noch weitere Möglichkeiten der rationalen Unterbestimmtheit gibt, die für die Integrationsleistung in Frage kämen.[35] In der Literatur werden beispielsweise auch Entscheidungssituationen diskutiert, in denen wir epistemisch nur vage Informationen haben, oder solche, in denen wir mit inkomparablen Werten konfrontiert sind.[36] Ich habe mich hier lediglich auf den Fall der gleich guten Möglichkeiten konzentriert. Es wäre daher noch zu prüfen, ob und in welcher Weise die Möglichkeit von epistemischen »Grauzonen« und inkomparablen Werten eine weitere Integrationsmöglichkeit für die individualistische Intuition darstellen könnte.

Ein drittes Desiderat hat die theoretische Absicherung des eigenen Vorschlages zum Gegenstand. So wurde dafür argumentiert, dass die rationale Unterbestimmtheit ein Implikat der alltäglichen Praxis darstellt.[37] Wir gehen in der Regel davon aus, dass unsere Welt nicht vollständig determiniert ist, sondern wir in manchen Fällen die Wahl haben, selbst zu entscheiden, was für uns sinnvoll ist und was nicht. Diese Wahl wurde im Raum der gleich guten Möglichkeiten verortet. Aber auf welcher Ebene eröffnet sich dieser Raum? Diese Frage wurde bisher ausgespart. So ist es gut möglich, dass er nicht bereits auf der ersten Ebene der Listentheorie des deontologischen Objektivismus anzutreffen ist, sondern erst auf einer späteren Meta-Ebene, die eine Ab-

35 Vgl. die Ausgangsüberlegungen in Kap. 9.4.4.

36 Vgl. etwa die Beiträge in Chang (1997).

37 Vgl. Abschnitt 9.4.5.

wägung der Listenelemente zugrunde liegt. Diese Platzierungsfrage gilt es weiter im Auge zu behalten und zu reflektieren. Darüber hinaus wurde in diesem Kapitel vornehmlich auf der normativ-inhaltlichen Ebene argumentiert. Es stellt sich jedoch die Frage, wie die Annahme, dass die individuelle Entscheidung einen sinngenerierenden Charakter hat, metaethisch zu erklären ist. Diese Frage wird umso dringlicher, wenn man – wie ich es tue – einen metaethischen Realismus vertritt.[38] Dieser beinhaltet, dass lediglich extramentale Werttatsachen die Grundlage für ethische Normativität, also auch für die Sinnhaftigkeit unseres Lebens, bilden. Diese Ansicht scheint jedoch auf den ersten Blick denkbar schlecht mit der wertsetzenden Kraft von mentalen Zuständen, wie der individuellen Entscheidung, zusammenzupassen. In der jüngeren Vergangenheit sind jedoch einige Überlegungen entstanden, die sich dieser Herausforderung annehmen, insbesondere indem sie auf den kategorialen Unterschied zwischen metaethischen und normativ-inhaltlichen Untersuchungen hinweisen.[39] Es erscheint mir reizvoll, diesen metaphilosophischen Überlegungen weiter nachzugehen.

Diese kurze Aufzählung von Desideraten sollte deutlich gemacht haben, dass noch zahlreiche Forschungen notwendig sind, damit von einer umfangreichen und überzeugenden Integration der individualistischen Intuition gesprochen werden kann. Es geht unter anderem darum, verschiedene Facetten des Phänomens aufzuklären und theoretisch zu reflektieren, den eigenen Vorschlag mit Blick auf die möglichen Spielräume der Integration zu vervollständigen und eine weiterführende philosophische Absicherung zu unternehmen. Das alles sind anspruchsvolle Forschungsprojekte, aber solche, die ausgehend vom deontologischen Objektivismus durchaus gewinnbringend sind und daher den Boden für zukünftige Arbeiten bilden können.

38 Vgl. Rüther (2013) und Rüther (2015).

39 Siehe dafür insbesondere die Überlegungen von Gerhard Ernst, der die Trennung zwischen metaethischer und normativ-inhaltlicher Perspektive am Beispiel des Relativismus in der Ethik erläutert. Vgl. Ernst (2008) und Ernst (2009b).

9.5 Zusammenfassung

Die Überlegungen des zurückliegenden Abschnitts hatten das Ziel, einige Anhaltspunkte für zukünftige Forschungen in der Meaning-in-Life-Debatte zu identifizieren. Diese wurden zwar speziell auf den deontologischen Objektivismus zugeschnitten, können aber auch verallgemeinert werden. Das liegt daran, dass eigentlich jeder, der sich ernsthaft mit der Frage nach dem sinnvollen Leben auseinandersetzt, sich früher oder später die Fragen stellen muss, welchen Stellenwert der Sinn im guten Leben hat, welche Rolle empirische Forschungen spielen und wie angesichts der eigenen Theorienbildung mit der Individualität des Sinns umgegangen werden soll. Meine eigenen Standpunkte in diesen Debatten habe ich in den entsprechenden Abschnitten angedeutet. Allerdings wurden in diesen Zusammenhängen auch einige noch unbeantwortete Fragen und Desiderate ausgemacht. Welche Rolle können eigentlich Intuitionen in der Theorienbildung rund um das sinnvolle Leben spielen? – eine Frage, die in der Auseinandersetzung mit der Rolle des Sinns im guten Leben aufkam. Lassen sich die Einzelfälle der eigenen Analyse verallgemeinern? – eine Frage, die sich gerade mit Blick auf die Frage nach der Rolle der empirischen Forschung stellte. Wie muss eine inhaltliche und metaethische Theorie des Guten und der praktischen Deliberation ausgestaltet sein? – eine Frage, die in allen Abschnitten von Bedeutung war, insbesondere aber, als es darum ging, die individualistische Intuition zu verorten. Diese und weitere Fragen sind *offene* Fragen, das heißt: Auf sie wird in dieser Studie keine Antwort angeboten. Ist das ein Problem? Ich denke nicht, dass das der Fall ist. Zum einen bestand, wie schon erwähnt, das Ziel dieses Abschnitts nicht darin, Antworten zu geben, sondern Fragen zu formulieren, von denen ausgehend konstruktive Weiterarbeit möglich ist. Zum anderen – und das ist der allgemeinere Punkt – glaube ich auch, dass die Nennung der offenen Fragen sehr deutlich hervorstreicht, was Philosophie – und als Teil davon auch die Meaning-in-Life-Debatte – eigentlich ist: ein komplexes und holistisches Unternehmen, bei dem Themen, Argumente und Positionen auf vielfältige Weise miteinander zusammenhängen. Wer ernsthaft über das sinnvolle Leben nachdenken will, muss auch Debatten führen, die über die engen Grenzen der normativ-inhaltlichen Debatte des sinnvollen Lebens hinausweisen. Er braucht nicht nur Kenntnisse in der normativen Ethik, sondern auch in der Metaethik und angewandten Ethik und möglicherweise auch in der Metaphilosophie, der Philosophie des Geistes und der Wissenschaftstheorie. Das macht die gegenwärtige und die zukünftige Arbeit in der Debatte komplexer, aber für manche – wie für mich – auch sehr viel interessanter.

Literaturverzeichnis

Adams, Robert (1999): *Finite and Infinite Goods*, Oxford.

Alexander, Larry & Moore, Michael (2016): Deontological Ethics. In: Zalta, E. N. (Hg.): *The Stanford Encyclopedia of Philosophy*. Ausgabe vom Winter 2016. Stanford: The Metaphysics Research Lab, URL: ⟨https://plato.stanford.edu/archives/win2016/entries/ethics-deontological/⟩.

Audi, Robert (2005): Intrinsic Value and Meaningful Life. In: *Philosophical Papers* 34, 331-355.

Ayer, Alfred J. (1990): *The Meaning of Life*, New York.

Baggini, Julian (2004): *What's It all about? Philosophy and the Meaning of Life*, London.

Baier, Kurt (2000): *The Meaning of Life*, Oxford.

Bayertz, Kurt (2010a): Eine Wissenschaft vom Glück? Teil 1: Was ist Glück? In: *Zeitschrift für philosophische Forschung* 64 (3), 410-429.

Bayertz, Kurt (2010b). Eine Wissenschaft vom Glück? Teil 2: Die Vermehrung des Glücks der großen Zahl. In: *Zeitschrift für philosophische Forschung* 64 (4), 560-578.

Belliotti, Raymond (2001): *What is the Meaning of Human Life?*, Amsterdam.

Belshaw, Christopher (2005): *10 Good Questions About Life and Death*, Malden, MA.

Bien, Günther (1995): Über das Glück. In: *Information Philosophie* 23(1), 5-16.

Bond, Edward J. (1983): *Reason and Value*, Cambridge.

Bradford, Gwen (2015): Perfectionism. In: Fletcher, G. (Hg.): *The Routledge Handbook of Philosophy of Well-Being*, Abingdon, 124-134.

Bramble, Ben (2015): Consequentialism about Meaning in Life. In: *Utilitas* 27(4), 445-459.

Brogaard, Berit & Smith, Barry (2005): On Luck, Responsibility, and the Meaning of Life. In: *Philosophical Papers* 34(3), 443-458.

Brown, Campbell (2011): Consequentialize This. In: *Ethics* 121(4), 749-771.

Campbell, Stephen M. & Nyholm, Sven (2015): Anti-Meaning and Why It Matters. In: *Journal of the American Philosophical Association* 1(4), 694-711.

Chang, Ruth (Hg.) (1997): *Incommensurability, Incomparability and Practical Reason*, Cambridge.

Cooper, David (2005): Life and Meaning. In: *Ratio* 18(2), 125-137.

Cottingham, John (2003): *On the Meaning of Life*, London.
Cottingham, John (2005): *The Spiritual Dimension: Religion, Philosophy and Human Value*, Cambridge.
Cottingham, John (2008): The Self, the Good Life and the Transcendent. In: Athanassoulis, N.; Vice, S. (Hg.): *The Moral Life: Essays in Honour of John Cottingham*, New York, 231-274.
Craig, William L. (2013): The Absurdity of Life without God. In: Seachris, J. W. (Hg.): *Exploring the Meaning of Life: An Anthology and Guide*, Malden, MA, 153-172.
Crisp, Roger (2006a): Hedonism Reconsidered. In: *Philosophy and Phenomenological Research* 73(3), 619-645.
Crisp, Roger (2006b): *Reasons and the Good*, New York.
Crisp, Roger (2008): Meaning, Morality, and Religion. In: Athanassoulis, N.; Vice, S. (Hg.): *The Moral Life: Essays in Honour of John Cottingham*, New York, 167-183.
Crisp, Roger (2013): Well-Being. In: Zalta, E. N. (Hg.): *The Stanford Encyclopedia of Philosophy*. Ausgabe vom Sommer 2015. Stanford: The Metaphysics Research Lab, URL: ⟨http://plato.stanford.edu/archives/sum2015/entries/well-being/⟩.

Darwall, Stephen (1983): *Impartial Reason*, Ithaca, NY.
Darwall, Stephen (2002): *Welfare and Rational Care*, Princeton, NJ.
Davis, Williams (1987): The Meaning of Life. In: *Metaphilosophy* 18, 288-305.
Driver, Julia (2012): *Consequentialism*, London.
Dworkin, Ronald (2000): *Sovereign Virtue: The Theory and Practice of Equality*, Cambridge, MA.

Eagleton, Terry (2008): *The Meaning of Life: A Very Short Introduction*, Oxford.
Edwards, Paul (2000): The Meaning and Value of Life. In: Klemke, E. D. (Hg.): *The Meaning of Life*, 2nd ed., New York, 133-153.
Enoch, David (2006): Agency, Shmagency: Why Normativity Won't Come from What Is Constitutive of Action. In: *Philosophical Review* 115(2), 169-198.
Enoch, David (2010): Shmagency Revisited. In: Brady, M. (Hg.): *New Waves in Metaethics*, London, 208-233.
Ernst, Gerhard (2008): Toleranz und/oder Relativismus. In: Gethmann, C. F. (Hg.): *Lebenswelt und Wissenschaft; Sektionsbeiträge des XXI. Deutschen Kongresses für Philosophie.*
Ernst, Gerhard (2009a): Das Dilemma der kulturübergreifenden Bioethik. In: *Allgemeine Zeitschrift für Philosophie* 34, 221-234.

Ernst, Gerhard (2009b): Normativer und metaethischer Relativismus. In: Ders. (Hg.): *Moralischer Relativismus*, Paderborn, 181-191.
Ernst, Gerhard (2011): Normative Individualität. In: Sellmaier S.; Mayr, E. (Hg.): *Normativität, Geltung und Verpflichtung*. Stuttgart, 143-158.

Fairlie, Paul (2011): Meaningful Work, Employee Engagement, and other Key Employee Outcomes. Implications for Human Resource Development. In: *Advances in Developing Human Resources* 13(4), 508-525.
Fenner, Dagmar (2007): *Das gute Leben*, Berlin.
FitzPatrick, William J. (2010): Ethical Non-Naturalism and Normative Properties. In: Brady, M. (Hg.): *New Waves in Metaethics*, Basingstoke, 7-35.
FitzPatrick, William J. (2013): How Not to be an Ethical Constructivist: A Critique of Korsgaard's Neo-Kantian Constitutivism. In: Bagnoli, C. (Hg.): *Constructivism in Ethics*, Cambridge, 41-63.
Fletcher, Guy (2013): A Fresh Start for the Objective List Theory of Well-Being. In: *Utilitas* 25(2), 206-220.
Fletcher, Guy (2015): Introduction. In: Ders. (Hg.): *The Routledge Handbook of Philosophy of Well-Being*, Abingdon, 1-6.
Frankfurt, Harry (1982): The Importance of What We Care About. In: *Synthese* 53(2), 257-272.
Frankfurt, Harry (1988): *The Importance of What We Care About*, New York.

Gensicke, Thomas & Geiss, Sabine (2009): *Hauptbericht des Freiwilligensurveys 2009. Zivilgesellschaft, soziales Kapital und freiwilliges Engagement in Deutschland 1999 – 2004 – 2009*, Berlin.
Gensicke, Thomas & Geiss, Sabine (2010): Weniger Engagement bei Jugendlichen, mehr bei den Älteren: Ergebnisse der Freiwilligensurveys 1999, 2004 und 2009. In: *Informationsdienst Soziale Indikatoren* 44, 11-14.
Gerhardt, Volker (2006): Sinn des Lebens. In: Ritter, J.; Gründer, K. (Hg.): *Historisches Wörterbuch der Philosophie* Bd. 9, Berlin/Basel, 815-824.
Gerhardt, Volker (2014): *Der Sinn des Sinns. Versuch über das Göttliche*. München.
Gewirth, Alan (1998): *Self-Fulfillment*, Princeton.
Grant, Adam (2008): The Significance of Task Significance: Job Performance Effects, Relational Mechanisms, and Boundary Conditions. In: *Journal of Applied Psychology* 93(1), 108-124.
Griffin, James (1986): *Well-Being. Its Meaning, Measurement and Moral Importance*, Oxford.
Gruen, Lori (2014): Facing Death and Practicing Grief. In: Adams, C.; Gruen, L. (Hg.): *Ecofeminism*, New York, 127-141.

Halbig, Christoph (2007): *Praktische Gründe und die Realität der Moral*, Frankfurt a. M.

Halbig, Christoph (2018): Sinn – eine dritte Dimension des guten Lebens? In: *Zeitschrift für praktische Philosophie* 5(2), 55-78.

Hauskeller, Michael (2018): Do Animals Have a Bad Life? In: *Journal of Animal Ethics* 8(1), 50-61.

Haybron, Daniel (2008): *The Pursuit of Unhappiness. The Elusive Psychology of Well-Being*, Oxford.

Hicks, Joshua & Routledge, Clay (Hg.) (2013): *The Experience of Meaning in Life: Classical Perspectives, Emerging Themes, and Controversies*, New York.

Hiekel, Susanne (2018): Fitting Fulfilment – Fitting Objective or Rational Attractiveness? In: *Zeitschrift für Ethik und Moralphilosophie* 1(1), 57-74.

Himmelmann, Beatrix (Hg.) (2013): *On Meaning in Life*, Berlin/New York.

Hoesch, Matthias; Muders, Sebastian; Rüther, Markus (2013): Einleitung: Neue Perspektiven auf das gute Leben. In: Dies. (Hg.): *Glück – Werte – Sinn. Metaethische, ethische und religionsphilosophische Zugänge zur Frage nach dem guten Leben*, Berlin, 1-13.

Hoesch, Matthias; Muders, Sebastian; Rüther, Markus (2017): Personen, Normativität, Moral: Eine Einführung in die Philosophie Derek Parfits. In: Dies. (Hg.) *Derek Parfit. Personen, Normativität, Moral*, Berlin, 9-65.

Hooker, Brad (2008): The Meaning of Life: Subjectivism, Objectivism, and Divine Support. In: Athanassoulis, N.; Vice, S. (Hg.): *The Moral Life: Essays in Honour of John Cottingham*, New York, 184-200.

Hooker, Brad (2011): Promises and Rule-consequentialism. In: Sheinman, H. (Hg.): *Promises and Agreements*, Oxford, 237-254.

Horn, Christoph (2013): Happiness and the Meaning of Life. In: Himmelmann, B. (Hg.): *On Meaning in Life*, Berlin/New York, 9-22.

Hurka, Thomas (1993): *Perfectionism*, New York.

Hurka, Thomas (2011): *The Best Things in Life: A Guide to What Really Matters*. New York.

Igneski, Violetta (2016): Living a Meaningful and Ethical Life in the Face of Great Need: Responding to Singer's »The Most Good You Can Do«. In: *Journal of Global Ethics* 12(2), 147-153.

Işık, S., Üzbe, N. (2015). Personality Traits and Positive/Negative Affects: An Analysis of Meaning in Life among Adults. In: *Educational Sciences: Theory & Practice* 15(3), 587-595.

Kazez, Jean (2007): *The Weight of Things: Philosophy and the Good Life*, Hoboken.

Kekes, John (1986): The Informed Will and the Meaning of Life. In: *Philosophy and Phenomenological Research* 47(1), 75-90.

Kekes, John (2000): The Meaning of Life. In: French, P. A.; Wettstein, H. K. (Hg.): *Midwest Studies in Philosophy, 24: Life and Death,* Malden, MA, 17-34.

Kekes, John (2010): *The Human Condition*, New York.

Keller, Simon (2009): Welfarism. In: *Philosophy Compass* 4(1), 82-95.

Kipke, Roland (2014): Der Sinn des Lebens und das gute Leben. In: *Zeitschrift für philosophische Forschung* 68(2), 180-202.

Kipke, Roland & Rüther, Markus (2018): Welchen Beitrag leistet die Moral für das sinnvolle Leben? – Ein kommentierter Forschungsbericht zur Meaning-in-Life-Debatte. In: *Jahrbuch für Wissenschaft und Ethik* 23(1), 7-35.

Kipke, Roland & Rüther, Markus (2021) (Hg.): Schwerpunkt: Die Sinnfrage in der Medizinethik. In: *Ethik in der Medizin.* Heft 33. Nummer 4.

Klemke, E. D. (Hg.) (2000): *The Meaning of Life. A Reader*, 2. Auflage, Oxford.

Korsgaard, Christine M. (2008): *The Constitution of Agency. Essays on Practical Reason and Moral Psychology*, Oxford.

Kühler, Michael; Muders, Sebastian; Rüther, Markus (2018): Schwerpunkt: Das Schöne, Wahre und Gute – Die neue Diskussion um das sinnvolle Leben. In: *Zeitschrift für praktische Philosophie* 5(2), 41-54.

Lacey, Alan R. (2001): *Robert Nozick*, Princeton.

Landau, Iddo (2011): Immorality and the Meaning of Life. In: *Journal of Value Inquiry* 45(3), 309-317.

Landau, Iddo (2013): Conceptualizing Great Meaning in Life: Metz on the Good, the True, and the Beautiful. In: *Religious Studies* 49(4), 505-514.

Levy, Neil (2005): Downshifting and Meaning in Life. In: *Ratio* 18(2), 176-189.

Louden, Robert B. (2013): Meaningful but Immoral Lives? In: Himmelmann, B. (Hg.): *On Meaning in Life*, Berlin/New York, 23-44.

Martin, Michael (2002): *Atheism, Morality, and Meaning*, Amherst, NY.

McCrae, Robert & Costa, Paul (2008): The Five-Factor Theory of Personality. In: John, O.; Robins, R.; Pervin, L. (Hg.): *Handbook of Personality: Theory and Research*, New York, NY, 159-181.

Metz, Thaddeus (2001a): The Concept of a Meaningful Life. In: *American Philosophical Quarterly* 38(2), 137-153.

Metz, Thaddeus (2001b): Respect for Persons and Perfectionist Politics. In: *Philosophy and Public Affairs* 30(4), 417-442.

Metz, Thaddeus (2002): Recent Work on the Meaning of Life. In: *Ethics* 112(4), 781-814.

Metz, Thaddeus (2003): Utilitarianism and the Meaning of Life. In: *Utilitas* 15(1), 50-70.

Metz, Thaddeus (2007a): The Meaning of Life. In: Zalta, E. N. (Hg.): *Stanford Encyclopedia of Philosophy*. Stanford: The Metaphysics Research Lab, URL: ⟨http://plato.stanford.edu/entries/life-meaning/⟩.

Metz, Thaddeus (2007b): New Developments in the Meaning of Life. In: *Philosophy Compass* 2(2), 196-217.

Metz, Thaddeus (2009): Happiness and Meaningfulness: Some Key Differences. In: Bortolotti, L. (Hg.): *Philosophy and Happiness*, Basingstoke, 3-21.

Metz, Thaddeus (2011): The Good, the True and the Beautiful: Towards a Unified Account of Great Meaning in Life. In: *Religious Studies* 47(4), 389-409.

Metz, Thaddeus (2012): Introduction. Understanding the Question of Life's Meaning. In: Seachris, J. (Hg.): *Exploring the Meaning of Life: An Anthology and Guide*, Hoboken, 21-29.

Metz, Thaddeus (2013a): *Meaning in Life. An Analytic Study*, Oxford.

Metz, Thaddeus (2013b): Meaning in Life as the Aim of Psychotherapy: A Hypothesis. In: Hicks, J.; Routledge, C. (Hg.): *The Experience of Meaning in Life: Classical Perspectives, Emerging Themes, and Controversies*, New York, 405-417.

Metz, Thaddeus (2015): Life, Meaning of. In: ten Have, H. (Hg.): *Encyclopedia of Global Bioethics,* New York, 267-271.

Metz, Thaddeus (2016): The Proper Aim of Therapy: Subjective Well-Being, Objective Goodness, or a Meaningful Life? In: Russo-Netzer, P; Schulenberg, S.; Batthyany, A. (Hg.): *Clinical Perspectives on Meaning: Positive and Existential Psychotherapy*, New York, 17-35.

Milliman, John; Czaplewski, Andrew; Ferguson, Jefferey (2003): Workplace Spirituality and Employee Work Attitudes: An Exploratory Empirical Assessment. In: *Journal of Organizational Change Management* 16(4), 426-447.

Mintoff, Joe (2008): Transcending Absurdity. In: *Ratio* 21(1), 64-84.

Monsó, Susana & Judith Benz-Schwarzburg (i. V.): *Must Animal Lives Be Meaningless*? Unveröffentlichtes Manuskript.

Moore, Andrew (2015): Well-Being. In: Pritchard, D. (Hg.): *Oxford Bibliographies in Philosophy*, Oxford.

Moreland, James P. (1987): *Scaling the Secular City: A Defense of Christianity*, Grand Rapids.

Morioka, Masahiro (Hg.) (2015a): *Reconsidering Meaning in Life: A Philosophical Dialogue with Thaddeus Metz*, Tokio.

Morioka, Masahiro (2015b): Is Meaning in Life Comparable?: From the Viewpoint of 'The Heart of Meaning in Life'. In: Ders. (Hg.): *Reconsidering Meaning in Life: A Philosophical Dialogue with Thaddeus Metz*, Tokio, 50-65.

Morris, Thomas (1992): *Making Sense of It All: Pascal and the Meaning of Life*, Grand Rapids, MI.

Moyar, Dean (2011): Consequentialism and Deontology in the Philosophy of Right. In: Brooks, T. (Hg.): *Hegel's Philosophy of Right*, Oxford, 7-42.

Muders, Sebastian & Rüther, Markus (2011): Der Sinn des Lebens? – Sebastian Muders und Markus Rüther über ein in der analytischen Philosophie aktuell gewordenes Thema. In: *Information Philosophie* 39(4), 30-39.

Muders, Sebastian & Rüther, Markus (2016): Sinn und Wohlergehen: Zwei Aspekte des guten Lebens. In: *Jahrbuch für Wissenschaft und Ethik* 20(1), 73-112.

Muders, Sebastian & Rüther, Markus (2017a): Was ist falsch an ontologisch robusten Tatsachen? Einige Bemerkungen zu Derek Parfits nicht-realistischem Kognitivismus. In: Hoesch, S.; Muders, M.; Rüther, M. (Hg.): *Derek Parfit in der Diskussion*, Hamburg, 265-294.

Muders, Sebastian (2017). Das sinnvolle Leben und die gute Welt. In: Laukötter, S.; Hoesch, M. (Hg.): *Natur und Erfahrung – Bausteine zu einer praktischen Philosophie der Gegenwart*. Münster: mentis, 95-116.

Muders, Sebastian (2018): Die Eigenständigkeit des sinnvollen Lebens innerhalb des guten Lebens. In: *Zeitschrift für Praktische Philosophie* 5(2), 79-118.

Murphy, Mark (2001): *Natural Law and Practical Rationality*, New York.

Nagel, Thomas (1974): What Is It Like to Be a Bat? In: *Philosophical Review* 83(4), 435-450.

Nagel, Thomas (2010): *Secular Philosophy and the Religious Temperament. Essays 2002-2008*, Oxford.

Nagel, Thomas (2012): *Mind and Cosmos: Why the Materialist Neo-Darwinian Conception of Nature is Almost Certainly False*, Oxford.

Nida-Rümelin, Julian (1993): *Kritik des Konsequentialismus*, München.

Nozick, Robert (1974): *Anarchy, State, and Utopia*. New York: Basic Books.

Nozick, Robert (1981): *Philosophical Explanations*, Cambridge, MA.

Nozick, Robert (1989): *The Examined Life*, New York.

Parfit, Derek (1984): *Reasons and Persons*, Oxford.

Parfit, Derek (2011): *On What Matters*, Oxford.

Portmore, Douglas W. (2009): Consequentializing. In: *Philosophy Compass* 4(2), 329-347.

Purves, Duncan & Delon, Nicolas (2018): Meaning in the Lives of Humans and Other Animals. In: *Philosophical Studies* 175(2), 317-338.

Rawls, John (1971): *A Theory of Justice*, Cambridge.
Raz, Joseph (1999): *Engaging Reason: On the Theory of Value and Action*, Oxford.
Raz, Joseph (2004): The Role of Well-Being. In: *Philosophical Perspectives* 18(1), 269-294.
Rice, Christopher M. (2013): Defending the Objective List Theory of Well-Being. In: *Ratio* 26(2), 196-211.
Rodin, Judth & Langer, Ellen (1977): Long-term Effects of a Controlrelevant Intervention with the Institutionalized Aged. In: *Journal of Personality and Social Psychology* 35(12), 897-902.
Rosenbladt, Bernhardt (1999): *Freiwilliges Engagement in Deutschland. Freiwilligensurvey 1999. Ergebnisse der Repräsentativerhebung zu Ehrenamt, Freiwilligenarbeit und bürgerschaftlichem Engagement.* Band 1: Gesamtbericht. Berlin.
Rosenbladt, Bernhard (2000): Große Vielfalt bei ehrenamtlicher Tätigkeit und bürgerschaftlichem Engagement: ein neues Feld der Sozialberichterstattung in Deutschland. In: *Informationsdienst Soziale Indikatoren* 24, 6-10.
Rosso, Brent; Dekas, Kathryn; Wrzesniewski, Amy (2010): On the Meaning of Work: A Theoretical Integration and Review. In: *Research in Organizational Behavior* 30, 91-127.
Rüther, Markus & Muders, Sebastian (2014): Der Sinn des Lebens in der gegenwärtigen Philosophie. Eine Topographie des Problemfeldes. In: *Zeitschrift für philosophische Forschung* 68(1), 96-123.
Rüther, Markus (2015): *Metaethik zur Einführung*, Hamburg.
Rüther, Markus (2016): Normative Wahrheiten ohne Ontologie? Derek Parfit und der »neue« Non-Naturalismus. In: *Zeitschrift für praktische Philosophie* 3(2), 187-220.
Rüther, Markus (2017a): »So habe ich eben entschieden!« Die Rolle der individuellen Entscheidung im sinnvollen Leben. In: Hoesch, M.; Laukötter, S. (Hg.): *Natur und Erfahrung: Bausteine zu einer praktischen Philosophie der Gegenwart. Festschrift zum 75. Geburtstag von Ludwig Siep*, Münster, 139-157.
Rüther, Markus (2017b): Ein ethischer Konflikt, mehrere angemessene Lösungen? Ein alternatives Modell zur Deutung von Meinungsverschiedenheiten in der Psychiatrie. In: *Jahrbuch für Wissenschaft und Ethik* 29(1), 165-183.
Rüther; Markus (2018): Ist es wichtig, was wir erreichen? Die Rolle der Handlungskonsequenzen für das sinnvolle Leben. In: *Zeitschrift für Praktische Philosophie* 5(2), 213-242.
Rüther, Markus (2021a) Meaning in Life oder: Die Debatte um das sinnvolle Leben – Überblick über ein neues Forschungsthema in der ana-

lytischen Ethik. Teil 1: Grundlagen. In: *Zeitschrift für philosophische Forschung* 75(1), 115-155.

Rüther, Markus (2021b): Meaning in Life oder: Die Debatte um das sinnvolle Leben – Überblick über ein neues Forschungsthema in der analytischen Ethik. Teil 2: Normativ-inhaltliche Fragen. In: *Zeitschrift für philosophische Forschung* 75(2), 316-354.

Schaber, Peter & Wolf, Jean-Claude (1998): *Analytische Moralphilosophie*, Freiburg.

Scheffler, Samuel (1988): *Consequentialism and Its Critics*, Oxford.

Schnell, Tatjana & Becker, Peter (2006): Personality and Meaning in Life. In: *Personality and Individual Differences* 41(1), 117-129.

Schnell, Tatjana (2013): Mehr als angenehm – über Partizipation und Sinnerleben. In: Köhler, Th.; Mertens, Ch. (Hg.): *Jahrbuch für Politische Beratung*, Wien, 39-49.

Schnell, Tatjana, & Pali, Sarah (2013). Pilgrimage Today: The Meaning-making Potential of Ritual. In: *Mental Health, Religion & Culture* 16(9), 887-902.

Schnell, Tatjana (2016): *Psychologie des Lebenssinns*, Springer.

Seachris, Joshua (Hg.) (2013a): *Exploring the Meaning of Life: An Anthology and Guide*, New York.

Seachris, Joshua (2013b): General Introduction. In: Ders. (Hg.): *Exploring the Meaning of Life: An Anthology and Guide*, New York, 1-21.

Seel, Martin (1995): *Versuch über die Formen des Glücks*, Frankfurt a. M.

Siep, Ludwig (2008): Erwiderungen. In: Vieth, A. & Halbig, C. & Kallhoff, A. (Hg.): *Ethik und die Möglichkeit der guten Welt. Eine Kontroverse um die ›Konkrete Ethik‹*, Berlin, 241-359.

Siep, Ludwig (2013): Was für ein Leben? Was für ein Sinn? In: Hoesch, M.; Muders, S.; Rüther, M. (Hg.): *Glück – Werte – Sinn: Metaethische, ethische und theologische Zugänge zur Frage nach dem guten Leben*, Berlin, 91-108.

Siep, Ludwig (2020): *Technisierung der Natur. Historisierung der Moral. Ziele und Grenzen.* mentis. Münster.

Singer, Irving (1996): *Meaning of Life, Volume 1: The Creation of Value*, Baltimore.

Singer, Peter (1993): *Practical Ethics*, 2nd ed., Cambridge.

Singer, Peter (1999): *Wie sollen wir leben? Ethik in einer egoistischen Zeit*, 2. Aufl., München.

Singer, Peter (2016): *Effektiver Altruismus. Eine Anleitung zum ethischen Leben*, Frankfurt a. M.

Sinnott-Armstrong, Walter (2015): Consequentialism. In: Zalta, E. N. (Hg.): *The Stanford Encyclopedia of Philosophy*. Ausgabe vom Winter

2015. Stanford: The Metaphysics Research Lab, URL: ⟨https://plato.stanford.edu/archives/win2015/entries/consequentialism/⟩.
Smith, Quentin (1997): *Ethical and Religious Thought in Analytic Philosophy of Language*, New Haven.
Smuts, Aaron (2013): The Good Cause Account of the Meaning of Life. In: *Southern Journal of Philosophy* 51(4), 536-562.
Smuts, Aaron (2017): *Welfare, Meaning, and Worth*, London.
Starkey, Charles (2006): Meaning and Affect. In: *The Pluralist* 1(2), 88-103.
Steger, Michael F.; Kashdan, Todd B.; Oishi, Shigehiro (2008): Being Good by Doing Good: Daily Eudaimonic Activity and Well-Being. In: *Journal of Research in Personality* (42), 22-42.
Steger, Michael F. (2018): Meaning and Well-Being. In: Diener, E.; Oishi, S.; Tay, L. (Hg.): *Handbook of Well-Being*, Salt Lake City.
Steinfath, Holmer (2001): *Orientierung am Guten*, Frankfurt a. M.
Steinfath, Holmer (2013): Werte und Glück. Dimensionen der Frage nach dem guten Leben. In: Hoesch, M.; Muders, S.; Rüther, M. (Hg.): *Glück – Werte – Sinn*. Berlin, 13-33.
Stekeler-Weithofer, Pirmin (2011): *Sinn*, Berlin/Boston.
Street, Sharon (2010): What is Constructivism in Ethics and Metaethics? In: *Philosophy Compass* 5(5), 363-384.
Sturma, Dieter (1997): *Philosophie der Person. Selbstverhältnisse von Subjektivität und Moralität*. Paderborn.
Sturma, Dieter (2006): Einführung: Philosophie und Neurowissenschaften. In: Ders. (Hg.): *Philosophie und Neurowissenschaften*. Frankfurt a. M., 7-19.
Sturma, Dieter (2010): Naturalismus, Selbstbewusstsein und das psychophysische Problem. In: Gasser, G.; Quitterer, J. (Hg.): *Die Aktualität des Seelenbegriffs*, Paderborn, 219-233.
Sturma, Dieter (2012): Freiheit und Selbstbewusstsein im Raum der Gründe. In: Ders. (Hg.): *Vernunft und Freiheit. Zur praktischen Philosophie von Julian Nida-Rümelin*, Berlin, 157-177.
Sturma, Dieter (2015): Der Mensch als Person. Zur dichten Beschreibung der humanen Lebensform. In: Müller, O.; Maio, G. (Hg.): *Orientierung am Menschen. Anthropologische Konzeptionen und normative Perspektiven*. Göttingen, 338-350.
Sumner, Leonard W. (1996): *Welfare, Happiness, and Ethics*, New York.

Tartaglia, James (2015): Metz's Quest for the Holy Grail. In: Morioka, Masahiro (Hg.): *Reconsidering Meaning in Life: A Philosophical Dialogue with Thaddeus Metz*, Tokio, 90-111.
Tännsjö, Torbjörn (1998): *Hedonistic Utilitarianism*, Edinburgh.
Taylor, Charles (1985): *Ethics, Faith, and Reason*, Englewood Cliffs.

Taylor, Charles (1992): *The Ethics of Authenticity*, Cambridge, MA.
Taylor, Richard (1970): The Meaning of Life. In: Ders. (2000): *Good and Evil*, Amherst, NY, 319-334.
Taylor, Richard (1981): The Meaning of Human Existence. In: Leiser, B. (Hg.): *Values in Conflict: Life, Liberty, and the Rule of Law*, New York, 3-26.
Taylor, Richard (1999): The Meaning of Life. In: *Philosophy Now* 24, 13-14.
Thies, Christian (2008): *Der Sinn der Sinnfrage. Metaphysische Reflexionen auf kantianischer Grundlage*, Freiburg.
Thomas, Laurence (2005): Morality and Meaningful Life. In: *Philosophical Papers* 34(3), 405-427.
Thomson, Garret (2003): *On the Meaning of Life*, South Melbourne.

Van Gogh, Vincent (2019): *Briefe*. Hrsg. von Plachta, B., übers. von Captijn-Müller, C.; Jung, W. Durchges. und aktual. Auflage, Ditzingen.
Velleman, David (2000): *The Possibility of Practical Reason*, Oxford.

Wall, Steven (2012): Perfectionism in Moral and Political Philosophy. In: Zalta, E. N. (Hg.): *The Stanford Encyclopedia of Philosophy*. Ausgabe vom Winter 2012, Stanford: The Metaphysics Research Lab, URL: ⟨http://plato.stanford.edu/archives/win2012/entries/perfectionism-moral/⟩.
Weber-Guskar, Eva (2022): Sinn und Zeit. Zu zwei Dimensionen des guten Lebens. In: *Zeitschrift für philosophische Forschung* 76 (1), 5-26.
Wells, Mark (2015): Meaning in Consequences. In: *Journal of Philosophy of Life* 5(3), 169-179.
Werner, Micha (2002): Deontologische Ansätze. In: Werner, M.; Düwell, M. (Hg.): *Handbuch Ethik*, Stuttgart, 122-127.
Wessels, Ulla (2011): *Das Gute. Wohlfahrt, hedonisches Glück und die Erfüllung von Wünschen*, Frankfurt a. M.
Wielenberg, Erik (2005): *Value and Virtue in a Godless Universe*, Cambridge.
Wiggins, David (1998): Truth, Invention, and the Meaning of Life. In: Sayre-McCord, G. (Hg.): *Essays on Moral Realism*, Ithaca, 127-165.
Williams, Bernard (1995): *Making Sense of Humanity and Other Philosophical Papers 1982–1993*, Cambridge.
Wolf, Susan (1997a): Happiness and Meaning: Two Aspects of the Good Life. In: *Social Philosophy and Policy* 14(1), 207-225.
Wolf, Susan (1997b): Meaning and Morality. In: *Proceedings of the Aristotelian Society* 97(3), 299-315.
Wolf, Susan (1999): Morality and the View from Here. In: *The Journal of Ethics* 3(3), 203-223.
Wolf, Susan (2002): The True, the Good, and the Lovable. Frankfurt's

Avoidance of Objectivity. In: Buss, S.; Overton, L. (Hg.): *The Contours of Agency. Essays on Themes from Harry Frankfurt*, Cambridge, MA., 227-244.

Wolf, Susan (2007a): Moral Psychology and the Unity of the Virtues. In: *Ratio* 20(2), 145-167.

Wolf, Susan (2007b): The Meaning of Lives. In: Perry, J. et al. (Hg): *Introduction to Philosophy*, New York, 60-73.

Wolf, Susan (2010): *Meaning in Life and Why It Matters*, Princeton.

Wolf, Susan (2014): *The Variety of Values: Essays on Morality, Meaning, and Love*, Oxford.

Wolf, Susan (2016): Meaningfulness: A Third Dimension of the Good Life. In: *Foundations of Science* 21(2), 253-269.

Wolf, Ursula (1999): *Die Philosophie und die Frage nach dem guten Leben*, Reinbek bei Hamburg.

Yamaguchi, Sho (2015): Agreement and Sympathy: On Metz's Meaning in Life. In: Morioka, M. (Hg.): *Reconsidering Meaning in Life: A Philosophical Dialogue with Thaddeus Metz*, Tokio, 66-89.